JOURNAL

D'UN

VOYAGE A TEMBOCTOU

ET A JENNÉ,

DANS L'AFRIQUE CENTRALE.

TOME II.

SE TROUVE A PARIS:

Chez P. MONGIE aîné, Libraire - Éditeur, boulevart des Italiens, n.º 10,

Et chez A. BERTRAND, Libraire de la Société de géographie.

A Londres, chez De   gnie;
A Leipsick, chez L.
A Bruxelles, à la Lib-   ne, rue de la Montagne;
A Genève, chez Barbeza ;
A Francfort, chez Fugel;
A Zurich, chez Trachsler.

JOURNAL

D'UN

VOYAGE A TEMBOCTOU ET A JENNÉ,

DANS L'AFRIQUE CENTRALE,

PRÉCÉDÉ

D'OBSERVATIONS FAITES CHEZ LES MAURES BRAKNAS,
LES NALOUS ET D'AUTRES PEUPLES;

PENDANT LES ANNÉES 1824, 1825, 1826, 1827, 1828:

PAR RENÉ CAILLIÉ.

AVEC UNE CARTE ITINÉRAIRE, ET DES REMARQUES GÉOGRAPHIQUES,
PAR M. JOMARD, MEMBRE DE L'INSTITUT.

TOME DEUXIEME.

PARIS.

IMPRIMÉ PAR AUTORISATION DU ROI
A L'IMPRIMERIE ROYALE.

M DCCC XXX.

JOURNAL

D'UN

VOYAGE A TEMBOCTOU

ET

DANS L'INTÉRIEUR DE L'AFRIQUE.

CHAPITRE XII.

Séjour à Timé. — Marché hebdomadaire. — Le voyageur tombe gravement malade du scorbut; il est soigné par une bonne négresse. — Saison des pluies. — Il ne peut se joindre à la caravane partant pour Jenné. — Environs de Timé, pays fertile. — Position désespérée du voyageur. — Sa guérison après quatre mois de souffrances. — Description d'une cérémonie funèbre.

Mon guide me mena chez son frère, qui était absent; mais une bonne vieille négresse, dont la physionomie ridée annonçait bien soixante ans, me fit entrer dans sa case, tendit une peau de bœuf pour m'asseoir, et me donna un peu de lait à la sauce aux herbes avec quelques grains de sel : je ne pus en manger beaucoup, car j'étais atteint de la fièvre et j'avais le frisson. Je me couchai auprès du feu sur une natte (c'était le lit de la bonne vieille), et je m'endormis. Le chef de la famille arriva un instant après, pendant que je dormais encore; mais on m'eut bientôt éveillé. Cet homme me parut très-doux : il me donna des ignames; il avait eu soin, par égard pour moi, d'y mettre du sel; ensuite il prit mon sac, et me prévint qu'il allait me conduire chez le chef du village, vieillard vénérable de la secte des Bambaras, mais soumis à la loi de Mahomet. Ce chef me reçut très-bien, et me fit asseoir sur une peau de bœuf auprès d'un bon feu qui préservait sa case de l'humidité. Le frère de mon guide, qui m'accompagnait chez le chef, était son fils : le bon vieillard me dit qu'il fallait que je restasse avec lui, en attendant le départ de la caravane qui devait sous peu se mettre en route pour Jenné. Je retournai donc à l'humble demeure de la vieille mère de Baba, devenue mon hôtesse. Hélas! j'étais bien loin de prévoir que ce serait pour long-temps. En arrivant, je remis à cette bonne négresse un morceau de viande crue, dont le chef m'avait fait cadeau lors de ma visite chez lui, pour qu'elle le préparât dans la soirée. En en mangeant un morceau, je connus que c'était du sanglier : je fis d'abord difficulté de continuer, car je craignais de me compromettre; mais mon jeune guide de Sambatikila, moins scrupuleux, me conseilla de suivre son exemple, en m'assurant que c'était très-bon. Les Mandingues, malgré leur superstition, ne se font aucun scrupule de manger la chair de cet animal, quoiqu'elle soit expressément défendue par le Coran. Mon hôte m'envoya pour souper une portion d'ignames, avec une poule qu'il avait fait tuer pour nous recevoir.

Le 4 août, le chef du village vint me voir, et me fit cadeau de quelques noix de colats et de quatre ignames pour mon souper. La caravane se préparait à partir pour Jenné, et mon pied n'était pas encore guéri : les pluies étaient continuelles; j'avais à traverser un pays entrecoupé de rivières, de gros ruisseaux débordés dans cette saison, et de marais inondés qui rendaient la marche pénible et dangereuse. Je réfléchis mûrement au parti que j'avais à prendre : je pensai qu'ayant une plaie au pied qui ne ferait qu'empirer, je risquais de rester en route ou de périr dans les marais; car les Bambaras, peuples idolâtres, ne me garderaient pas volontiers chez eux, et probablement me dévaliseraient; que par conséquent il serait plus sage de passer le mois d'août à Timé, et même jusqu'à mon entière guérison. Je me décidai donc à laisser partir la caravane sans moi : j'en prévins mon hôte, à qui je promis de lui faire cadeau d'une belle étoffe de couleur, et d'une paire de ciseaux, ce qui parut assez lui convenir. On m'apprit qu'il y avait marché une fois la semaine dans le village, et que je pourrais y acheter des provisions pour subvenir à ma nourriture. Les Bambaras de cette partie de l'Afrique qu'il fallait traverser pour arriver à Jenné, sont pauvres et malheureux : ils ne font aucun commerce hors de leur pays ; n'étant pas réunis à l'étendard du prophète, ils ne peuvent voyager sans risquer d'être pris et faits esclaves. Ils sont en général peu industrieux ; et loin d'imiter les Foulahs du Ouassoulo, leurs champs sont mal cultivés et leurs villages d'une malpropreté dégoûtante. Ils se nourrissent très-mal, mangent de toute espèce d'animaux ; chiens, chats, rats, souris, serpens et lézards, rien n'échappe à leur voracité. Ils cultivent un peu de coton qu'ils échangent avec les Mandingues, contre du sel. J'ai vu, dans quelques-uns de leurs villages, des métiers de tisserand : mais ils ne font que très-peu de toile ; à peine en ont-ils pour se vêtir. Ils ont autant de femmes que leurs moyens leur permettent d'en nourrir ; ils ont peu d'esclaves, vont presque nus, et marchent toujours armés d'arcs et de flèches.

Ils sont gouvernés par une multitude de petits chefs indépendans qui souvent se font la guerre entre eux ; enfin ce sont des êtres bruts et sauvages, si on les compare aux peuples soumis à la religion du prophète : ils n'ont aucune idée de la dignité de l'homme. Si j'avais été obligé d'habiter chez eux, mes marchandises eussent éveillé leur cupidité ; et n'étant retenus par aucune espèce de crainte, ils m'eussent probablement dévalisé sans scrupule : au lieu que, chez les musulmans, j'étais à couvert sous l'égide de Mahomet. Dans le petit village de Timé, je trouvais tout en abondance ; le marché qui y a lieu une fois la semaine, me mettait à portée de ne manquer de rien : ce marché est approvisionné par les Bambaras des environs, qui viennent vendre le surplus de leurs provisions ; ils apportent aussi du poisson sec, qu'ils pêchent dans les ruisseaux qui arrosent leurs campagnes.

Le 5 août, les marchands mandingues destinés à faire le voyage de Jenné, mirent des feuilles fraîches à leurs colats, pour les tenir dans l'humidité ; ils les visitèrent tous, et les comptèrent ; ils ont aussi coutume de les humecter avec un peu d'eau, pour les conserver.

Le 6, la caravane se mit en route ; quoiqu'il plût à verse. Les voyageurs étaient au nombre de quinze à vingt, hommes et femmes, emportant chacun sur la tête une charge de trois mille cinq cents colats, fardeau que je soulevais à peine : ils apportent en retour du sel en brique et en planche. Les habitans m'ont assuré que le produit en sel de trois mille cinq cents colats, rendus à Timé, était le prix de deux esclaves ; mais le bénéfice, comme j'ai pu en juger plus tard, n'est pas considérable, parce qu'ils sont obligés de faire de grandes dépenses sur la route, non-seulement pour subvenir à leur subsistance, mais encore pour payer les droits de passe. La vente de leurs colats varie beaucoup, comme je l'ai vu par la suite : ces fruits ne croissent pas dans le pays; au retour de leurs voyages, ils vont bien loin dans le sud, en acheter pour du sel et pour des étoffes qu'ils fabriquent avec le coton acheté des Bambaras et filé par leurs femmes.

Le 7 août, mon hôte Baba me donna une grande case pour me loger seul : je m'y installai le mieux que je pus; une natte tendue par terre, sur un sol très-humide, et sur laquelle je mis ma couverture de laine, en fit tout l'ameublement. Cette case servait aussi de magasin; on y serrait des ignames et du riz.

Le 8, je me trouvai fort incommodé par la mauvaise nourriture, et j'eus un fort accès de fièvre. Dans le cours de la nuit, pour la couper, je pris quelques doses de sulfate de kinine qui la firent disparaître pour quelques jours. Mon hôte parut très-peiné de mon indisposition : il s'empressa de chercher dans quelques vieux livres où il y avait des versets du Coran, et m'apporta un petit morceau de papier bien enfumé, sur lequel on avait écrit en caractères arabes une sourate; il m'assura que c'était une très-bonne médecine pour de pareilles indispositions; il me conseilla de la copier sur une planchette qu'il m'apporta, puis de laver cette écriture dans de l'eau, et de boire celle-ci, ajoutant que bien certainement j'éprouverais du soulagement. J'écrivis pour lui faire plaisir; et lorsqu'il se fut éloigné, je m'empressai de laver la planche et de jeter l'eau; ce qui fit un aussi bon effet, car le lendemain je me trouvai assez bien : mon hôte ne manqua pas d'attribuer cette amélioration à l'efficacité de son remède. Je recevais souvent les visites des Mandingues du village; ils étaient aussi importuns que dans le Kankan, et venaient tour à tour me demander du papier, de la poudre et diverses autres choses. Les femmes, de leur côté, me tourmentaient pour que je leur donnasse des verroteries : elles trouvaient ma peau très-blanche, riaient de la longueur de mon nez, et me faisaient quelques espiègleries. Enfin je me trouvais assez bien avec ces bonnes gens, à la nourriture près, qui me paraissait détestable, à cause sur-tout de la privation totale du sel; mais j'en achetai un peu pour rendre mes alimens moins insipides, et petit à petit je m'habituai à la vie frugale de ce pays.

Le 14 août, le chef vint me voir, me pria de lui écrire un amulette, et, sans doute pour que le grigri eût plus de vertu, me fit cadeau d'un cabri; le grigri qu'il me demandait était pour le préserver des maladies en général : je lui promis de mettre tout mon savoir à le satisfaire. Il eût été imprudent de le refuser; car, malgré la précaution que j'avais prise de lui dire que j'étais parti de mon pays extrêmement jeune, il s'imaginait que je parlais et écrivais très-bien l'arabe. Cinq ou six Mandingues du village se mirent aussitôt après le cabri et le dépouillèrent : ils eurent soin de se réserver le ventre de l'animal, qu'ils firent cuire sur les charbons, sans se donner la peine de le laver ; ils partagèrent ce friand morceau avec les personnes attirées par la curiosité. Ils furent très-expéditifs, et eurent bientôt mis le cabri en pièces : sans même s'informer si je le voulais, ils en firent de petits présens aux voisins ou parens de mon hôte ; car dans ce pays, c'est un grand régal que de manger de la viande, ce qui ne leur arrive guère que les jours de fête; encore ne tuent-ils que des cabris et des moutons, parce qu'ils n'ont pas de bœufs. On donna au bon vieux chef une épaule du cabri pour son souper, et le reste fut réservé pour moi et la famille de Baba. Ce dernier me demanda ce que je desirais faire de la peau de l'animal : je la laissai à sa disposition, et il alla aussitôt l'échanger contre un morceau de sel, pour assaisonner notre viande, que l'on fit cuire dans un grand pot, et qui était destinée à être conservée plusieurs jours : c'est notre vieille négresse, qui se nommait Manman (ce nom est très-commun dans tout le pays), qui fut chargée de la préparer.

Cette bonne femme avait pour moi beaucoup d'égards et de complaisances ; elle m'apportait elle-même, deux fois par jour, une petite portion de riz et de tau, seuls mets qui composaient tous mes repas. Je donnai à mon hôte une paire de ciseaux qui parut lui faire grand plaisir ; c'est une marchandise très-rare à Timé, et d'un très-grand prix.

Le 15, j'allai remercier le chef de son cadeau, et lui donnai son amulette, qu'il reçut avec reconnaissance : il l'enveloppa tout de suite dans un morceau de toile du pays, qu'il frotta de cire et recouvrit d'un autre morceau de cuir de mouton tanné ; il attacha ce précieux objet à un petit cordon, et le suspendit à son cou. Il me combla de remerciemens, et me souhaita un prompt retour dans mon pays.

Cependant la plaie de mon pied, loin de guérir, s'accroissoit encore. Le mois d'août continua d'être orageux : jour et nuit la pluie ne cessait de tomber ; le temps était sombre, l'atmosphère chargée et fraîche ; un vent d'E. soufflait par intervalles, et était suivi d'une pluie fine et froide ; le soleil ne paraissait que rarement. La case où j'étais logé était très-humide ; l'eau filtrait au travers du mur, qui était en terre et très-mince ; j'étais continuellement dans un bain de vapeur, et souvent indisposé, tant par l'insalubrité de l'air, que par l'incommodité de mon mauvais logement, dans lequel je ne pouvais allumer de feu, à cause d'une fumée insupportable. Dans tout l'intérieur de l'Afrique, les nègres ont l'habitude de ne pas faire de cheminées à leurs cases; ils font du feu au milieu, et la fumée filtre au travers du toit; aussi est-il tapissé de suie.

Dans ces temps de pluie, les Mandingues ne sortent presque pas; ils restent couchés tout le jour dans leurs cases, auprès d'un grand feu; ils cousent des coussabes pour se distraire : lorsque quelques circonstances les obligent à sortir, ils mettent des espèces de socques dont la semelle en bois a deux pouces et demi de haut, pour se préserver de l'humidité du sol. Les femmes vaquent toujours à leurs affaires; elles vont chercher du bois et de l'eau, quelque temps qu'il fasse : elles ne portent aucune espèce de chaussure.

Je me proposais de partir vers la fin d'août; mais, à cette époque, une nouvelle plaie se déclara au même pied, et bien plus large que la première; elle me faisait beaucoup souffrir; j'avais le pied tellement enflé, que je ne pouvais marcher. Je priai la bonne vieille négresse de me procurer des feuilles de baobab, qu'elle fit bouillir; j'en mis un cataplasme sur la partie malade pour apaiser l'inflammation : au bout de deux jours, je me trouvai beaucoup mieux. N'ayant pas de linge pour ce pansement, je fus obligé de prendre le morceau de coton qui me servait de turban : la bonne vieille ne m'approuva pas ; elle prétendait qu'il vaudrait mieux se passer de cataplasme que de sacrifier un aussi beau morceau d'étoffe. Mon pied fut bientôt désenflé par l'efficacité des feuilles de baobab ; mais la plaie était encore large comme deux fois un écu de six francs : je la soignais avec de la charpie qui avait déjà servi, et qui, quoique je l'eusse passée à la lessive, n'était pas très-propre, et je n'en éprouvais aucun soulagement. Mon hôte, qui paraissait sensible à mon malheur, fit chercher par un de ses esclaves une racine que je reconnus pour avoir une vertu caustique ; il la fit bouillir dans de l'eau et bien réduire ; puis il en frotta un morceau sur un caillou, pour en obtenir une pommade. Le premier jour, il me soigna lui-même ; avec l'eau de la décoction, il lava la plaie, qu'il couvrit de la pâte onctueuse fournie par la racine, puis, pour suppléer au linge, il mit par-dessus une feuille d'herbe d'une odeur aromatique très-forte. Les jours suivans, ce fut la bonne vieille qui fut chargée de me soigner soir et matin ; souvent elle me consolait par l'espoir d'une prompte guérison. Pour reconnaître ses soins, je lui fis cadeau d'un joli morceau d'étoffe de couleur qui lui fit beaucoup de plaisir, car probablement elle n'avait jamais eu une aussi belle chose en sa possession. Un instant après, son fils vint me remercier, et me demanda, d'un air assez sérieux, qui avait fait ces fleurs sur l'étoffe : je ris de sa simplicité, et lui dis que c'étaient les blancs; il reprit, en conservant son sérieux, qu'il croyait qu'il n'y avait que Dieu qui pût faire d'aussi belles choses.

Je restai un mois dans ma case, toujours couché sur le sol humide, et sans pouvoir marcher, quoique je n'éprouvasse pas des douleurs très-fortes. Le mois de septembre semblait nous promettre le retour de la belle saison; mais je me trompais : les pluies, à la vérité, ne furent plus aussi continuelles; toutefois nous en eûmes tous les jours, jusqu'au commencement d'octobre, qu'elles devinrent moins fréquentes. Elles arrivaient avec les orages, et tombaient par torrens : ces orages venaient de la partie de l'E. et du S. E., et toujours accompagnés du même vent. A mesure que les pluies cessèrent, les chaleurs augmentèrent : l'air devint plus sain; mon pied allait beaucoup mieux, ce qui me donnait l'espoir de partir vers la fin du mois. J'attendais cet heureux moment avec bien de l'impatience, comme on peut se l'imaginer; malgré les soins de la bonne vieille et toute sa complaisance pour moi, je desirais vivement de prendre congé d'elle. Les jours de marché, je lui donnais des verroteries pour acheter le riz ou le foigné nécessaire à ma nourriture de la semaine, et elle me le faisait préparer par les femmes de son fils : elle m'apportait deux fois par jour une portion de tau ou de riz dans un plat en bois, et, dans un autre petit vase en terre, de la sauce aux herbes ou aux pistaches, à laquelle je joignais un peu de sel et de beurre végétal, pour rendre ces mets passables, car sans cela il m'eût été impossible d'en manger. Je me procurai facilement, pour quelques grains de verre, du beurre végétal, qu'on appelle *cé-toulou* dans le pays : quoiqu'on en récolte beaucoup, les habitans en mangent peu ; ils préfèrent le vendre. Ce beurre est assez bon, mais il faut qu'il soit cuit avec le mets ; car sans cela il conserve un petit goût qui le rend moins agréable. Les naturels s'en servent pour les douleurs et les plaies. J'ai vu dans le pays un arbre qui, comme le cé, donne une substance butireuse ; les naturels le nomment *taman* : le beurre de cet arbre conserve une couleur jaune, comme le nôtre ; il a une consistance très-dure, quoique le pays soit chaud, et il ne contracte aucun goût. Je le mangeais avec plus de plaisir que celui du cé, qui n'est pas aussi ferme, et qui a une couleur cendrée. Cependant les naturels m'assurèrent que le cé est plus sain que le taman, et j'en ai vu beaucoup qui ne voulaient pas manger de ce dernier, prétendant qu'il les incommodait. Quant à moi, j'en mangeai souvent, et ne m'aperçus jamais qu'il me causât la moindre indisposition.

Les Mandingues de cette partie de l'Afrique ont beaucoup plus de ressources pour la nourriture que les nègres qui habitent les environs du Sénégal, qui n'ont que du mil : leurs mets sont mieux préparés ; et au sel près, qui leur coûte beaucoup de peine à aller chercher, ils ont tout ce qui est nécessaire à la vie ; ignames, maïs, riz, mil, foigné, haricots, giraumons et pistaches, croissent en abondance dans cet heureux pays, au lieu que les Sénégalais, qui ont la facilité de se procurer du sel, n'ont pas toutes ces ressources. Les frais de culture ne leur coûtent pas beaucoup : les esclaves qu'ils y emploient ne font que remuer la surface du terrain pour détruire les herbes, et, sans autre travail, ils lui confient les semences. Cependant, pour la culture des ignames, ils mettent la terre en sillons ; car, sur un sol uni, cette racine ne viendrait que très-petite. Tout ce qu'ils sèment croît avec beaucoup de rapidité : leur sol, composé d'excellente terre noire et sablonneuse, est encore fécondé tour à tour par les pluies et les chaleurs des tropiques, non moins que par les nombreux ruisseaux qui y serpentent de toute part ; aussi récompense-t-il avec usure les soins des cultivateurs. Le foigné, qui se sème dans le courant de mai, est récolté en juillet ; cette graminée est d'une grande ressource pour les nègres, car souvent leurs provisions ne peuvent atteindre jusqu'à l'année suivante ; ils feraient, comme dans le Ouassoulo, deux récoltes par année, s'ils étaient moins paresseux et assez industrieux pour profiter de cet avantage. Le foigné est très-répandu dans tout le sud ; les nègres en font leur principale nourriture : les femmes prennent beaucoup de peine pour le nettoyer ; elles exposent ce grain au soleil, puis elles le mettent dans un pilon, en séparent la paille, ce qui demande beaucoup de temps et de travail ; ensuite, pour en extraire le son, elles se servent, comme au Sénégal, d'un layot ; elles le pilent une seconde fois ; et quand le grain est bien nettoyé, il devient blanc et gros comme des grains de poudre à canon : alors elles le lavent, puis le mettent dans une corbeille, pour le faire égoutter, et le laissent reposer pour qu'il gonfle un peu ; enfin elles le remettent de nouveau dans un mortier, et quelques coups de pilon suffisent pour le réduire en farine : s'il n'était pas humecté, il faudrait beaucoup plus de temps pour la trituration. C'est avec cette farine qu'ils font une bouillie qu'ils nomment tau ; c'est le sanglé des nègres du Sénégal. Quand cette bouillie est cuite, on la met par cuillerée dans une calebasse, et on l'assaisonne d'une sauce faite de feuilles de giraumon et quantité d'autres herbes, de piment, et enfin d'un peu de gombo pour la rendre gluante : cette sauce est toujours sans sel et sans beurre. Les ignames se préparent d'une autre manière : on les fait d'abord bouillir, puis on les pile, et on leur fait une sauce avec du poisson sec réduit en poudre, un peu de gombo, de piment et de zambala (grains de nédé bouillis, séchés et réduits en poudre); cela leur donne un assez bon goût. Quoique ces grains soient très-communs dans le pays, les femmes préposées à la cuisine en sont très-économes, parce que, pour le conserver toute l'année, il faudrait le mettre dans la saumure, et l'on sait que le sel est rare dans cette partie de l'Afrique. Les sauces sont en général très-pimentées. Au moment de prendre les repas, on se rassemble autour du plat, et chacun prend tour-à-tour une poignée d'ignames, la roule dans sa main, y fait un trou avec le pouce, et la trempe dans la sauce. Quand le riz est bien nettoyé et bouilli à l'eau, la ménagère y joint une sauce aux pistaches et aux feuilles d'oseille de Guinée ; mais le sel en est également exclu. Cette denrée trop chère ne figure dans leur cuisine que les jours de fête, ou lorsqu'ils ont des étrangers de distinction : ils sont tellement habitués à s'en passer, que ce ne devrait pas être pour eux une grande privation; et cependant, toutes les fois qu'ils mangent de la viande, ils en mettent un peu ; ils aiment mieux, m'ont-ils dit, retarder leurs galas de quelques jours, que de se priver de cet assaisonnement. Pour tuer un cabri ou un mouton, ils se réunissent plusieurs voisins; mais ils ne le mangent pas ensemble; chacun emporte sa part chez soi, pour se régaler avec sa famille.

Les habitans de Timé sont Mandingues ; ils font

tous des voyages à Jenné. Je m'informai auprès d'eux de la distance d'une ville à l'autre, pour savoir s'ils s'accorderaient bien avec ceux de Sambatikila : tous me répondirent qu'il fallait deux mois pour aller et autant pour revenir; mais qu'ils ne pouvaient faire que deux voyages par année, parce qu'ils sont obligés d'aller à Teuté et à Cani, situés à quinze jours au S. de Timé, pour acheter leurs colats. Ils me dirent que les habitans de ces villages vont eux-mêmes bien loin au S. dans un pays appelé *Toman*, pour se les procurer. A leur retour, ils enfouissent ces colats, les recouvrent de feuilles, puis de terre, pour les conserver. Ce fruit a la propriété de se maintenir frais pendant neuf à dix mois, en prenant la précaution de renouveler les feuilles. L'arbre à colats est très-répandu dans la partie du sud : il y en a beaucoup dans le Kissi, le Couranco, le Sangaran et le Kissi-kissi. Ce commerce est généralement répandu dans l'intérieur; car les habitans, presque privés de toute espèce de fruits, attachent un très-grand prix à celui-ci, et mettent une sorte de luxe à en avoir. Les vieillards qui n'ont plus de dents, se servent, pour le réduire en poudre, d'une petite râpe, qui est tout uniment un morceau de fer-blanc auquel ils font des trous très-rapprochés. Les Bambaras aiment beaucoup ce fruit; mais comme ils n'ont pas la facilité d'aller dans le pays où on le récolte, ils en achètent pour du coton et autres produits de leur industrie agricole.

L'arbre à colats vient à la hauteur d'un prunier, et en a le port; les feuilles sont alternes et larges deux fois comme celles du prunier; la fleur en est petite, blanche, à corolle polypétale. Le fruit est couvert d'une première enveloppe, couleur jaune de rouille; après l'avoir enlevée, on trouve une pulpe rose, ou d'un blanc qui devient verdâtre en acquérant sa parfaite maturité: le même arbre porte des fruits des deux couleurs. La noix de colat a la grosseur du marron, et la même consistance: elle paraît d'abord très-amère au goût; mais après qu'on l'a mangée, elle laisse une saveur très-douce, qui plaît beaucoup aux nègres; en buvant un verre d'eau par-dessus, il semble que l'on ait pris soin de le sucrer. La noix se sépare facilement, sans se casser ni changer de couleur; mais si l'on brise une des deux moitiés, et qu'on la laisse à l'air un instant, on s'aperçoit que la pulpe, de rose ou blanche qu'elle était, devient couleur de rouille.

Je tâchai de prendre des renseignemens sur la distance de Jenné à Temboctou; personne ne put m'en donner de certains: les habitans la croient immense; leurs voyages n'ayant pour objet que le commerce, ils ne s'occupent guère de géographie; souvent même ils ignorent le nom des villages qu'ils traversent. Les nègres de cette partie de l'Afrique ne sont pas aussi hospitaliers que ceux qui habitent au N. du Dhioliba et même aux environs du Sénégal : ils ne sont généreux qu'entre eux, et ne font rien pour les étrangers que par intérêt ; ce que j'attribue aux nombreuse caravanes qui continuellement traversent leur pays ; s'ils étaient obligés de les recevoir et de les nourrir, ils seraient bientôt ruinés. Les marchands achètent leurs denrées, et font préparer leurs repas par les femmes qui suivent les caravanes. Ces nègres portent absolument le même costume que ceux qui habitent les pays plus au N. : celui des femmes ne varie que dans la manière de se coiffer; elles ont habituellement la tête nue ; les unes tressent leurs cheveux et mettent des grains de verroteries qui pendent au bout des nattes, et les autres portent simplement une touffe de cheveux de chaque côté de la tête ; quelquefois elles prennent un morceau de coton du pays, de trois brasses de long, qu'elles se tournent autour de la tête très-près du front.

Vers la fin d'octobre, les pluies cessèrent tout-à-fait; les chaleurs devinrent très-fortes; les nuits froides. Je remarquai que tous les nègres sont extrêmement sujets à s'enrhumer : j'attribuai ce genre d'indisposition à l'habitude qu'ils ont d'être toujours couchés près d'un grand feu, et de sortir ensuite vêtus très-légèrement. Mon hôte Baba, qui le premier mois de mon séjour avait eu pour moi des égards, sans doute parce que je lui faisais de jolis cadeaux, devenait maussade; il mendiait sans cesse, et me faisait apercevoir sa mauvaise humeur lorsque j'étais long-temps sans lui rien donner. D'un autre côté, j'étais souvent tourmenté par les femmes, dont j'excitais la curiosité: elles venaient en foule me demander des grains de verre. Je devins l'objet de leur amusement; mes gestes et mes paroles excitaient leurs rires moqueurs; elles couraient dans tout le village répéter, en me contrefaisant, ce que j'avais dit; caquetage qui attirait une foule plus nombreuse dans la case : enfin, du matin au soir elles étaient à ma porte; et quand je sortais, j'étais suivi par cette troupe, qui me criait dans son langage, « L'Arabe n'est pas bon; il ne donne rien à personne » (*Larab-magné atemo-oço*); parfois je m'en débarrassais en donnant quelques grains de verre; mais elles revenaient trop souvent à la charge. Le premier mois je ne fus pas aussi importuné; mais lorsqu'elles furent plus familiarisées avec moi, elles devinrent intolérables. La plaie de mon pied était l'objet de leurs railleries, et la difficulté que j'avais à marcher excitait leurs rires immodérés : tels sont les êtres avec lesquels j'étais obligé de vivre! non que je les accuse précisément de méchanceté; mais c'était plutôt ignorance stupide; ce sont des espèces de sauvages. Quelquefois je demandais de l'eau à celles mêmes qui me tourmentaient le plus, et elles s'empressaient de m'en donner. Les hommes n'étaient guère plus hospitaliers que les femmes : s'ils ne s'amusaient pas à mes dépens, ils me reprochaient de ne leur rien donner. Sur leurs demandes réitérées, je leur représentais que j'avais une longue route à faire pour me rendre à la Mecque ; que le peu de marchandises que j'avais ne serait peut-être pas suffisant pour y arriver, et qu'alors je courrais les risques de rester en route. Ils étaient peu touchés de cette observation, et, me montrant ma couverture de laine et mon sac de cuir, ils me disaient : « Tiens, voilà une couverture et un sac « dans lesquels il y a beaucoup d'étoffes et diverses « marchandises : l'Arabe ne donne rien à personne ; « n'est pas bon. » (*Mi casa fani abeyan nanfoulo abé Larab-featemo-oço amagné.*) Ils ont une grande idée de la richesse des blancs, et même de celle des Arabes, qu'ils mettent dans la même catégorie ; d'où ils concluent qu'un homme blanc qui passe dans leur pays doit leur faire de grands présens. Je vis un Mandingue de ce village, qui avait fait plusieurs voyages à Gambie et même à Albreda ; il me parla de M. Waterman, négociant à Gambie, et de M. Jaffrot, traitant à Albreda : cet homme se plaignait du peu de générosité des blancs, qui, disait-il, avaient de grandes maisons pleines de marchandises, et ne donnaient que très-peu de chose. Ce nègre excitait la curiosité de ses compatriotes, qui s'assemblaient en cercle autour de lui pour entendre les récits des merveilles qu'il avait vues sur la côte ; afin de donner à son auditoire une idée juste de la grandeur des maisons des blancs, il les comparait à dix ou douze mosquées comme celle de Kankan (qui, ainsi que je l'ai dit plus haut, est un édifice carré d'une masse informe, pouvant contenir trois cents personnes). Il dépeignait avec des démonstrations très-vives la manière dont les Européens sont habillés et celle dont ils mangent; ce qui étonnait beaucoup ces bons et simples nègres, qui s'imaginaient qu'il n'y avait dans le monde d'autres costumes que les leurs, et que partout on prenait les mets à pleine main. Les premiers jours de mon arrivée, j'avais les fréquentes visites d'un nègre qui m'adressait mille questions sur la manière dont j'avais été nourri chez les chrétiens; il venait se placer très-près de moi, et souvent même s'asseyait sur mon bagage : comme je lui en témoignai du mécontentement, il se retira de mauvaise humeur, disant que j'étais un chrétien, sans doute dans l'intention de me faire acheter son silence sur ce sujet; mais il fut seul de son parti, et j'en fus quitte pour souffrir ses importunités. J'étais étranger, mais sous la protection de l'almamy de Sambatikila, ce qui, je crois, leur inspirait une sorte de crainte. La bonne vieille mère me continuait toujours ses soins; aussi je me promettais de lui faire un joli cadeau lors de mon départ, et de temps à autre je lui donnais quelques verroteries.

Vers le 10 novembre, la plaie de mon pied était

presque fermée; j'avais l'espoir de profiter de la première occasion, et de me mettre en route pour Jenné: mais, hélas! à cette même époque, de violentes douleurs dans la mâchoire m'apprirent que j'étais atteint du scorbut, affreuse maladie que j'éprouvai dans toute son horreur. Mon palais fut entièrement dépouillé, une partie des os se détachèrent et tombèrent; mes dents semblaient ne plus tenir dans leurs alvéoles: mes souffrances étaient affreuses; je craignis que mon cerveau ne fût attaqué par la force des douleurs que je ressentais dans le crâne; je fus plus de quinze jours sans trouver un instant de sommeil. Pour mettre le comble à mes maux, la plaie de mon pied se rouvrit, et je voyais s'évanouir tout espoir de partir. Que l'on s'imagine ma situation! seul dans l'intérieur d'un pays sauvage, couché sur la terre humide, n'ayant d'autre oreiller que le sac de cuir qui contenait mon bagage, sans médicamens, sans personne pour me soigner que la bonne vieille mère de Baba, qui, deux fois par jour, m'apportait un peu d'eau de riz qu'elle me forçait de boire, car je ne pouvais rien manger; je devins bientôt un véritable squelette: enfin j'étais dans un état si cruel, que je finis par inspirer de la pitié même à ceux qui étaient le moins disposés à me plaindre.

J'avais perdu toute mon énergie; les souffrances absorbaient mes idées; il ne me restait qu'une seule pensée, celle de la mort : je la desirais, je la demandais à Dieu, en qui seul je mettais toute ma confiance, non dans l'espoir de guérir, je ne l'avais plus, mais dans celui d'une autre vie plus heureuse. Ce fut la seule et véritable consolation que j'éprouvai pendant cette longue maladie : je la dois aux principes religieux que j'ai acquis dans le cours des nombreuses adversités de ma vie errante ; car nous sommes tellement organisés, que ce n'est le plus souvent que dans le malheur, abandonnés de tous nos amis, que nous nous tournons vers la divinité pour y chercher des consolations qu'elle ne nous refuse jamais.

Enfin, après six semaines de souffrances aiguës, pendant lesquelles je ne m'étais nourri que de légère bouillie de riz et d'eau pour boisson, je commençai à me trouver mieux, et à réfléchir à ce qui se passait autour de moi. Je ne voyais presque plus mon hôte Baba : il me fut aisé de penser que je les gênais ; ils étaient fatigués d'avoir chez eux un homme continuellement malade. Les cadeaux que j'étais obligé de réitérer sans cesse absorbaient tous mes moyens ; je ne pouvais me dissimuler que mon bagage devenait si mince, que j'avais à craindre de n'avoir pas assez de marchandises pour finir mon voyage : car, malgré l'état affreux où je me trouvais, je ne renonçais pas à le continuer ; j'aimais mieux mourir en route que de retourner sur mes pas sans avoir fait de plus grandes découvertes. Étant seul dans ma case, je me livrais à mes réflexions, et je cherchais les moyens que je pourrais employer pour me rendre sur le Niger, où j'espérais m'embarquer pour aller à Temboctou, et arriver un jour à cette ville mystérieuse, objet de mes recherches. Je ne me suis pas reproché un seul instant la résolution qui m'avait conduit dans ces déserts, où je semblais avoir été appelé à souffrir mille maux. Je voyais avec peine la belle saison s'écouler ; les chemins étaient praticables, les marais desséchés ; enfin tout contribuait à me faire regretter le temps que je perdais à Timé. Voyant que je ne guérissais pas, Baba, saisi d'un mouvement de compassion, revint me voir ; il s'assit auprès de moi : après m'avoir demandé de mes nouvelles, il me dit qu'il allait faire venir une vieille femme qui connaissait ma maladie ; je lui sus bon gré de cette attention. La vieille vint ; elle m'examina attentivement, puis elle me rassura en me disant qu'elle allait me donner une médecine qui me ferait beaucoup de bien, que je serais bientôt guéri ; elle ajouta que cette maladie était commune dans le pays, et que, si l'on n'y faisait pas de remède prompt, on perdait toutes ses dents.

Pour commencer son traitement, elle m'interdit le sel, et me fit défense de manger de la viande et même de boire du bouillon. Dans la soirée, elle m'apporta, dans un coin de ses pagnes, des morceaux de bois rouge qu'elle fit bouillir dans de l'eau ; elle m'ordonna de m'en laver la bouche plusieurs fois par jour ; ce que j'eus bien soin d'observer. Je trouvai cette eau très-âcre; elle remplaçait un fort astringent. Cependant je n'éprouvais que peu de soulagement; ma guérison me paraissait bien lente : la convalescence ne commença que vers le 15 décembre. La plaie de mon pied, sur laquelle j'avais mis un emplâtre de diachylon, guérit avec le scorbut. La saison était devenue belle, les vents de N. E. régnaient souvent, quelquefois au N.; j'allais tous les jours, en m'aidant d'un bâton, me distraire et prendre l'air au banancoro, lieu qui, comme je l'ai dit plus haut, est le rendez-vous des personnes inoccupées. Celui-ci se tenait sous de gros bombax : c'est là que les vieillards venaient passer une partie de la journée, non pour fumer comme les Bambaras, car ils ne fument jamais, mais prennent beaucoup de tabac en poudre : ils parlent souvent de commerce, et s'entretiennent de leurs anciens voyages. Les jeunes gens s'y rassemblent aussi pour danser toute la nuit. J'achetai quelques volailles pour avoir une nourriture tout-à-la-fois saine et un peu succulente ; la bonne vieille préparait ces volailles avec un peu de riz. L'appétit revint assez promptement, et les forces peu à peu; je fus bientôt en état de marcher sans bâton. Ma santé rétablie, je ne souhaitais plus qu'une occasion pour partir. Voyant qu'il se passerait beaucoup de temps avant qu'il s'en présentât, je cherchai à me procurer un guide qui pût me conduire à Tangrera, grande ville située à dix jours de Timé, à-peu-près à l'E. N. E., direction que les naturels m'enseignèrent. Il part de cette ville de fréquentes caravanes de marchands mandingues, allant à Jenné, Ségo, Sansanding et Yamina. J'eus beaucoup de peine à me procurer un guide, quoiqu'il y eût dans le village nombre de Mandingues oisifs, qui passaient tout le jour à causer au banancoro. Je crus cependant en avoir décidé un à m'accompagner à deux jours de Tangrera seulement, où je pensais pouvoir me rendre facilement, en suivant quelques marchands. Je promis de lui donner une petite chaudière en fer-blanc qui lui faisait beaucoup envie, et qui me servait ordinairement à faire mes ablutions, une paire de ciseaux, une aune et demie de belle étoffe de couleur, et deux feuilles de papier. Le jour marqué pour notre départ, il chercha un prétexte pour ne pas venir; je vis qu'il s'était moqué de moi, et je fus obligé d'attendre à un autre jour. Baba continuait de se mal conduire avec moi; souvent même il me parlait durement: il venait peu dans ma case; et lorsque j'achetais quelque chose, il contribuait à me le faire payer plus cher que sa valeur, car les personnes qui me vendaient mes provisions étaient ou ses parens ou ses amis. J'ai aussi un reproche à faire à la bonne vieille négresse, qui du reste se conduisit très-bien à mon égard : les jours de marché, je lui donnais des verroteries pour acheter le grain de la semaine; elle trouvait toujours que j'en achetais trop peu; il eût fallu, pour les contenter, que je fournisse à leur nourriture.

Un jour Baba me prévint que son frère, celui que j'avais vu partir le mois d'août précédent, était de retour, et qu'il était allé chercher des colats à Teuté, pour retourner incessamment à Jenné; il me dit que je pourrais partir avec lui. J'appris cette nouvelle avec bien du plaisir : c'était vers la fin de décembre. Il avait reçu de son frère un peu de sel; il fit de petits présens à ses voisins, et en donna un peu à ses femmes, qui vinrent aussitôt me le vendre pour des grains de verre. Baba envoya le plus jeune de ses frères avec quelques briques de sel à Kany, pour acheter des colats, et les échanger contre des chèvres ou des moutons.

J'éprouvai de nouvelles tracasseries de la part de mon hôte; il me volait mon sel pour le donner à son cheval, qui ne valait pas sa nourriture. Rien ne pouvait les dissuader que je fusse riche : malgré les privations que je m'imposais, ils restaient convaincus que j'avais beaucoup d'argent et d'or. Pour détruire tous les soupçons, je me décidai à leur faire voir ce que contenait mon sac: mais avant cette marque de confiance, j'eus soin de cacher ce qui aurait pu éveiller leur cupidité; ils ne connaissent pas le prix de l'ambre et du corail; ils virent le mien avec indifférence; leurs femmes n'en portent jamais.

Le 1.{er} janvier 1828, j'eus la satisfaction de voir arriver le frère de Baba, venant de Teuté, où il avait acheté des colats; il devait partir sous peu pour aller les vendre à Jenné. Il était nuit lorsque la bonne vieille vint m'avertir avec empressement que son fils était arrivé: je vis une douzaine de Mandingues qui l'accompagnaient; ils étaient tous couverts de petites sonnettes qui, en marchant, faisaient entendre un bruit fait pour exciter la curiosité, et tout le monde sortait pour les voir.

Le 2 janvier, les voyageurs firent de petits présens de colats à tous leurs amis et parens, qui étaient venus la veille s'informer du succès de leur voyage. Le frère de Baba reçut de ses amis, en retour, deux grandes calebasses de tau et de riz, avec de la viande et du sel. On appelait les voisins à partager ce régal; ils étaient souvent quinze ou vingt, et cela ne les empêchait pas d'en envoyer une petite portion à ceux de leurs parens qui ne pouvaient venir. La bonne maman m'apportait toujours ma petite portion; et comme je devais bientôt quitter le pays, elle redoublait d'attentions.

Notre départ fut fixé au 9 du mois ; le séjour du jeune frère de Baba (Karamo-osla) se passa tout en réjouissances. On faisait par jour cinq ou six repas ; car outre ceux que ses parens et amis lui envoyaient, on faisait encore le dîner et le souper comme à l'ordinaire pour toute la famille ; je les ai même vus se lever la nuit pour manger. Je fis une visite au bon vieux chef, pour lui annoncer mon départ, qu'il savait aussi bien que moi : il me reçut avec bonté, me fit asseoir dans sa case auprès de lui, me donna plusieurs noix de colats, et fit apporter quelques ignames, qu'il me pria d'accepter ; il les fit même porter chez moi par une de ses esclaves. Il me dit que puisque j'allais partir et qu'il ne me reverrait probablement plus, il me priait, avant de me séparer de lui, de lui écrire un charme pour le préserver des maux d'yeux : après l'avoir satisfait, j'allai avec mon hôte voir un champ d'ignames qu'il faisait cultiver ; il avait plusieurs Bambaras libres qui travaillaient pour lui à remuer la terre, pour y mettre ces plantes. Ils font, comme je l'ai dit, de petits tas de terre, sans se donner la peine d'arracher les jeunes arbres ; et quand les ignames germent, elles grimpent dedans, ce qui leur sert de rames. Nous nous assîmes auprès d'un gros tas d'ignames que Baba avait fait acheter pour du sel chez les Bambaras ses voisins, pour les planter dans son champ. Pendant que plusieurs personnes étaient à choisir celles qui seraient meilleures pour la semence, on en fit cuire plusieurs sur des charbons, que nous mangeâmes pour notre dîner. Lorsque les propriétaires viennent aux champs, ils n'ont pas d'autre espèce de nourriture; et leurs esclaves ont bien soin d'en voler quelques-unes et de les cacher sous terre pour les manger en secret. Les jeunes gens portent sur la tête des paniers d'ignames, pour les donner aux hommes qui sont chargés de les planter. Quand la journée fut finie, je m'aperçus que Baba payait ses ouvriers en nature : les bons Bambaras me donnèrent, en me quittant, chacun une igname.

Depuis la fin de décembre, il régnait un vent du N. très-froid; je supportais très-bien ma couverture de laine; ce vent durait une partie de la journée, et je recherchais avec empressement la chaleur bienfaisante du soleil. Les nègres, qui naturellement sont très-frileux, se couvraient volontiers de couvertures de laine, qu'ils achètent à Jenné; et dans le mois de décembre, ils allumaient dans leurs cases des feux beaucoup plus forts qu'à l'ordinaire. Je m'aperçus que dans cette saison les arbres perdent leurs feuilles, et les nègres font brûler les herbes sèches qui entourent leurs habitations. La veille de notre départ fut un grand jour de fête. Un jeune Mandingue célébrait les funérailles de sa mère, décédée il y avait à-peu-près quinze jours : le jour même de son décès, j'avais été attiré dans son voisinage par le bruit de la musique. Je vis dans sa cour deux grosses caisses faites dans le genre des nôtres, avec des cymbales que l'on agitait fortement; ces cymbales consistent en deux morceaux de fer, longs de cinq pouces, larges de deux et demi : les deux nègres qui battaient les caisses tenaient ces espèces de cymbales de la main gauche. Chacun de ces morceaux de fer a un anneau; l'un est passé dans le pouce, l'autre dans l'index, et par un mouvement de la main, ils les agitent en cadence. Les femmes du voisinage accouraient et apportaient quelques petits présens pour rendre hommage à la défunte : on les déposait dans un grand panier rond, placé exprès au milieu de la cour, pour recevoir les offrandes; ensuite ces femmes, prenant un maintien triste, se mirent en file, et suivirent la musique en marchant en cadence, remuant les mains et la tête, en signe d'affliction; quelquefois elles battaient la mesure, en frappant les mains l'une contre l'autre, et chantant un air lugubre. Cette scène dura toute la journée. Je demandai si les cadeaux que l'on apportait dans la cour de la défunte seraient mis en terre avec elle, car les Bambaras ont cet usage superstitieux; les Mandingues me dirent qu'il n'existait pas chez eux; et que les présens serviraient pour célébrer la fête du *dégué-sousou* : c'est celle-ci à laquelle j'assistai, et que je vais décrire telle que je l'ai vue.

Le jeune fils de la défunte acheta un mauvais cabri, pour faire le repas d'une partie des assistans, et surtout des musiciens. Le jour où la fête devait avoir lieu, il vint me trouver le matin de bonne heure, avec Baba, dans la case duquel j'étais assis auprès du feu; car la matinée était fraîche : ils s'assirent l'un et l'autre auprès de moi, et le jeune homme me pria de lui vendre quelques coups de poudre pour célébrer les funérailles de sa mère ; il m'en paierait en route, disait-il, la valeur en cauris [1], attendu que, sans cette monnaie, qui commence à avoir cours à Tangrera, je ne pourrais rien acheter pour ma nourriture. J'avais environ une bouteille de poudre que je conservais précieusement, croyant qu'elle me serait très-utile à Jenné ; cependant je lui en donnai pour une valeur de mille cauris, car je pensais bien qu'en m'y refusant, je me rendrais odieux, et m'attirerais leur haine. J'eus beaucoup de difficulté pour conclure cette affaire : ils envoyaient de tous côtés chercher de petits cornets pour mesurer ma poudre; ils ne les trouvaient jamais assez grands; il aurait fallu, pour les contenter, leur donner toute ma provision. Le 8 janvier fut le jour de la fête : elle eut lieu près de l'humble habitation de la défunte, à l'ombre de

---

[1] Petite coquille univalve du genre des porcelaines, qui tient lieu de monnaie.

gros bombax qui paraissaient aussi vieux que la terre ; la musique, assez bien composée, consistait en quatre grosses caisses, autant de cymbales, et six hautbois, comme ceux du Ocassoulo que j'ai décrits. Les musiciens étaient tous Bambaras, car la rigidité du Coran ne permet pas aux musulmans de s'adonner à la musique.

Plusieurs petits enfans, le corps couvert de feuilles d'arbre bien arrangées, ayant sur la tête quelques plumes d'autruche, tenaient dans chaque main un panier rond avec une anse, dans lequel il y avait des morceaux de fer et des cailloux ; ils accompagnaient la musique en sautant en cadence et agitant leurs paniers, qui faisaient entendre un cliquetis d'un effet bizarre. Il y avait deux chefs de musique qui réglaient les momens où l'on devait jouer : ils étaient couverts d'un joli manteau en réseau de coton très-blanc, avec une frange autour ; ils avaient un bonnet noir, bordé d'écarlate et de cauris, et garni de quelques plumes d'autruche : le corps de musiciens se tenait debout, au pied d'un baobab. L'assemblée était nombreuse, et tout le monde proprement habillé : les hommes s'étaient affublés de tout ce qu'ils avaient de plus beau ; j'en vis plusieurs avec un petit coussabe couleur de rouille, tout parsemé d'amulettes recouverts de petits morceaux d'écarlate et d'étoffe jaune : les uns étaient armés de fusils et les autres d'arcs et de flèches, comme s'ils allaient au combat; ils portaient aussi de grands chapeaux de paille ronds, fabriqués dans le pays. Ils faisaient tous ensemble le tour de l'assemblée, en sautant et dansant au son de la musique, que je trouvais très-agréable : de temps à autre ils paraissaient furieux, tiraient des coups de fusil, et couraient de tous côtés en jetant des regards menaçans; les hommes armés d'arcs et de flèches simulaient également la fureur; ils couraient comme s'ils allaient se jeter sur l'ennemi, et faisaient semblant de lancer des flèches. Ces hommes étaient suivis d'une quantité de femmes proprement habillées, ayant chacune sur le cou une pagne blanche, qu'elles tournaient de côté et d'autre en marchant au son de la musique et observant le plus grand silence. Les premiers qui se trouvaient fatigués se retiraient, et étaient bientôt remplacés par d'autres, qui venaient surprendre l'assemblée. Ceux qui sortaient de la fête couraient bien fort, et étaient suivis de quelques musiciens, qui les accompagnaient en jouant jusqu'à leurs cases, et là ils recevaient en cadeau quelques noix de colats. Vers le milieu de la fête, tous les hommes parens de la défunte parurent habillés de blanc : ils étaient en file sur deux rangs; ils tenaient chacun à la main un morceau de fer plat, sur lequel ils frappaient avec un autre plus petit; ils firent le tour de l'assemblée en observant la mesure et chantant un air triste et sonore ; ils étaient suivis par des femmes qui répétaient le même chant en chœur et en frappant des mains par intervalle. Le fils de la défunte les suivait ; il était bien habillé et armé d'un sabre, mais ne paraissait pas très-affecté. Après avoir fait le tour de l'assemblée, ils s'éloignèrent, et les danses guerrières recommencèrent. Deux vieillards, parens de la défunte, étaient les ordonnateurs de la fête ; ils parlaient au public à haute voix, et faisaient l'apologie des bonnes qualités de leur parente. La fête finit par un grand repas : on mangea le cabri que l'on avait tué le matin. Je remarquai avec plaisir que le silence et le bon ordre n'avaient pas cessé de régner tout le temps de la fête, qui fut très-gaie. La jeunesse dansa presque toute la nuit. Le jeune fils de la défunte s'éloigna du souper qu'il donnait, et vint partager le nôtre.

Le jour tant desiré arriva enfin ; mais avant de quitter ce beau pays, je vais en faire la description, et faire connaître le caractère et les mœurs des habitans, avec lesquels j'ai vécu cinq mois.

CHAPITRE XIII.

Description de Timé et des environs. — Caractère, mœurs et usages des habitans. — Époque de la circoncision chez les hommes et de l'excision chez les femmes. — Industrie, commerce et agriculture. — Plantes indigènes. — Maladies du pays.

Le village de Timé est situé à deux jours au S. de Sambatikila, à quinze au N. de Teuté et Cani, et à dix jours à l'O. de Tangrera; il peut contenir cinq à six cents habitans, partie Mandingues et partie Bambaras. Les deux nations sont séparées par un mur; elles vivent cependant en bonne intelligence, malgré la différence de religion : les Mandingues sont musulmans, et les Bambaras sont païens; toutefois ceux qui descendent d'une mère mandingue se croient supérieurs aux Bambaras francs, mais n'en restent pas moins idolâtres.

A trois ou quatre milles environ, à l'E. du village, se trouve une chaîne de montagnes où, dans la saison pluvieuse, s'amoncellent les nuages, en sorte que, pendant cinq mois et demi, il pleut presque continuellement. Je n'ai point ressenti de chaleurs très-fortes pendant la saison des pluies ; l'air est toujours frais et humide, ce qui le rend très-malsain ; et dans les mois de décembre et janvier, il règne un vent de N. variable, qui rafraîchit encore l'atmosphère. Le sol de Timé est composé de bonne terre noire et de sable : dans quelques endroits, il est arrosé par quantité de petits ruisseaux, dont les débordemens fertilisent les terres ; les bords de ces ruisseaux sont très-boisés, et peuplés des oiseaux du Sénégal : les perroquets verts y sont communs ; je n'ai pas vu de perruches.

Les Mandingues sont naturellement paresseux : ils font beaucoup travailler leurs esclaves[1] ; mais ceux qui n'en ont pas, sont obligés de cultiver leurs champs, et travaillent si peu, que la récolte ne leur suffit jamais pour l'année entière : alors ils ont recours aux nègres bambaras, qui leur vendent le surplus de leurs grains pour se procurer du sel.

Regardant leurs esclaves comme leur principale fortune, ils ne les maltraitent pas : leur nourriture est la même que celle des maîtres ; seulement elle n'est pas toujours aussi abondante ; ils sont vêtus d'une mauvaise pagne, qu'ils portent jusqu'au dernier morceau. Les enfans vont tout nus jusqu'à l'âge de dix-

---

[1] Un Mandingue qui possède huit ou dix esclaves est réputé riche.

huit ans, et quelquefois plus tard. Quand ils ne sont pas surveillés, ils s'abandonnent à leur paresse naturelle, et font peu d'ouvrage : les maîtres y mettent assez d'indulgence ; ils ne punissent avec sévérité que le vol ou la désertion ; dès que l'on soupçonne dans un esclave le projet de déserter, on lui met les fers aux pieds.

Les Mandingues divisent le temps par années, mois, semaines et jours ; j'ai remarqué qu'ils ne se trompaient jamais : ils comptent les mois par lunes ; douze lunes font une année, qu'ils appellent *sang*; les semaines sont de sept jours. Le marché se tient dans le village, une fois par semaine. Ils ne connaissent pas la distribution des heures, et divisent le jour en quatre parties : le matin jusqu'à onze heures, qu'ils nomment *soyoman*; jusqu'à quatre heures de l'après-midi, *télé*[1]; depuis quatre jusqu'à sept, *oula*; et la nuit, qu'ils appellent *soudo*.

Les Mandingues de cette partie de l'Afrique sont tous marchands ; ils voyagent beaucoup, même dans la saison des pluies : mais étant obligés de charger leurs bagages sur la tête, ils en portent peu et vont très-lentement, en sorte que leur commerce n'est pas lucratif. Ils ne voyagent jamais sans que leurs vêtemens soient chargés d'amulettes ou grigris recouverts d'écarlate. Les habitans de cette partie du Soudan

---

[1] *Télé*, jour, soleil.

n'étant pas hospitaliers, les marchands sont obligés d'acheter leurs vivres, de payer le logement qu'on leur donne, et, dans chaque village, le droit de passe ; il en résulte qu'ils dépensent en voyage une partie de leurs bénéfices. Ils sont toujours armés d'arcs et de flèches, car les fusils ne sont pas communs dans cette contrée. Ils ne marchent jamais sans s'être munis d'un petit pot de beurre végétal, qu'ils portent à leur ceinture ; et tous les soirs, après s'être lavés à l'eau chaude, ils se graissent la tête, la figure et une partie du corps : ils y sont tellement habitués, que la route leur paraîtrait plus pénible s'ils ne prenaient pas cette précaution. De retour de leurs voyages, ils se livrent à l'oisiveté, mangent beaucoup, et se reposent sur les esclaves du soin des cultures. Ils vont souvent à l'ourondé où demeurent ceux-ci, pour voir si tout est en bon ordre et les encourager au travail ; ils leur envoient quelquefois un bon souper de foigné, qu'ils font préparer par leurs femmes.

Les Mandingues font ordinairement deux repas par jour : le déjeûner vers onze heures, et le souper à sept heures du soir ; quelquefois le matin ils prennent un peu de bouillie de riz (qu'ils appellent *baya*). Les pauvres ne font qu'un repas ; mais la plupart ont soin de se trouver chez leurs amis pour partager le leur.

Les nègres aiment beaucoup les réunions : dans la belle saison, un peu après la prière du soir, ils se rassemblent avec tout le voisinage pour prendre leur souper en commun, et chacune des femmes apporte sur la tête celui de son mari; les uns ont du tau, les autres des ignames et du riz; la sauce se met ordinairement à part, dans un petit plat qu'ils nomment *birit.* Ces repas sont toujours très-gais. Ils médisent de ceux qu'ils appellent les infidèles; ils rient beaucoup, et s'amusent aux dépens des absens. Les femmes ne sont point admises à ces réunions; elles mangent dans leurs cases avec leurs enfans, mais jamais avec les maris; à l'âge de dix ans, les garçons mangent avec leur père. Le repas fini, chaque femme vient reprendre ses ustensiles de ménage.

J'ai remarqué chez les nègres un usage qui est général, et qui m'a paru fort singulier : à la fin de chaque repas, ils se remercient réciproquement, et courent ensuite par le village dire merci à tous ceux qu'ils rencontrent, ce qui signifie qu'ils ont dîné ou soupé : on juge aisément de la qualité du repas qu'ils viennent de prendre, suivant l'expression plus ou moins gaie qu'ils mettent à prononcer ce mot *merci.* Quelques-uns venaient aussi à la porte de ma case m'apporter leur remerciement.

Les Bambaras, qui sont tous païens, prennent autant de femmes qu'ils peuvent en nourrir; mais les

Mandingues n'en ont jamais plus de quatre. Ils ne les épousent pas toutes en même temps, et même ce n'est qu'à des époques éloignées, quelquefois à trois ou quatre ans de distance. Chaque femme qu'ils prennent est pour eux un objet de dépense considérable, à laquelle ils ne peuvent suffire qu'après avoir acquis quelques bénéfices dans leur commerce, pour acheter les esclaves qu'ils sont obligés de donner aux parens de leur prétendue; autrement ils ne trouveraient pas à se marier. Cette espèce de dot varie beaucoup : si la fille est de bonne famille, qu'elle soit jolie, et qu'on lui reconnaisse de bonnes qualités, les parens exigent trois ou quatre esclaves, ou la valeur en marchandises ; ces malheureux sont toujours la propriété de la mère. Si la fille est d'un rang peu distingué, ou d'une figure désagréable, on ne donne que deux esclaves. Je n'ai pas vu d'exemple dans tout ce pays d'une fille célibataire ; elles se marient toutes, belles ou laides. Ce sont autant de servantes que les hommes s'attachent, et dont ils ne craignent pas la désertion. Le prétendu est obligé de livrer la dot avant de posséder la fille, à laquelle il fait encore quelques petits cadeaux; de plus, il lui envoie tous les jours de grandes calebasses pleines de riz. Deux mois avant le mariage, la future est toujours en fête, et sa mère invite les voisins à venir y prendre part. Ces usages varient un peu dans chaque contrée : à Cambaya, par exemple, si le prétendu donne trois esclaves, il y en a deux pour sa belle-mère, et le troisième suit la nouvelle épouse chez son mari. A Timé et à Sambatikila, les parens reçoivent tout : quand le jeune homme a rempli les formalités et fait toutes les libéralités exigées, si la fiancée ou même ses parens se refusent à terminer le mariage, ils sont obligés de lui rembourser toutes les dépenses qu'il a faites; si, au contraire, les plaintes viennent de la part de l'homme, soit par jalousie ou tout autre motif, il perd tout ce qu'il a donné; et quand il s'élève une discussion entre le prétendu et la famille de sa future, si les arrangemens viennent à se rompre, la femme est tenue de rendre tout ce que ses parens ont reçu. Ces conditions sévères font que, parmi un peuple intéressé et même avide, les premiers engagemens se rompent très-rarement : les femmes en sont souvent les victimes; car les hommes, les regardant comme leur étant très-inférieures, sont toujours maîtres absolus dans leurs ménages. Les disputes sont pourtant très-fréquentes, car les femmes de ce pays sont d'un caractère difficile, et les maris très-exigeans. Ces malheureuses peuvent être assimilées aux esclaves par les travaux pénibles auxquels on les oblige : elles vont chercher l'eau et le bois à des distances très-éloignées; leurs maris les envoient faire les semences, arracher les mauvaises herbes, ou faire la récolte; lorsqu'elles suivent les caravanes, ce sont elles qui portent les fardeaux sur leur tête, et les maris suivent gravement à cheval. Ils les grondent sévèrement pour la moindre faute qu'elles commettent ; alors elles crient, tempêtent, et courent dans le village, en se plaignant à haute voix de leur injustice : ils n'y font pas beaucoup d'attention, car ils ne croient jamais avoir tort; et la dispute se termine par des coups de fouet donnés à la femme, qui pleure et crie, jusqu'à ce que les anciennes du village arrivent à son secours et rétablissent la paix dans le ménage. J'ai remarqué qu'après avoir été frappées, elles devenaient très-souples : elles ne sont pas vindicatives; il est vrai qu'elles n'y gagneraient rien ; le troisième ou le quatrième jour, elles sont aussi gaies qu'à l'ordinaire. Elles n'oseraient lever la main sur leur mari pour se défendre ; elles ne se permettent jamais la moindre plaisanterie avec lui. Les hommes ne leur parlent qu'en maîtres ; enfin ce sont de véritables servantes.

Je demandais à Baba pourquoi il ne plaisantait jamais avec ses femmes : c'est, me répondit-il, parce que je ne pourrais plus en rien faire; elles se moqueraient de moi lorsque je leur commanderais quelque chose. Leurs mariages se célèbrent par des danses et des festins. Tout le village assiste à cette grande réjouissance; on y mange beaucoup, et ce sont les maris qui font tous les frais de la fête : on envoie dans des calebasses des soupers à celles qui ne peuvent pas y venir, ou bien on garde leur portion en cas d'absence.

Lorsque la jeune épouse se rend dans le village de son mari, on fait une nouvelle fête pour la recevoir; ces fêtes sont toujours célébrées avec gaieté. Il n'y a pas de cérémonie religieuse qui attache les deux époux : la chaîne qui les lie pour toujours ne peut pas se briser; car la dot que l'époux a donnée est un acte qu'on ne peut dissoudre. La femme n'en est que plus malheureuse : si son mari la délaisse ou la maltraite, elle ne peut avoir recours à la séparation qu'en restituant; chose impossible, puisqu'elle ne possède rien, et que ses parens auraient le moyen de rendre ce qu'ils ont reçu qu'ils ne le feraient pas. Sous le rapport des souffrances physiques, les femmes sont très-courageuses : elles se livrent aux travaux les plus pénibles pendant le temps et jusqu'au dernier moment de leur grossesse ; elles accouchent sans se plaindre; on croirait qu'elles n'éprouvent aucune douleur, et le lendemain elles reprennent leurs occupations. J'ai remarqué que l'enfant naît blanc, seulement un peu jaune, et qu'il noircit progressivement jusqu'au dixième jour, qu'il est tout-à-fait noir. On le baigne dans une calebasse d'eau tiède, et non à la rivière, comme l'ont dit plusieurs voyageurs : les hommes faits se baignent rarement à l'eau froide ; encore moins les enfans. Les mères ont une tendresse et des soins extrêmes pour leurs enfans; elles les confient rarement à des étrangères; elles les nourrissent toujours elles-mêmes, et les portent par-tout sur leur dos, attachés avec leur pagne, comme chez presque tous les nègres. Parmi tous les peuples d'Afrique que j'ai visités, les enfans vont nus jusqu'à l'âge de puberté.

Les garçons mandingues sont circoncis à l'âge de quinze à vingt ans; les filles subissent l'excision quand elles sont nubiles : souvent on la retarde jusqu'au moment où elles sont promises en mariage; j'ai même vu une femme mariée, ayant déjà eu un enfant, qui s'était soumise à cette opération, toujours faite par des femmes; on la pratique sur plusieurs à-la-fois. Dès ce moment elles deviennent pour quelque temps incapables de travailler; elles sont soignées par leur mère, qui lave la plaie plusieurs fois par jour avec un caustique indigène dont elles connaissent l'usage : les femmes du voisinage vont chercher l'eau et le bois dont elles ont besoin.

Le jour de la circoncision est un jour de réjouissance. Dès le lendemain et les jours suivans, les filles circoncises vont, accompagnées d'une vieille femme, se promener dans le village, s'arrêtant à chaque porte, et demandant assistance; c'est la vieille qui porte la parole : les jeunes ne sortent jamais sans être armées d'un roseau, qu'elles tiennent de la main gauche;

elles portent aussi, dans cette occasion, un grand bonnet d'homme sur la tête, dont la pointe est soutenue par un morceau de bois flexible, mis en-dedans, pour le faire tenir debout; avec ces coiffures, ces filles paraissent grandes comme des géans. J'en ai vu qui, à la place d'un roseau, tenaient une flèche en fer, symbole de la circoncision. Les gens à qui on a demandé l'hospitalité pour les nouvelles circoncises, s'empressent de faire, chacun à son tour, un grand dîner ou souper, dans lequel on met du sel, et qu'on leur envoie; tous les amis et voisins suivent (si cela leur plaît) cet exemple: mais ceux qui sont fiancés ne peuvent s'en dispenser, et ils envoient des dîners jusqu'à l'entier rétablissement des malades, ce qui dure communément environ six semaines. Leurs pères (car elles ne logent jamais dans la même case) leur envoient aussi des provisions plus considérables qu'à l'ordinaire : ces grands plats de riz ou de tau sont distribués par les mères aux voisins et aux parens, et, dans ces occasions, je n'étais jamais oublié; la bonne négresse, ma gouvernante, me donnait toujours ma part.

Les pères et mères ont une tendresse véritable pour leurs enfans; et ces derniers, parvenus à l'âge raisonnable, ont beaucoup de vénération pour leurs parens. Respect et obéissance envers les anciens, est une loi observée rigoureusement. Dans tout ce pays, je n'ai pas vu un seul mendiant; les vieillards sans moyens sont toujours nourris et traités avec beaucoup d'égards par leurs enfans. J'ai vu, dans cette partie de l'intérieur, un homme attaqué de cécité ; mais il ne mendiait pas, suivant l'habitude des autres pays nègres. Beaucoup de voyageurs ont dit que les enfans conservent une plus grande tendresse pour leur mère que pour leur père : quant à moi, j'ai eu l'occasion de les étudier quelque temps ; mais je n'ai pas remarqué de différence dans leur affection. S'ils ont quelques projets à exécuter, les enfans suivent de préférence les conseils du père, et se feraient même un grand scrupule de lui désobéir; le père est chef suprême de sa famille. Je donne pour exemple Arafan-Abdalahi, Mandingue de Kankan, homme d'à-peu-près quarante à quarante-cinq ans, qui se privait du plaisir et même du devoir religieux de faire un pélerinage à la Mecque, pour ne pas déplaire à son vieux père, dont il ne pouvait obtenir le consentement. Je n'ai pas remarqué que les Mandingues se querellassent souvent : il est dangereux de les insulter, et plus encore de provoquer les auteurs de leurs jours. Ils sont vindicatifs, très-curieux, envieux, menteurs, importuns, intéressés, même avides, ignorans et superstitieux : ils ne sont pas précisément voleurs, puisqu'ils ne se volent pas entre eux ; mais du moins leur probité est très-suspecte, sur-tout envers les étrangers, qui seraient très-imprudens de leur laisser voir des objets qui pourraient tenter leur cupidité, tels que ciseaux, couteaux, verroteries, poudre, papier, etc., qui sont rares dans le pays et d'une très-grande valeur. Ils ne se confient jamais rien avant de l'avoir compté ou mesuré plusieurs fois, même entre parens ; ils sont, en général, méfians, et peu scrupuleux sur les moyens de se procurer ce qui leur plaît. Pendant mon séjour à Timé, j'appris qu'un Bambara d'un village un peu éloigné avait assassiné un de ses camarades, ce qui occasionna beaucoup de bruit dans les environs : je ne pus savoir quelle peine avait été infligée au meurtrier ; mais je puis affirmer que ces crimes sont rares chez les Bambaras, et ne se commettent jamais parmi les Mandingues. Ils méprisent les pauvres Bambaras, qu'ils appellent infidèles : quant à moi, je suis persuadé qu'ils sont eux-mêmes avares et peu hospitaliers, et je crois fermement que, dans ma maladie, j'aurais péri, si je n'avais pas eu de quoi payer ma nourriture, et je n'ai dû ma sûreté qu'à mon travestissement. Ils m'ont tous témoigné une aversion bien prononcée pour le nom chrétien ; ils ont, sans nous connaître, une très-mauvaise idée de nous. Cependant, je remarquai chez eux quelque sensibilité : ils ont beaucoup d'égards pour leurs compatriotes malades, ou même pour ceux de leur religion ; car je n'étais pour eux qu'un être très-indifférent, et j'en ai vu encore quelques-uns qui me plaignaient sincèrement. Quoi qu'il en soit, j'ai trouvé beaucoup plus d'hospitalité et moins d'importunité chez les Foulahs que chez les Mandingues.

Lorsqu'un nègre veut entrer dans la case d'un chef ou d'un homme de qualité, il laisse ses sandales à la porte, et s'annonce en disant trois fois, *Salamalékoum*. Ils n'observent cette formalité envers leurs égaux que quand la porte est fermée.

Il n'y a point à Timé de fabriques de pots en terre ; ils s'en procurent chez les Bambaras, qui les échangent pour du sel ou des noix de colats. Ces pots sont tous de forme ovale, et j'en ai vu qui avaient dix-huit à vingt pouces de profondeur ; ils sont de couleur grise, et pas aussi bien faits que dans le Kankan et le Ouassoulo. Les femmes, dans leurs momens de loisir, filent du coton, avec lequel ils fabriquent un peu de toile de couleur, qu'ils échangent, sur la route de Jenné, contre des cauris, monnaie qui leur sert à l'achat du sel. Les Mandingues de Timé ne se nourrissent pas aussi bien que ceux de Kankan et du Fouta ; ils mangent, comme les Bambaras, toute sorte de bêtes, excepté le chat et le chien. Mon hôte Baba avait trois esclaves ; il n'y en avait qu'un capable de travailler : les deux autres, surtout un petit garçon malade, étaient traités un peu rudement, parce qu'ils ne pouvaient se rendre utiles; aussi il était obligé de prendre des hommes de journée. Ils ne sont pas aussi propres dans leurs habits que les habitans du Fouta et du Kankan; mais ils sont mieux tenus que les Bambaras. Deux jours après la naissance d'un enfant, on célèbre sa venue par des danses et par un repas.

Ils ont l'habitude, été comme hiver, de se baigner à l'eau chaude, tous les soirs en arrivant des champs, où ils sont allés voir travailler leurs ouvriers. En leur absence, les femmes ont soin de tenir de l'eau toute prête. Ils font toutes les nuits du feu dans leurs cases, car ils sont naturellement frileux.

J'ai vu, chez les Mandingues de Timé, de grands filets faits en corde de coton et d'écorce d'arbre, avec lesquels ils vont à la chasse aux gazelles et aux sangliers: ils reconnaissent dans les bois les traces de ces animaux, tendent leurs filets, et battent la campagne pour les pousser à s'y jeter. Dès qu'il s'en est pris un, on le tue à coups de poignard. Ils se réunissent ordinairement en grand nombre pour faire cette chasse, qui est souvent infructueuse. Quand ils tuent un animal, ils lui tournent toujours la tête du côté de l'E. Une femme ne se permettrait jamais de tuer une poule; ce sont les hommes qui se chargent de ce soin : au reste, les habitans de Timé n'en tuent pas souvent, quoiqu'ils en élèvent beaucoup; ils préfèrent les vendre aux voyageurs. Ils

4*

élèvent quelques chèvres et des moutons, mais n'ont ni bœufs ni vaches, quoique le sol produise de très-bons pâturages. Les villages environnans ont quelques vaches, mais ils ne les traient jamais.

Il passe quelquefois par Timé des caravanes de saracolets qui vont dans le S. acheter des esclaves. Il n'y a point de nation nommée *Saracolets*: c'est, comme je l'ai dit, une classe de marchands qui voyagent dans toutes les parties de l'Afrique; il y a des saracolets dans tous les pays nègres, Mandingues, Bambaras, Foulahs, Dhialonkés, de Kayaga, de Bondou, etc.; ils sont tous mahométans, et ont entre eux un idiome particulier que les autres nègres, même ceux de leur nation, n'entendent pas. Ils ne restent presque jamais dans leur pays natal: ils ont par-tout la réputation d'être très-riches et d'être enclins au vol.

Quand il arrive à Timé un étranger qui se trouve avoir des parens ou des amis dans le village, s'il ne se rend pas directement chez eux, ceux-ci, dès qu'ils en sont informés, ont soin de faire préparer un énorme dîner: ils font, dans cette occasion, le sacrifice de tuer une volaille, et d'y joindre du sel, et ils font porter le tout par leurs femmes au nouvel arrivé. Ils ne touchent jamais à ce repas, et en font faire un pour eux comme à l'ordinaire. Peu après, ils vont voir leur ami et recevoir ses remerciemens. Quand même ils le trouveraient à table, ils n'accepteraient rien; ils aimeraient mieux s'en retourner chez eux. Après le repas, l'étranger va faire sa visite, qu'il n'aurait pas faite si on ne lui avait pas apporté la poule. Cet usage est généralement répandu dans cette contrée.

Les cases de Timé ne sont ni aussi grandes ni aussi propres que celles des nègres du Fouta et du Kankan, quoiqu'elles soient construites dans la même forme, entourées de même d'un mur en terre de six pieds de haut sur cinq pouces d'épaisseur. Les femmes sont chargées du soin d'enduire ce mur avec du crottin de bœuf, qu'elles se procurent au marché pour quelques colats. Ces cases sont recouvertes en paille; on n'y voit aucun meuble, seulement quelques nattes tendues par terre pour s'asseoir dans le jour et se coucher la nuit, des pots en terre pour la cuisine, des plats en bois, des calebasses, des spatules pour remuer le tau, et une jarre en terre pour mettre l'eau. Les femmes placent leur bois dans un coin de leurs cases, dans la crainte que les paresseuses ne le prennent pour s'éviter la peine de s'en procurer : quand elles reviennent du bois, elles en font de petits cadeaux aux vieilles de leur voisinage. On n'a pas dans ce village de grandes jarres en terre pour serrer les grains, comme dans le Kankan et le Fouta; ce qui prouve qu'ils ne cultivent pas autant, et ne sont pas aussi riches. A un demi-mille du village, il y a une jolie source d'eau limpide, où les habitans vont puiser pour leur consommation : cette source est ombragée par de grands arbres dont je ne connais pas le nom, mais qui, je crois, seraient très-propres à la construction. Le peu de productions du sol qu'ils récoltent, ils les laissent dans les champs, y mettent un petit morceau de papier écrit pour éloigner les voleurs, et jamais on n'y touche. Une seule fois, pendant mon séjour à Timé, j'ai vu un homme dont les ignames encore en terre avaient été volées; mais le champ, disaient-ils, n'avait pas de grigris.

L'arbre à beurre ou *cé* est très-répandu dans les environs de Timé; il y croît spontanément et vient à la hauteur du poirier, dont il a le port. Quand l'arbre est jeune, ses feuilles sont longues de six pouces; elles viennent par touffes, et sont supportées par un pétiole très-court; elles sont terminées en rond : l'arbre ayant atteint une certaine vieillesse, les feuilles deviennent plus petites, et ressemblent à celles du poirier de Saint-Jean. Il fleurit à l'extrémité des branches, et les fleurs, réunies en bouquet et supportées par un pédicelle très-court, sont très-petites; elles ont des pétales blancs et beaucoup d'étamines à peine perceptibles à l'œil nu. Le fruit, venu à maturité, est gros comme un œuf de pintade, un peu ovale et égal des deux bouts, il est recouvert d'une pellicule de couleur vert-pâle; en ôtant cette pellicule, on trouve une pulpe de trois lignes d'épaisseur, verdâtre, farineuse, et très-agréable au goût : les nègres l'aiment beaucoup ; j'en mangeais aussi avec plaisir. Sous cette pulpe, il y a une seconde pellicule très-mince, ressemblant à la peau blanche qui tapisse intérieurement la coquille de l'œuf; elle couvre l'amande, qui est couleur de café au lait clair : le fruit, ainsi dégagé des deux pellicules et de la pulpe, est couvert d'une coque aussi mince que celle de l'œuf; l'amande seule est grosse comme un œuf de pigeon. On expose ce fruit au soleil pendant plusieurs jours pour le faire sécher; puis on le pile dans un mortier ; réduit en farine, il devient couleur de son de froment. Quand il est pilé, on le met dans une grande calebasse; puis on jette de l'eau tant soit peu tiède par-dessus, jusqu'à consistance d'une pâte claire que l'on pétrit avec les mains. Quand on veut connaître si elle est assez manipulée, on y jette un peu d'eau tiède : si l'on voit les parties grasses se détacher du son et monter sur l'eau, on y met à plusieurs reprises de l'eau tiède ; il faut qu'il y en ait assez pour que le beurre, détaché du son, puisse flotter. On le ramasse avec une cuiller en bois pour le mettre dans une calebasse; puis on le fait cuire sur un grand feu : on l'écume bien pour séparer le son qui y était resté attaché ; quand il est bien cuit, on le verse dans une calebasse avec un peu d'eau au fond, pour le rendre plus facile à enlever; quand il est ainsi préparé, on l'enveloppe dans des feuilles de l'arbre, et il se conserve deux ans sans se gâter. Ce beurre est d'un blanc cendré, et a la consistance du suif. Les nègres en font commerce; ils en mangent et s'en frottent le corps; ils en font aussi brûler pour leur éclairage : ils m'assurèrent que c'était un remède salutaire pour les douleurs et pour les plaies; on s'en sert comme de cérat. J'ai trouvé le fruit du cé bien plus gros dans les pays de Baleya et d'Amana qu'à Timé. La graine de cet arbre, qui est d'une si grande ressource pour les habitans de ce pays, ne peut se transporter en Europe pour produire qu'en le mettant dans de petits vases en terre; autrement elle perd sa vertu germinative, qui ne se conserve pas long-temps. J'ai déjà dit qu'à Timé il y a un fruit qu'on nomme *taman*, qui donne aussi une substance onctueuse très-bonne à manger, et plus ferme que celle du cé : on l'emploierait en Europe avec succès pour l'éclairage. On obtient ce corps gras, que les habitans nomment *taman-toulou*, par le même procédé que l'on emploie pour le cé. L'arbre qui produit le taman croît sur les bords des ruisseaux; il est très-commun dans tout le Sud. A Cani et Teuté, ces deux espèces sont si abondantes, que les naturels de ces pays, qui, m'a-t-on dit, ont beaucoup de vaches, ne font pas de beurre; ils ne mangent que celui qu'ils récoltent sur ces arbres. Ils ont aussi un peu d'huile de palme. L'amande du taman a la forme d'un gros marron un peu alongé, d'une belle couleur rose en dedans et un peu plus foncée par-dessus ; il est très-dur : les femmes, pour l'employer, le passent sur le feu, dans des pots en terre, et le cassent entre deux cailloux avant de le piler dans le mortier. Le beurre qu'on en retire est jaune, un peu clair, plus ferme que le cé, et ne conserve aucune odeur. J'en mangeais de préférence à l'autre.

Dans tous les environs de Timé, l'indigo croît spontanément et sans culture : les femmes s'en servent avantageusement pour teindre leurs fils de coton, que les hommes tissent pour faire des étoffes de couleur. Le procédé qu'elles emploient est très-simple : sans se donner la peine de couper la plante, elles arrachent les feuilles, puis elles les pilent, les mettent en petits pains, les exposent au soleil pour les faire sécher ; elles se conservent de cette manière très-long-temps. Quand on veut les employer, on écrase les petits pains, puis on les met dans un grand pot en terre, fait pour cet usage ; on le remplit d'eau fraîche, et on le couvre pour laisser tremper les feuilles : on les laisse fermenter pendant vingt-quatre heures ; puis on y ajoute de l'eau de lessive, faite à froid avec de la cendre de paille de foigné ; cette eau a la propriété de dissoudre l'indigo. La teinture ainsi préparée, on met dans le pot les objets à teindre ; on laisse le coton une nuit entière, et même quelques heures de plus. J'en ai vu qui, sortant de ce vase, avait une belle couleur bleue. On ajoute de l'eau à mesure qu'elle diminue. Les mêmes feuilles servent à teindre pendant une semaine entière : la première teinte est toujours la plus belle.

J'ai vu, dans ce pays, une plante grimpante qui a la feuille très-large et donne beaucoup de bleu : il y en a beaucoup à Sierra-Leone. Les jeunes femmes ne se mêlent pas de teindre les fils de coton; il n'y a que les vieilles qui s'en occupent. Autour de leurs cases, il y a un petit jardin où croissent plusieurs sortes d'herbes pour leurs sauces; ce sont elles qui sont chargées de les cultiver. Il y a aussi du tabac, que l'on sème dans le mois de septembre et qu'on transplante en octobre; on ne lui donne aucun soin : celui que j'ai vu à Timé et aux environs est d'une petite espèce; on ne le récolte que quand il est tout-à-fait en graine. Les feuilles, séchées au soleil, sont réduites en poudre pour la consommation: les habitans n'en prennent pas d'autre, car je n'ai pas vu à Timé de tabac d'Europe.

Ils récoltent des haricots d'une couleur grise, petits, et très-durs à cuire. Ils ont le giraumon, qui croît très-bien dans le pays; ils en font des ragoûts, en y joignant des pistaches et du piment. Cette dernière plante, si commune dans les pays chauds, ne croît que très-imparfaitement dans celui-ci; ils en achètent dans leurs voyages au S. : ils se procurent de même un poivre long qu'ils estiment beaucoup; ils le nomment *cani*, nom du lieu d'où ils le tirent. Il y a des marchands qui portent ce poivre à Jenné pour l'échanger contre du sel.

Les maladies les plus communes à Timé sont, les ophthalmies, les plaies, les grosseurs au cou, espèces de goîtres, les fièvres et la lèpre : ils sont aussi attaqués quelquefois du scorbut. Je n'ai vu dans cette partie aucun individu difforme; les rhumes y sont très-fréquens.

CHAPITRE XIV.

Départ de Timé le 9 janvier 1828. — Le nom de Kong donné par Mungo-Park à une chaîne de montagnes est un mot générique. — Usage des sonnettes dans les caravanes. — Loubakho. — Cacorou. — Danse et musique des Bambaras. — Sananço. — Dhio. — Palmier à huile. — Talé. — Usages des habitans. — Borandou. — Personnages grotesquement masqués. — Tangrera.

Le 9 janvier, après avoir pris un léger déjeûner d'ignames que la bonne mère nous avait fait préparer, nous nous disposâmes à partir de Timé. Je fis à ma vieille gouvernante un joli cadeau, qu'elle reçut avec plaisir; je donnai aussi à Baba quelques marchandises que je lui avais promises, pour le dédommager du temps que j'étais resté chez lui.

Nous quittâmes le village vers neuf heures du matin, après avoir pris congé du bon vieux chef, qui fit des vœux pour notre heureux voyage. Mon guide avait emmené sa femme pour porter mon bagage, devenu bien léger; son frère Baba vint nous accompagner quelque temps : nous prîmes notre route par le S. S. E., et arrivâmes au pied de la chaîne de montagnes, qui est composée de granit en bloc, d'un très-beau noir. En traversant cette chaîne, je remarquai de grands arbres qui croissent parmi les roches, principalement le cé; quantité de sources sortent de ces montagnes, et fertilisent la campagne; ensuite on trouve un sol composé de terre noire, mêlée de sable gris, d'une très-grande fertilité. La campagne avait perdu tout son charme: les herbes étaient brûlées, les arbres dépouillés d'une partie de leurs feuilles; les oiseaux avaient déserté les bois, pour habiter le long des ruisseaux; la nature était triste et désolée; on ne voyait que des roches de granit, dont le sombre aspect portait à la mélancolie. Nous passâmes dans un village bambara nommé *Dsagoé*, où je vis quelques belles plantations de tabac dont il se fait une grande consommation : nous nous reposâmes un instant à l'ombre d'un bombax, et nous nous rafraîchîmes avec une calebasse d'eau que les habitans nous donnèrent ; ils s'assemblèrent avec empressement autour de moi, et ne pouvaient se lasser de me regarder. La marche de la matinée m'avait fatigué, car j'étais encore faible, et j'avais de la peine à marcher; ce qui me prouvait que, si j'avais suivi mon desir et que je fusse parti plus tôt, je n'aurais pu supporter une longue route. Nous prîmes congé des curieux, et nous nous dirigeâmes au S. E., sur un sol couvert de grosses roches de quartz; nous vîmes quelques Bambaras préparant les terres pour y mettre des ignames.

Après avoir marché l'espace de dix milles, nous arrivâmes vers deux heures du soir à Kimba, petit village où était la caravane qui devait partir pour Jenné. A deux milles environ de ce village, il y a une chaîne de montagnes qui se prolonge du N. E. au S. O., et aussi élevée que celle que nous avions traversée le matin : je présumai que ces montagnes pouvaient bien être celles de Kong citées par Mungo-Park ; mais il était impossible de croire qu'elles eussent été aperçues par lui, étant peu élevées et à une distance considérable de Ségo. Je fais observer aussi que *Kong* n'est pas le nom qu'on donne à ces montagnes ; car *kong* ou *kongké* signifie *montagne* chez tous les Mandingues. Park aura sans doute confondu le nom commun avec le nom propre. La campagne est toute couverte de petites montagnes. En entrant dans le village, je vis quelques cultures de tabac. Comme mon déjeûner avait été léger, j'allai trouver un Bambara que j'aperçus assis dans sa case auprès d'une calebasse d'ignames ; je le priai de m'en vendre une petite portion, pour quelques verroteries, que je lui montrais : le bon nègre s'empressa aussitôt de couper une poignée d'ignames qu'il mit dans un vase avec un peu de sauce ; il me la donna. Je lui présentai quelques grains de verre pour son paiement; mais il ne voulut pas les recevoir; cependant je le forçai de les accepter pour les donner à sa femme.

A la nuit tombante, il vint me voir dans ma case, et me fit présent d'une très-grosse igname.

A l'exception du bon vieux chef de Timé, qui, à la vérité, était de la nation des Bambaras, pas un habitant du village, pendant plus de cinq mois que j'y restai, ne me fit une semblable honnêteté.

Dans le village de Kimba, je vis plusieurs hommes assemblés sous un arbre, et occupés à jouer à différens jeux, entre autres à un que les nègres jouent communément au Sénégal : de petits trous faits dans le sable leur servent de damier, et les pions sont des brochettes de bois de cinq pouces de long. Ce fut dans ce village que je vis pour la première fois, depuis le Fouta-Dhialon, les femmes assises avec les hommes, se mêlant de la conversation; elles étaient occupées à filer du coton : les femmes mandingues sont bien éloignées de jouir d'un pareil privilége. Le frère de Baba nous fit faire un très-bon souper de riz avec une sauce aux pistaches, à laquelle on ajouta du sel pour la rendre meilleure.

Le 10 janvier, vers neuf heures du matin, la caravane se disposait déjà à partir : les femmes, avec une lourde charge de colats sur la tête, prirent les devans; elles furent suivies par des hommes également chargés ; ils avaient chacun une sonnette à la ceinture, et plusieurs en avaient une douzaine attachées à toutes les parties de leur vêtement ; cet attirail produit un tintamare étourdissant qui leur plaît beaucoup. Ils étaient tous armés d'arcs et de flèches : ils marchaient en file comme à la procession ; les chefs et les propriétaires des marchandises fermaient la marche en conduisant les ânes.

En sortant du village, Baba nous quitta : il ne parut pas très-sensible à notre séparation ; cependant il me recommanda à son frère, auquel je promis de faire un beau cadeau lors de mon arrivée à Jenné, et je mis mon bagage sur son âne. Les nègres donnent plusieurs noms à cette ville ; ils l'appellent Dhienné, et souvent Dhiendé.

Nous fîmes route au S. E. : nous traversâmes plusieurs gros ruisseaux qui nous retinrent long-temps, car les ânes jetaient leurs charges en passant, et les nègres étaient obligés de les pousser pour les faire avancer. Ensuite on passa dans le village de Zangouiriré, qui peut contenir de trois à quatre cents habitans bambaras, seul peuple qui se trouve sur cette route jusqu'à Jenné. Nous continuâmes à marcher sur un sol uni, composé de sable gris mêlé de terre noire et fertile ; nous avions à droite et à gauche de notre route une chaîne de montagnes peu élevées. Les ânes jetaient à tout moment leurs charges par terre ; ce qui rendait la marche lente et ennuyeuse. Pendant ces incidens, je vis avec peine de petites filles esclaves, âgées de douze à quinze ans, faisant partie de notre caravane, qui portaient de grosses charges de colats sur la tête, pleurer, ne pouvant supporter la fatigue de la route, et laisser tomber leurs fardeaux. La chaleur fut très-forte; il vint un vent d'E. qui nous incommoda beaucoup : mais nous avions l'avantage de trouver à chaque instant de l'eau pour nous désaltérer. Après avoir fait neuf milles, nous arrivâmes vers une heure et demie à Dioumiégué : les femmes de la caravane, qui avaient pris les devans, avaient déjà préparé le dîner des hommes, qui, à peine arrivés, se mirent à manger, puis se couchèrent pour se reposer un peu. Les bons habitans vinrent en foule me voir; ils avaient l'air très-doux, et ne m'importunèrent pas : plusieurs firent présent à mon nouveau guide de quelques ignames, que nous mangeâmes à notre souper; d'autres lui donnèrent des noix de colats. Je vis dans le village plusieurs petits troupeaux de bœufs et de vaches; mais ces peuples n'ont pas l'habitude de traire celles-ci.

Le 11 janvier, à six heures du matin, après avoir payé au chef les droits de passe, nous quittâmes Dioumiégué. Nous nous dirigeâmes à l'E. sur une plaine très-fertile, où je vis quelques cultivateurs plantant des ignames : arrivés au bout de cette plaine, nous franchîmes une chaîne de petites montagnes composées de gros blocs de granit ; il s'y trouve aussi du quartz blanc avec des veines d'un rose clair. Nous traversâmes plusieurs petits ruisseaux qui font mille sinuosités dans les gorges des montagnes; nous fîmes deux milles à l'E. par des chemins très-difficiles. Nous descendîmes ensuite dans une plaine bien cultivée en ignames ; la campagne était couverte de cultivateurs. Après avoir fait dix milles dans cette direction, nous arrivâmes vers midi à Sinisso, où nous fîmes halte; ce village, entouré d'un mur en terre, peut contenir une centaine de cases. Mon parapluie, que mon guide fit voir aux habitans, attira leur curiosité ; la case où nous étions logés ne désemplit pas de toute la soirée; ceux qui avaient vu cette merveille, allaient l'annoncer à leurs camarades, qui accouraient à leur tour ; ils ne pouvaient concevoir comment cette machine s'ouvrait et se fermait à volonté : ils lui donnèrent le nom de *libri* (ce qui signifie chapeau dans la langue du pays). Malgré cette affluence de curieux, je fus bien loin de les trouver aussi importuns que les Mandingues.

Dans cette saison, les femmes font la cuisine en plein air ; elles allument dans leurs cours un petit feu, auprès duquel les hommes s'asseyent pour manger : chacun m'offrit de partager son souper d'ignames bouillies.

Le 12 janvier, à cinq heures du matin, après avoir payé notre hôte pour le logement qu'il nous avait fourni, nous quittâmes le village, et fîmes route au N. E. sur un sol composé de terre mêlée de gravier, ce qui ne l'empêche pas d'être très-fertile. Ayant fait quatre milles dans cette direction, nous arrivâmes à Salasso, où nous ne fîmes que passer; après avoir fait encore quatre milles, nous arrivâmes, vers midi, à Loubakho, où nous fîmes halte. C'est un grand village muré, qui peut contenir six à sept cents habitans; il est situé dans une belle plaine de sable gris, très-fertile : à environ cinq ou six milles au N. E., il y a une grande montagne élevée à pic; elle se prolonge dans la direction du N. O. à l'E. S. E. Les habitans de ce village ont quelques troupeaux de bœufs; ils nous apportèrent un peu de lait que nous achetâmes avec des verroteries. Dans l'après-midi, j'eus la visite d'un saracolet qui arrivait de Sambatikila, et allait à Jenné : comme il est d'usage, dans le pays, de faire un petit présent aux personnes qui viennent vous rendre visite, mon guide lui donna, en mon nom, quelques noix de colats, pour lesquelles il le combla de remerciemens, et je fis cadeau à ce dernier d'un joli morceau d'étoffe de couleur pour lui faire un bonnet. Dans la soirée, j'achetai une grosse volaille pour notre souper; mon guide la donna à ses femmes, qui firent avec le bouillon une très-bonne sauce aux pistaches, à laquelle on ajouta un peu de sel. J'avais témoigné le desir que la poule fût mangée entre nous tous; mais par déférence, les Mandingues ne voulurent pas accepter; ils craignaient, disaient-ils, de m'en priver; retenue à laquelle j'étais bien loin de m'attendre. Dans la soirée, il fit quelques éclairs à l'O. : la journée avait été très-chaude; mais pendant la nuit on supportait très-bien une couverture de laine.

Le 13 janvier, à quatre heures du matin, nous nous disposâmes à partir. Avant d'aller plus loin, je vais retracer l'ordre de la caravane. Elle était composée de quarante-cinq à cinquante Mandingues, portant des charges sur leur tête, d'environ trente-cinq femmes qui portaient également chacune un fardeau, et de huit chefs conduisant leurs ânes, au nombre de quinze. Ces chefs ont leurs esclaves et leurs femmes qui portent les bagages et font la cuisine, pendant les haltes, pour tous ceux qui composent la caravane ; ces femmes prennent les devans et les hommes viennent après : le bruit qu'ils font avec leurs sonnettes prévient de leur approche. Les Mandingues aiment beaucoup les sonnettes, dont le tintement les distrait en route; ils en fabriquent eux-mêmes avec du fer et du cuivre qu'ils achètent à Jenné et dans les autres marchés des bords du Dhioliba, où ils s'en procurent aussi de toutes faites. A leur arrivée dans un village, les femmes vont puiser de l'eau, et pilent le mil pour préparer le dîner de tout le monde ; après quoi, elles font chauffer, dans de grands vases qu'elles empruntent, de l'eau qui est destinée pour le bain des hommes ; ensuite elles recommencent à piler le mil pour le souper. Les esclaves sont chargés d'aller à la recherche du bois pour faire la cuisine : les nègres libres sont exceptés de tout cet embarras ; ils se couchent et se reposent en attendant qu'on leur donne à manger ; puis ils parcourent le village avec une calebasse, dans laquelle il y a quelques colats qu'ils échangent contre des cauris, qui leur servent pour l'achat du grain destiné à nourrir la caravane. Dans leurs momens de loisir, les femmes filent du coton qu'elles achètent pour des colats que leur donnent leurs maris. Je les ai vues filer à la lueur d'une lampe dans laquelle elles brûlent du beurre végétal : ce fil est leur petit bénéfice ; rendues à Jenné, elles le vendent pour des cauris, avec lesquels elles achètent du sel et des verroteries. Elles sont aussi chargées de laver les vêtemens des hommes. Ceux-ci, après s'être reposés, s'occupent à visiter les charges de colats, sur-tout celles qui, pendant la route, sont tombées de dessus les ânes ; ils garnissent ces fruits de nouvelles feuilles pour les tenir frais et mieux les conserver ; ils vont ensuite se promener et vendre des étoffes fabriquées dans leur village. Ils s'occupent aussi de régler les droits de passe, car tous les marchands étrangers, quel que soit leur nombre, sont obligés solidairement de payer, dans chaque lieu où ils stationnent, une petite rétribution, qui varie quelquefois, mais est communément fixée à vingt colats par charge, valeur de deux cents cauris (vingt sous de France). Lorsque la caravane est nombreuse, ce qui arrive souvent, parce qu'elle se grossit en route, un homme peu chargé prend les devans pour arriver le premier au village, afin de retenir des logemens pour ses compagnons. A son arrivée, il dépose son fardeau, et vient à la rencontre de ses camarades pour leur enseigner les cases : ceux qui ne prennent pas cette sage précaution, sont exposés à chercher une heure dans le village pour trouver un logement, et souvent sont obligés d'aller plus loin. Il est d'usage que les premiers arrivés reviennent sur leurs pas pour aider les autres à porter leurs charges, sur-tout lorsque la route a été longue.

Le 13 janvier, à quatre heures du matin, pour profiter de la fraîcheur, nous nous mîmes en route, et fîmes au N. E. quatre milles sur un sol composé de sable gris très-dur. La campagne, assez unie, mais parsemée de quelques roches de granit élevées de six à sept pieds au-dessus du sol, est couverte de cés; le nédé devient beaucoup moins commun. Nous passâmes auprès de Couraniso : la route devient ensuite un peu pierreuse. Nous fîmes encore cinq milles, sans voir aucune espèce de culture, et nous arrivâmes vers dix heures du matin à Cacorou, où nous fîmes halte : ce village peut contenir de cinq à six cents habitans, qui tous me regardaient avec beaucoup de curiosité. Je n'avais pas encore déjeûné ; j'allai trouver une bonne femme bambara, qui pilait des ignames bouillies ; je lui en achetai pour quelques grains de verre : elle me donna dans un petit vase à part un peu de sauce au gombo ; en trempant mes ignames dans cette sauce, j'y trouvai, à mon grand regret, de petites pattes, et je connus par-là qu'on m'avait donné de la sauce à la souris. Je continuai pourtant à en manger, car j'avais faim; mais ce ne fut pas sans éprouver de la répugnance. Si quelquefois les nègres mangent leurs ignames sans sauce, ils ne les pilent pas, et celles que m'avait données la négresse étaient préparées d'avance. Dans la soirée, je vis plusieurs femmes qui pilaient des souris pour faire la sauce de leurs soupers. Je remarquai qu'on les avait vidées, et que, sans se donner la peine de les dépouiller, on les avait passées sur le feu pour flamber le poil : ainsi préparées, on les laisse dans un coin de la case, et elles ont souvent sept à huit jours quand on les mange. Les souris qui s'introduisent dans les jarres au mil sont prises par les femmes et les enfans, qui les attrapent sans piéges.

Il y a dans ce village beaucoup de volailles ; cependant les nègres n'en mangent que les jours de fête; je desirais en acheter une, mais personne ne voulut m'en vendre. Un bon vieux Bambara me fit cadeau de quelques pistaches et d'une igname. Je trouvais ces bonnes gens plus hospitaliers qu'on ne me les avait dépeints : un Européen, voyageant simplement et sans luxe, n'éprouverait selon moi chez eux aucun désagrément, à moins qu'il n'eût l'imprudence d'y étaler des marchandises ayant du prix à leurs yeux; il s'exposerait alors à être volé; mais je ne crois pas que ces peuples doux et simples se permissent envers le voyageur aucun acte de cruauté.

Les environs du village de Cacorou sont couverts de cés et de quelques nédés; les habitans récoltent beaucoup de beurre qu'ils vendent aux étrangers. Je n'ai jamais vu de peuples aussi gais que les Bambaras; dès le coucher du soleil, ils se réunissent sous de gros bombax situés à l'entrée du village, et dansent toute la nuit au son d'une musique assez agréable. Attiré par cette musique, je restai un moment et pris plaisir à les voir se divertir; j'étais avec un jeune Mandingue de notre caravane qui avait de moi un soin tout particulier : les femmes et les hommes, mêlés ensemble, formaient un grand rond autour d'un feu, sautant en mesure au son des instrumens, qui consistaient en trois grosses caisses et plusieurs hautbois. Les musiciens étaient costumés comme ceux de Timé, avec des manteaux en coton blanc et des plumes d'autruche sur la tête. Les danseurs observaient la mesure en remuant d'un air nonchalant les bras et la tête; les femmes tenaient un morceau de toile de coton de chaque bout, qu'elles agitaient en dansant; ils ne faisaient que tourner autour du feu; les musiciens se tenaient un peu éloignés des danseurs, qui se suivaient aussi en file en tournant autour du feu et faisant de grands sauts en écartant les jambes. Cette danse, qui est très-décente, m'amusait beaucoup; mais je ne pus y rester aussi long-temps que je l'aurais désiré, car ce mouvement de deux ou trois cents nègres faisait lever des nuages de poussière qui me fatiguaient extrêmement.

Dans tout le pays de Bambara, et jusque bien au-delà au S. de Cacorou, suivant le rapport de quelques nègres, ils ont la même musique; c'est une des mieux organisées et la plus agréable que j'aie vue dans tous mes voyages parmi les nègres. Ces peuples passent une grande partie des nuits à danser; ils sont doux et humains, vivent contens, et ne s'occupent pas de l'avenir. Leur habitude est d'aller presque nus. Ils portent ordinairement une ceinture brodée en cauris, qui leur passe autour des reins, entre les cuisses, et vient se rattacher sur le devant. Ces ceintures sont garnies de petites tresses en coton, qui leur descendent devant et derrière jusqu'au genou. Les vieillards ont, pour se vêtir, des pagnes ordinairement de la plus grande malpropreté. Les femmes ont aussi des pagnes qu'elles se passent autour des reins et font descendre jusqu'au genou ; elles portent leurs cheveux en tresses, et se mettent du beurre sur tout le corps. Les hommes se rasent la tête comme les musulmans, mais ils laissent quelques touffes de cheveux plus ou moins grosses, suivant le goût de chacun. La couleur de leur teint est la même que celle des Foulahs du Ouassoulo ; ils ont comme eux le nez aquilin, les lèvres minces, les cheveux crépus et les dents aiguës ; ils se font tous des incisions à la figure et sur le corps.

Ils fabriquent dans le pays une espèce de bière ou d'hydromel fait avec du mil fermenté et du miel ; ils s'enivrent avec cette boisson, qu'ils aiment beaucoup.

Le 14 janvier, à cinq heures du matin, nous étant séparés de nos joyeux hôtes, nous fîmes un trajet de trois milles à l'E., sur un sol uni, composé de sable gris et très-dur, et nous arrivâmes auprès d'une haute montagne de granit noir sans aucune végétation, qui se prolonge du N. au S. : elle peut avoir d'élévation deux cent cinquante pas ordinaires. Nous fîmes encore cinq milles dans la même direction : sur cette route on trouve quelques gros blocs de granit noir.

Nous fîmes halte, vers neuf heures du matin, à Tisso-Soman, joli village situé entre deux petites montagnes de granit d'un vert très-pâle. Il y a au milieu du village plusieurs puits de sept à huit pieds de profondeur ; ils sont creusés dans un sable mêlé de gros gravier gris ; au fond de ces puits il y a un peu de terre grise argileuse, qui contient quelques roches dont je n'ai pas pu déterminer la nature. Cette argile est d'un gris blanc et très-glissante ; j'ai pu juger de sa qualité par celle qui en sortait, et que l'on avait déposée autour des puits. L'eau en est très-bonne, mais elle conserve une couleur blanchâtre.

Les femmes de la caravane s'établirent autour pour nettoyer leur mil.

Après avoir fait un léger déjeûner de tau avec une mauvaise sauce aux herbes, nous quittâmes le village. Vers deux heures, nous fîmes route à l'E. six milles ; même sol que la matinée. La marche était gênée par des blocs de granit que nous rencontrions à chaque pas. Des deux côtés de la route on voyait de petites montagnes de granit peu élevées. Nous fîmes halte, au coucher du soleil, à Sananço, grand village muré, qui peut contenir de sept à huit cents habitans. J'allai aussitôt m'asseoir auprès d'une case pour me reposer ; le chef du village m'invita à venir à côté de lui, sur de gros morceaux de bois un peu élevés de terre et placés à côté de la porte de sa case ; on avait construit, au-dessus de ces espèces de bancs, un toit avec des branches d'arbre. Le bonhomme avait soin de faire allumer un petit feu auprès de lui ; la fumée m'incommoda tellement, que je ne pus y rester qu'un moment. Il m'adressa quelques questions sur les blancs et sur la manière dont ils se nourrissent ; mes réponses parurent le satisfaire.

Le village est situé dans une grande plaine fertile et bien cultivée ; à peu de distance on voit une montagne de granit, sans nulle végétation. Nous fîmes rencontre, dans ce village, d'une caravane de Mandingues, les uns allant à Jenné, les autres à Sansanding ; les uns étaient chargés d'étoffes, et les autres de noix de colats. Le chef du village me fit donner une case en terre, la seule qui s'y trouvât ; les autres étaient en paille. Il y fit allumer du feu, et m'engagea à aller m'y reposer : mais en y entrant je fus suffoqué ; le toit de cette case étant fait en forme de terrasse et recouvert en terre, la fumée ne pouvait pénétrer au travers, et n'avait d'autre issue que par la porte. Les cases en paille n'ont pas le même inconvénient. Je sortis bien vite de ce four, où je ne pouvais respirer, et me disposai à m'établir dehors pour y passer la nuit ; mais mon guide, instruit de la raison qui m'empêchait de rester dans la cabane en terre que l'on m'avait choisie, alla en prévenir le chef, qui me donna un logement convenable, où je passai la nuit avec un Mandingue de notre caravane. Quelques étrangers nous envoyèrent un petit souper, très-bien apprêté.

Le 15 janvier, à six heures du matin, nous fîmes au N. environ sept milles, parmi des roches de granit, sur un sol très-fertile, composé de sable dur. La campagne était bien boisée; le cé et le nédé y étaient très-répandus, et la culture bien soignée. Nous arrivâmes, vers onze heures, à Dhio, grand village muré, qui peut contenir huit à neuf cents habitans : en entrant, je remarquai beaucoup de femmes réunies dans un endroit qui paraît consacré à leur délassement; elles étaient assises sur de gros morceaux de bois ronds, couverts par un grand toit en paille : les unes tenaient sur leurs genoux leurs enfans tout nus, et parlaient beaucoup; les autres s'étaient endormies. Les vieillards ont aussi un endroit où ils se rassemblent pour fumer leur pipe; ils y passent la plus grande partie de la journée ; ils l'appellent, comme les Mandingues, *banancoro*. Je vis aussi quelques cultures de tabac dans de petits jardins auprès de leurs cases. Le village est d'une malpropreté dégoûtante. Nous n'avions fait que trois milles dans la soirée.

Le 16 janvier, à six heures du matin, nous nous disposâmes à partir. En sortant, j'aperçus dans quelques endroits un peu frais, plusieurs palmiers, de ceux dont le fruit donne de l'huile; ils ne viennent pas, à beaucoup près, aussi bien que sur la côte. Nous nous dirigeâmes à l'E. N. E., sur un sol très-fertile, composé de sable gris, mêlé de petit gravier. La campagne est toujours très-boisée. Je remarquai quelques tamariniers, et beaucoup de cés. Vers neuf heures du matin, après avoir fait six milles et demi, nous étions à Niourot, petit village, où nous ne pûmes rien acheter sans cauris, monnaie courante parmi tous les habitans du haut Bambara; ils les reçoivent des marchands européens qui font le commerce des côtes occidentales, et des Maures des bords de la Mer méditerranée. C'est ici que cette monnaie commence à avoir cours. Le prix d'une poule est de quatre-vingts cauris, nombre qui se dit *kémé*; pour exprimer notre cent, ils disent quatre-vingt et vingt, ou *kéménimouga*[1].

On nous fit loger dans une grande case, où je vis, non sans étonnement, deux beaux canapés faits chacun d'un seul tronc d'arbre; je les regardai comme un chef-d'œuvre, pour des peuples qui n'ont pas d'outils de menuiserie : les quatre pieds, les bras et le dossier étaient d'un même morceau, et façonnés avec goût; le bois en était rouge et très-dur. Cet ouvrage a dû leur coûter beaucoup de temps; mais on sait que, dans ces contrées, il n'est pas aussi précieux que parmi

---

[1] Voyez, tome III, le Vocabulaire mandingue.

nous. Ils n'ont d'autres outils que de petites haches et des poignards.

Je vis que notre hôte élevait une douzaine de petits chiens destinés à être mangés quand ils seraient gras : il avait aussi une quantité de petits poulets ; il les nourrissait avec des termites, que ses enfans apportaient des champs. En général, dans tout le pays que j'ai visité, je n'ai pas vu de grandes buttes de termites, comme il y en a sur les bords du Sénégal, qui atteignent quelquefois jusqu'à huit ou neuf pieds d'élévation ; celles que j'ai trouvées n'avaient que dix-huit pouces à deux pieds. Dans ce village, tous les chefs de famille ont une case ou cabane en terre, comme celle que le chef de Sananço m'avait destinée, et les cases de leurs femmes sont en paille. Nous nous procurâmes un peu de mil pour notre souper ; on le paya de quelques noix de colats : les puits étaient hors du village, même un peu éloignés ; et j'ai jugé par la corde qui sert à y puiser l'eau, qu'ils sont peu profonds ; ils doivent avoir de douze à quinze pieds.

Le 17 janvier, à six heures et demie du matin, nous prîmes congé de notre hôte, que l'on avait eu soin de payer la veille.

En sortant du village, nous rencontrâmes plusieurs Bambaras ayant une vingtaine de chiens attachés à une seule corde ; ils allaient, me dit-on, les mettre à l'engrais : ces animaux, aussitôt qu'ils nous aperçurent, se mirent à aboyer tous ensemble; nous ne pouvions plus nous entendre. Nous fîmes route au N. N. E.; nous passâmes auprès d'un gros village dont je n'ai pu savoir le nom; nous continuâmes à marcher sur un sol composé de sable gris; même végétation que les jours précédens. Après avoir fait onze milles, nous fîmes halte à onze heures du matin à Talé, village de trois à quatre cents habitans : on nous donna plusieurs cases pour nous loger, car dans ce village elles ne sont pas aussi grandes que dans ceux où nous avions déjà passé, mais elles sont de même forme. J'allai me promener dans les rues, qui sont étroites et malpropres. Les Bambaras me regardaient avec curiosité, mais ne m'importunaient pas. Je fus fort étonné de voir que les femmes, dont les vêtemens étaient de la plus grande malpropreté, avaient toutes un morceau de calebasse ou de bois très-mince incrusté dans la lèvre inférieure. J'avais peine à me persuader que cette habitude fût l'effet du goût : je questionnai mon guide sur cet usage bizarre; il me dit que c'était la mode du pays. Je ne comprenais pas non plus comment ce morceau de bois posé intérieurement et extérieurement, pouvait tenir; elles ouvraient une lèvre alongée, qui laissait apercevoir le morceau placé à l'intérieur. Je m'assis un moment pour les examiner; elles riaient beaucoup de mon étonnement. Je priai l'une d'elles d'ôter le morceau de bois qu'elle avait à la lèvre; elle me dit que, si elle l'ôtait, la salive passerait par le trou. Enfin j'étais vraiment stupéfait que, par coquetterie, on pût se défigurer de la sorte; c'était pourtant l'usage général dans cette contrée : je vis depuis beaucoup de jeunes filles de huit à dix ans, ayant à la lèvre inférieure un petit morceau de bois gros comme un pois, pointu d'un bout et incrusté dans la chair : elles ont soin de le renouveler souvent et de le mettre toujours un peu plus gros; le trou s'agrandit insensiblement, jusqu'à ce qu'il soit parvenu à recevoir un morceau grand comme une pièce de trente sous. Je trouvai que cet ornement, aussi bizarre qu'incommode, ajoutait encore à leur malpropreté.

Tous les vieillards avaient une queue de bœuf pour leur servir à chasser les mouches, insectes qui sont très-communs et très-incommodes dans ce pays. Je n'ai pas vu de moustiques dans cette partie de l'Afrique, comme on en voit dans tout le voisinage du Sénégal, qui empêchent les voyageurs de dormir.

Les habitans de ce village sont doux, affables et hospitaliers; ils m'offrirent avec bonté de partager leurs petits repas d'ignames à la sauce aux souris.

Leurs cases sont petites et très-malpropres. Ils cultivent du riz et beaucoup d'ignames : leur récolte reste habituellement dans les champs tout le temps de la sécheresse; et à l'arrivée des pluies, ils la renferment dans de petits magasins en paille placés au milieu de leurs cours. Les habitans sont pauvres : ils ont peu d'esclaves, et ne possèdent que quelques troupeaux de bœufs, de moutons et de cabris; mais leur terre fertile et bien cultivée leur fournit au-delà du nécessaire. J'ai vu chez eux peu de chevaux; encore sont-ils chétifs. Je n'ai pas remarqué que ces peuples païens s'occupassent de la divinité. Ils sont, comme les gens du Ouassoulo, sans religion, mais ont comme eux beaucoup de respect pour les sectateurs de Mahomet, et pour l'écriture, qu'ils regardent comme une espèce de magie. Ils portent toujours des *saphis*[1] pendus à leur cou et sur diverses parties du corps; ils en suspendent aussi à l'entrée de leurs cases, pour les préserver de tout accident, soit du feu, soit de la part des voleurs.

Dans toute cette partie, il y a quelques villages mandingues, tous mahométans; ils sont indépendans des Bambaras, comme à Timé, Sambatikila, Tangrera, et d'autres villages situés plus au S. Les Bambaras les appellent *Diaulas* ou *Jaulas;* et quoiqu'ils pussent leur nuire, puisqu'ils sont bien plus nombreux qu'eux, ils les laissent en paix, et vont dans leurs villages leur vendre le superflu de leurs récoltes.

---

(1) Talisman comme les grigris.

Les Bambaras, en général, parlent mandingue ; mais ils ont en outre un idiome particulier, que la rapidité avec laquelle j'ai voyagé chez eux ne m'a pas permis de connaître. Ce pays est à près d'un mois de marche de Ségo ; il n'est pas sous sa dépendance : il est gouverné par quantité de petits chefs, qui reçoivent pour tribut quelques présens en comestibles ; ils ne sont pas exigeans, car ils connaissent la grande pauvreté de leurs sujets. Les Bambaras passent chez les Mandingues pour être voleurs à l'excès ; cependant leurs petits magasins en paille, situés au milieu de leurs cours, sans défense, sont toujours respectés : mais, semblables à leurs accusateurs, quand ils voient de belles verroteries, des ciseaux, des couteaux, des cadenas, qui sont pour eux des choses aussi précieuses que l'or, ils ne peuvent résister au desir de les posséder ; n'ayant pas les moyens de les acheter, ils font leur possible pour les dérober, non en employant la force, mais la ruse. Dans tout ce pays, je n'ai pas vu une seule femme ayant des boucles d'oreille ou un collier en or ; elles ne possèdent pour toute parure que quelques verroteries que leur procurent les marchands qui viennent de Jenné. Mon guide Karamo-osila me recommanda de ne pas leur faire voir le contenu de mon sac : certes, je n'avais pas besoin de cette recommandation ; je me serais bien gardé de l'ouvrir en leur présence ; malgré la bonne opinion que j'avais des gens de cette peuplade, je n'aurais pas voulu mettre leur probité à l'épreuve.

Le 18 janvier, à six heures du matin, nous nous mîmes en route sur une terre un peu graveleuse, et marchâmes pendant l'espace de neuf milles et demi au N. sur un même sol, offrant la même végétation : nous arrivâmes vers dix heures à Borandou, joli village peuplé de quatre à cinq cents habitans. La majeure partie de leurs cases sont en terre et à terrasse, ce qui les rend très-incommodes, à cause de la fumée qui n'a d'autre issue que par la porte : les rues sont sales, étroites et tortueuses. Il s'y tient un marché deux fois par semaine, pour les étrangers des environs; et toutes les fois que les caravanes passent, il s'en établit un autre pour vendre des comestibles. J'échangeai quelques grains de verre contre des cauris, et j'achetai un peu de lait pour me rafraîchir, car depuis long-temps j'en étais privé. Je vis quelques femmes se promener dans les rues; elles avaient sur la tête des marchandises qu'elles criaient comme dans nos villes d'Europe. Je remarquai aussi que les Bambaras suspendent au dehors de leurs cases les têtes désossées de tous les animaux qu'ils mangent, ce qui est regardé comme une espèce de luxe. Tous les matins, lorsqu'ils vont aux champs, ils ont soin d'emporter du feu pour faire rôtir des ignames : ils boivent de l'eau des ruisseaux; et s'ils craignent de n'en pas trouver, ils portent de l'eau de puits dans des calebasses. Dans la soirée, je considérais avec attention une vieille femme qui avait un morceau de calebasse dans la lèvre, et je pensais de nouveau à l'originalité d'une telle mode : elle riait avec ses camarades de mon étonnement ; et comme je me levais pour me retirer, elle me fit signe d'attendre un moment, et alla chercher une igname, dont elle me fit présent.

Dans ce village, on fabrique des pots en terre. Les puits ont dix à douze pieds de profondeur ; ils sont creusés dans une terre graveleuse : l'eau en est bonne et un peu blanche.

A trois heures du soir, nous quittâmes le village de Borandou, et nous nous dirigeâmes au N. pendant six milles, par une belle route découverte : à quelque distance du village, dans la plaine, on voit beaucoup de grands ronniers ou rondiers ; le cé y est très-répandu. Nous arrivâmes, vers le coucher du soleil, à Syenço, gros village entouré de murs, qui peut contenir six à sept cents habitans. A l'entrée je vis sous un gros baobab un homme bizarrement habillé ; on ne lui voyait que les mains et les pieds, qui étaient nus : son habit tout noir, la culotte, la veste, et le bonnet, qui lui couvrait aussi la figure, étaient d'une seule pièce fermant à coulisse ; ce bonnet, de forme carrée, était orné de belles plumes d'autruche blanches ; la place de la bouche, du nez et des yeux était garnie d'écarlate. Ce personnage ainsi masqué, que l'on me dit être douanier et magistrat, était armé d'un fouet; les habitans lui donnent le nom de *Naferi*: il recevait les droits de passe. Tous les étrangers des environs, ainsi que les caravanes qui viennent dans le village, lui paient ces droits en cauris. Les hommes et les femmes s'arrêtent en passant auprès de lui; et si quelqu'un se refusait à payer la rétribution exigée, il aurait recours à son fouet. J'aperçus, à peu de distance de lui, sous un arbre, un gros tas de cauris gardé par un homme non masqué; c'était, je pense, la recette de la journée. Les droits sont taxés suivant la quantité des marchandises, et non par personne : on paie depuis cinq jusqu'à cent et deux cents cauris. Comme le marché de Syenço est toujours bien fourni, la contribution qu'on perçoit sur les marchands rend le chef de ce village très-riche.

Ces douaniers sont aussi chargés de la police; ils courent à coups de fouet après les enfans qui font du bruit dans le village : ils n'exercent leur pouvoir qu'étant en uniforme. Notre caravane ne fut pas arrêtée au passage pour payer; il eût fallu rester trop long-temps : mais quand nous fûmes arrivés, les douaniers vinrent recevoir les droits. Ce personnage masqué me regardait avec étonnement; et me montrant du bout du doigt, il demandait aux autres voyageurs quel était cet homme blanc; j'étais déjà loin de lui., qu'il me montrait encore; il semblait ne pouvoir revenir de sa surprise.

Le 19 janvier, vers six heures du matin, nous nous remîmes en route au N. E., et fîmes environ sept milles sur un sol sablonneux mêlé de beaucoup de gravier, mais très-fertile. Je remarquai plusieurs champs qui avaient été ensemencés. La campagne est très-découverte; nous nous trouvions sur la route au moins trois cents personnes allant au marché de Tangrera, où nous arrivâmes vers neuf heures du matin. A peu de distance du village, je vis un homme masqué absolument comme celui de la veille; il me montra de même au doigt, et paraissait pour le moins aussi étonné que l'autre. Je voyais les nègres lui jeter des cauris, et il avait bien soin de regarder si le compte était exact; dans le cas contraire, il paraissait toujours disposé à faire jouer son fouet. Il passe à Tangrera une grande quantité d'étrangers, le commerce y est si actif, que les droits que le chef perçoit sur les marchandises lui font un revenu considérable; tous les jours un grand concours de monde afflue au marché, et il s'y rend de nombreuses caravanes du sud et de Ségo, Yamina et Kayaye; elles apportent du sel, qu'elles échangent contre des noix de colats et des toiles du pays.

Tangrera est une espèce d'entrepôt de ces marchandises : les marchands venant tout-à-fait du sud, qui ne veulent pas aller jusque sur les bords du Dhioliba, font le commerce dans cette ville.

Il m'arriva à Tangrera une contrariété que je n'avais pu prévoir. Mon guide, à son arrivée, s'était empressé de s'informer du cours des marchandises : il apprit qu'à Jenné les noix de colats n'avaient que très-peu de valeur; il se décida, en conséquence, à prendre la route de Sansanding. Il m'annonça cette résolution, qui me fit beaucoup de peine, car j'avais une grande répugnance à me hasarder de paraître dans cette ville ou dans celle de Ségo ; j'avais peur que, dans l'une ou l'autre, il ne m'arrivât quelque fâcheuse aventure ; je savais que plusieurs Européens avaient voyagé dans ces contrées, et il était à craindre que leurs habitans ne fussent devenus plus soupçonneux. D'ailleurs cette direction ne pouvait convenir à mes projets, à cause de la guerre entre Jenné et Ségo, qui interceptait toute communication entre les deux pays.

Je résolus donc de rester à Tangrera pour attendre une occasion d'aller à Jenné. Mon guide me conduisit chez le chef, à qui le bon vieillard de Timé m'avait recommandé ; j'étais accompagné par un saracolet de ce pays, qui avait voyagé long-temps chez les Maures; il parlait assez bien cette langue, et me dit avoir été à el-Araouân, qu'ils nomment Araouani.

Avant d'entrer chez le chef, qui est de la secte des

Bambaras, j'avais eu un entretien avec ce saracolet ; il me recommanda de dire que j'étais pauvre. Mon guide portait mon bagage, dont la légèreté prouvait la vérité de cette assertion. D'ailleurs j'avais eu soin par précaution d'ôter une ceinture contenant quelques pièces d'argent, car je craignais que le chef ne voulût visiter mes effets. C'était un vénérable vieillard ; nous le trouvâmes couché sur une peau de bœuf tendue par terre, à l'ombre d'un gros bombax, surveillant des ouvriers qui travaillaient à la construction de ses cases ; un de ses frères de mère, Mandingue soumis à la religion de Mahomet, nous accompagnait. Mon guide me présenta au chef, de la part de celui de Timé, qui, dit-il, le priait d'avoir pour moi des égards, et s'empressa de lui conter toutes mes aventures, la manière dont j'avais été pris et élevé par les chrétiens, et enfin mon séjour de cinq mois chez son frère ; il lui peignit avec des expressions assez énergiques les souffrances et les maladies que j'avais éprouvées. Ce chef était si âgé qu'il ne put m'adresser la parole ; mais il fit des signes d'approbation. Au moment où je le quittais, il me promit de me faire partir par la première occasion. On me fit loger chez le saracolet qui m'accompagnait et que je croyais être musulman : il l'avait été autrefois ; mais depuis qu'il était de retour de ses voyages, il s'était habitué à boire de la bière. Il me fit loger dans une petite case très-propre, et commanda à l'une de ses femmes de me faire un dîner de riz avec une sauce aux pistaches. Je donnai à la cuisinière un peu de sel pour l'assaisonner. Mon hôte me fit parcourir le village; il me conduisit près de quelques Mandingues musulmans que je trouvai rassemblés dans de grandes maisons en terre qui servent en même temps de point de réunion et d'école pour les enfans musulmans; il y en a plusieurs dans le village. Quand j'y arrivai, les uns étaient occupés à coudre des pagnes et d'autres à lire le Coran : ils quittèrent aussitôt leurs occupations, et je devins le sujet de la conversation; ils me firent asseoir auprès d'eux sur une peau de bœuf; puis ils envoyèrent chercher un Maure venant de Sansanding avec une caravane de sel qu'il échangeait contre des colats.

Ce Maure était très-brun, et me dit être de Oualeth. Il me fit beaucoup de questions sur mon pays et sur mes parens; il me demanda leurs noms, que j'inventai de suite; je dis que mon père se nommait Mohammed-Abdoulkerim, et ma mère Mariam, et que mon père était négociant à Alexandrie. Il me demanda s'ils existaient encore ; cette question était d'autant plus ridicule, que je venais de lui dire que j'étais sorti de mon pays dès la plus tendre enfance ; je le lui répétai. Alors il reprit : « Puisque tu ne sais pas si tes « parens existent, pourquoi vas-tu dans ton pays ? tu « pourrais aussi bien professer ta religion dans tout

« autre. » Je lui répliquai que j'avais l'espoir de trouver un frère qui, sans doute, me restituerait une partie de la succession de mes parens, et lui dis que la contrariété que j'éprouvais m'occasionnait un retard fâcheux ; j'ajoutai que je craignais de me trouver en route pendant les pluies prochaines, ce que j'aurais voulu éviter. Il me demanda pourquoi je n'allais pas à Sansanding. Je lui fis observer que cela m'éloignait beaucoup de ma route, et pourrait m'empêcher d'aller à Jenné, où je devais me rendre : il me confirma que la guerre régnait entre Ségo et Jenné. « Mais « ajouta-t-il, tu pourras par cette route te rendre à « el-Araouân, et de là aller à la Mecque. » Il me dit aussi que toutes les caravanes allant à Jenné étaient parties, et que je risquais de rester ici long-temps, avant de trouver une occasion favorable ; ensuite il s'absenta un moment, et revint avec un gros morceau de sel dans la main, et quatre-vingts cauris qu'il me pria d'accepter, m'assurant que sur la route le sel était très-cher. Les Mandingues firent tous des signes d'approbation de cette conduite généreuse. Ce petit cadeau me fit beaucoup de plaisir, parce que je pensais qu'une fois mes moyens épuisés je trouverais des âmes charitables qui me donneraient assistance. Mon hôte vint me conduire au marché, où je vis un grand concours d'étrangers ; il était assez bien garni de toutes les choses nécessaires à la vie : riz, ignames, foigné, lait, beurre animal et végétal, sel, pots, tabac en poudre, étoffes, colats, poissons secs, calebasses, viande de boucherie; volaille, et mille autres choses utiles, bœufs, moutons, etc. Il y avait aussi quelques marchandises d'Europe, verroteries, poudre, pierres à feu, etc. Je trouvai beaucoup de femmes établies sur le marché avec de petits plats en terre, dans lesquels elles font des galettes frites au beurre végétal; on les appelle *maumies*. On achète ces galettes avec des cauris, seule monnaie courante du pays; les naturels la nomment *kaulo*. Je remarquai aux environs du marché plusieurs malheureux, assis aux coins des rues, demandant l'aumône; ils me parurent infirmes. Depuis mon départ de la côte, je n'avais vu aucun mendiant de profession.

Nous nous assîmes un instant dans la boutique d'un marchand de tabac, où il y avait foule; il avait à côté de lui un tas de cauris qui montaient bien à trente mille; c'était la recette de sa journée : il voulut me donner un peu de tabac; je le remerciai, et lui dis que je n'en usais pas; il en parut très-étonné, car dans ce village tout le monde en prend. Dans presque toute l'Afrique, il n'y a que les Mandingues qui ne fument point; je n'ai vu aucune femme faire usage de la pipe. Le tabac en poudre de ce marchand avait une très-bonne odeur; contre l'ordinaire du tabac de ce pays, il avait une couleur marron clair, au lieu que celui que j'ai vu dans les autres villages était vert, et ne conservait qu'une faible odeur.

Les hommes et les femmes qui étaient au marché me parurent mieux vêtus et plus propres que ceux que j'avais vus sur la route en venant de Timé, et j'y ai trouvé peu de femmes avec les lèvres percées.

En m'en retournant à la case de mon hôte, je vis trois masques comme ceux que j'avais déjà vus ailleurs; ils couraient après les enfans, qui tâchaient de les éviter.

Dans la soirée, j'allai voir Karamo-osila, et le priai de me remettre le prix de la poudre que j'avais vendue à Timé pour le dégué-sousou; c'était lui qui s'était chargé de faire ce paiement : il me prévint qu'il ne pouvait pas me donner de cauris, comme nous en étions convenus, parce que les colats ne se vendaient pas très-bien, mais qu'il allait me donner de la marchandise pour cette valeur; il ajouta, par réflexion, que j'avais vendu ma poudre trop cher, et que je devais me contenter de quatre-vingts noix de colats, équivalant en ce moment à-peu-près à une demi-gourde. Cela ne m'étonna pas, je m'y étais attendu; car les Mandingues sont toujours de mauvaise foi envers les étrangers, sur-tout quand ils n'ont pas de danger à courir. Je me plaignis peu de cette injustice; je savais que mes plaintes seraient inutiles. Il fit choisir par ses gens quatre-vingts petits colats, qu'il me donna en échange de ma poudre, qui aurait été estimée dans le pays le double de cette valeur. Il m'assura qu'il était bien fâché de me laisser à Tangrera, où je ne connaissais personne, et que, si je voulais le suivre à Sansanding, il se ferait un vrai plaisir de me conduire ; qu'il ne me regardait plus comme un étranger, puisque j'étais resté cinq mois chez son frère, qui m'avait recommandé à lui.

Je me rendis à la case de mon hôte, où je m'ennuyai le reste de la soirée : ce dernier s'assit auprès de moi pour me tenir compagnie ; il me vanta beaucoup la probité de sa femme, et m'engagea à lui remettre mon bagage pour qu'elle en eût soin, car la case où je logeais ne fermait pas ; je suivis son conseil. J'étais obligé de sortir souvent, et l'on aurait bien pu me dévaliser en mon absence, au lieu qu'en mettant mon bagage entre les mains de cette femme, je courais moins de danger ; mon sac fermait à clef avec un cadenas, et l'on ne pouvait rien toucher sans que je m'en aperçusse. Mon hôte me fit faire un bon souper de riz avec une sauce au poisson sec ; et pour reconnaître ses soins, je donnai à sa cuisinière du sel pour mettre dans la sauce du souper de toute la famille, ce qui payait plus que mon repas. Mon hôte, voyant que j'avais quelques colats, m'en demandait très-souvent. Je m'aperçus qu'il buvait beaucoup de bière : je le trouvai assis dans sa case, avec plusieurs

Bambaras, autour d'un grand vase d'hydromel ; ils avaient une petite calebasse avec laquelle ils puisaient, et se la faisaient passer tour-à-tour. Ils étaient tous très-gais ; mon hôte avait peine à parler, tant il était ivre, ce qui me rendait déplaisant mon séjour chez lui. Il habitait une grande case en terre, surmontée d'une terrasse, à deux portes d'entrée, et une lucarne pour donner de l'air. On y faisait la cuisine à une des extrémités, et non au milieu, comme c'est l'usage dans les autres contrées de cette partie de l'Afrique.

CHAPITRE XV.

Culture du tabac. — Tangrera. — Fara. — Bangaro. — Musiciens ambulans. — Débéna. — Tiara. — Une partie de la caravane se dirige sur Sansanding. — Ruches d'abeilles. — Siracana. — Le Bagoé, rivière navigable. — Les *lous*, espèces de *simos*. — Bandiarana. — Pont sur le Koua, grand ruisseau.

Le 20 janvier, au matin, Karamo-osila vint prendre congé de moi ; il me donna en cadeau dix gros colats, et m'assura de nouveau qu'il était très-fâché de se séparer de moi. Quant à moi, j'en étais contrarié ; je n'avais eu qu'à me louer de sa conduite. Il m'avait toujours défrayé de ma nourriture, à l'exception de quelques volailles que j'achetais ; je ne lui avais donné, pour le payer de ses soins, qu'un bonnet en étoffe de couleur, et le bracelet en argent de l'almamy de Sambatikila. Il me quitta en me souhaitant un prompt départ et un bon voyage. Dans la matinée, je fus accompagné par mon hôte, qui était un peu remis de sa débauche de la veille, chez le chef du village : je m'informai s'il se présenterait bientôt quelque caravane pour Jenné. J'eus le désagrément de ne pas le trouver chez lui. Nous nous arrêtâmes, mon hôte et moi, chez un parent du chef; il était assis sur une peau de bœuf, dans une grande case, veillant à la manipulation du tabac. Il employait à ce rude travail six esclaves très-forts, tenant chacun un gros pilon; ils broyaient dans un grand mortier ce tabac, qui avait très-bonne odeur et une couleur beaucoup plus claire que le nôtre. Ces esclaves étaient tout nus, et la sueur leur ruisselait sur le corps. Ce marchand faisait de grands bénéfices; sa case ne désemplissait pas d'acheteurs; il avait à côté de lui un gros tas de cauris provenant du débit de la journée. Le tabac qu'ils cultivent dans le pays est d'une petite espèce, comme celui de Timé; les feuilles en sont courtes et étroites. Ils donnent à cette culture très-peu de soin; ils n'ont pas comme nous l'habitude d'étêter la plante. A Tangrera, on en fait sécher les feuilles à l'ombre; puis on les met en carottes : elles acquièrent ainsi une couleur de marron clair.

Il était environ neuf heures du matin, lorsque nous fûmes de retour à la case : mon hôte me dit, d'un ton flegmatique, qu'il était bien fatigué, et me demanda des noix de colats. Un instant après, je retournai seul chez le chef, que j'eus le bonheur de trouver chez lui, couché sur une peau de bœuf, sous un mauvais hangar couvert de paille. Après les salutations ordinaires, il envoya chercher deux femmes qui avaient fait le voyage de Jenné, pour qu'elles me servissent d'interprète, car il croyait que je parlais la langue de ce pays : il fut fort étonné, lorsque je lui dis que je ne l'entendais pas. Je lui demandai en mandingue si les caravanes pour Jenné partiraient bientôt ; il me dit que les marchands faisant ce voyage étaient à Boyoko pour acheter leurs colats ; qu'ils seraient bientôt de retour, et qu'alors, si je voulais, je partirais avec eux. Le *bientôt* des nègres est souvent quinze à vingt jours. J'appris que Boyoko est un village habité par des païens ; qu'il s'y tient un marché de colats, et que ce village est à une vingtaine de jours au S. S. E. de Tangrera.

Dans l'incertitude d'une occasion prochaine, et appréhendant beaucoup de passer une seconde mauvaise saison dans l'intérieur, je me décidai à faire route avec les marchands partis le matin : allant à Sansanding, j'avais l'espoir qu'en passant par Kayaye, je trouverais des occasions pour me rendre à Jenné : dans le cas contraire, je partirais de Sansanding pour aller à el-Araouân, situé dans le désert ; puis, arrivé dans cette ville, je prendrais une résolution définitive. J'allai sur-le-champ trouver le Maure Mohammed, à qui je fis part de mon projet. Il l'approuva beaucoup, et vint m'accompagner à ma case : je lui fis voir quelques belles verroteries que j'avais conservées ; il n'en parut pas tenté, et refusait même d'accepter quelques feuilles de papier, en disant que j'en aurais besoin en route ; il finit cependant par en accepter une. Il s'entretint un instant avec mon hôte ; ils allèrent ensemble chez le chef, et le prièrent de me donner un homme pour me conduire au village où les marchands allant à Sansanding s'étaient arrêtés. On m'assura qu'il n'était pas très-éloigné.

Tangrera est un grand village muré : il est ombragé par de gros bombax et baobabs ; il y a tous les jours un marché assez bien fourni : la majeure partie des cases sont couvertes de paille ; mais toutes celles des chefs de famille sont en terre et à terrasse. Il est habité par des Bambaras et des Mandingues, qui vivent en très-bonne intelligence : les Bambaras sont les plus nombreux ; ils se réunissent très-souvent dans le cours de la journée sous des arbres, pour boire de la bière, qu'ils aiment beaucoup. J'ai vu dans le village quelques figuiers sauvages. Les habitans sont commerçans et cultivateurs ; ils fabriquent beaucoup d'étoffes de coton, et ont des communications fréquentes avec les villes situées sur les bords du Dhioliba. Ils ont des troupeaux de bœufs, des moutons et quelques chèvres ; j'ai vu aussi plusieurs jolis chevaux, chose assez rare dans le pays : ils ne connaissent d'autre monnaie que les cauris. Ce village, de la grandeur de Sambatikila, compte à-peu-près la même population. J'allai avec mon hôte visiter la mosquée

Elle est faite en terre, et dominée par plusieurs petites tours massives : c'est un édifice informe et construit sans goût ; l'intérieur en est sale, et il y fait une chaleur étouffante. Les musulmans, encore plus paresseux que zélés pour leur religion, n'ont pas pris la peine de déblayer les terres qui sont tombées pendant la construction ; il est vrai qu'ils n'y vont pas souvent, car ils font leurs prières chez eux. Plusieurs Bambaras m'engagèrent, en plaisantant, à boire de la bière avec eux ; mais j'affectais pour cette liqueur une grande répugnance.

J'avais vendu, dans le cours de la journée, quelques verroteries pour me procurer des provisions en route. Mon hôte avait chargé de la commission une de ses femmes, qui eut soin de se réserver un honnête bénéfice.

Vers trois heures du soir, le chef de Tangrera m'envoya l'homme qu'il m'avait promis pour porter mon bagage jusqu'à Fara, où je devais rejoindre mon guide de Timé. Mon hôte vint me conduire hors du village, et prit congé de moi, en me souhaitant un bon voyage. Il avait, dans le cours de la journée, mangé la moitié de mes colats ; mais je vis avec plaisir que sa femme ne m'avait soustrait que quelques morceaux de sel qui n'étaient pas dans mon sac. Mon nouveau guide me prévint qu'il était fils du roi de Tangrera. Lorsque nous fûmes un peu avancés dans les bois, il voulut entreprendre de me faire peur, et jeta par terre mon sac, qui n'était pas bien lourd; il me dit qu'il était trop fatigué, et qu'il fallait que je le prisse à mon tour, ou que je lui donnasse des cauris pour le dédommager de sa peine. Je lui promis qu'à mon arrivée dans le village où nous allions, je le paierais, et qu'il serait satisfait. Il paraissait douter de la sincérité de ma promesse, et fit beaucoup de difficultés : voyant que je persistais à lui tenir tête, il reprit mon sac, et se mit en route; il marchait d'une si grande vîtesse, que j'avais peine à le suivre. Un peu avant d'arriver à Fara, il renouvela la même scène : il m'assurait que nous étions encore très-éloignés du village; ce que je pouvais croire aisément, car il est entouré de gros arbres, et l'on ne peut le voir qu'au moment où l'on y entre : quoique cet homme fût plus fort que moi, je persistai à ne le payer qu'à notre arrivée; j'étais bien sûr que si j'avais eu la faiblesse de lui céder, le prince de Tangrera m'aurait laissé seul en route, et se serait moqué de moi.

Nous fîmes notre entrée au village vers le coucher du soleil. Nous traversâmes un petit ruisseau où nous avions de l'eau jusqu'à la cheville; j'y trouvai plusieurs femmes de notre caravane, qui parurent étonnées de me voir arriver. Nous avions fait cinq milles au N. N. E., dont trois sur un sol peu boisé et couvert de pierres à fleur de terre, qui gênaient singulièrement ma marche. Je vis beaucoup de cés et de nédés. En arrivant, je payai mon royal guide, qui s'en retourna gaiement à sa capitale. Karamo-osila me reçut avec plaisir ; il parut content de me revoir ; il s'empressa aussitôt d'en instruire tous les gens de la caravane, qui me félicitèrent de les avoir rejoints : il me réitéra le témoignage de ses regrets de m'avoir laissé seul parmi des infidèles. Je lui parlai de mon hôte, qui buvait de la bière, et chez lequel je ne me croyais pas trop en sûreté, et tous s'empressèrent à l'envi de le tourner en ridicule. On acheta une volaille pour fêter mon retour, et je donnai du sel pour l'assaisonner. Ces marchands, faisant peu de bénéfice, sont obligés d'être très-économes ; ils se permettent rarement d'acheter quelques volailles ou du poisson et de mettre du sel dans leurs alimens. Quelquefois je les entendais dire: « Il y a long temps que nous n'avons rien mangé de bon ; mettons un peu de sel dans notre souper. » Ils sont souvent trois ou quatre du même pays, formant une association ; ils mangent ensemble, et pourvoient chacun à leur tour aux frais de nourriture.

Le 21 janvier, à six heures du matin, nous quittâmes le village de Fara, et nous fîmes route au N. O. sur une terre couverte de gravier et de quelques pierres ferrugineuses ; je vis aussi beaucoup de sable rouge.

La route était très-unie et boisée comme les jours précédens : je n'ai pas vu d'arbres très-élevés; ils ne dépassent pas la hauteur du poirier ou du pommier. Les bombax et les baobabs, géans de la végétation de cette partie du globe, ne croissent qu'aux environs des villages; je n'en ai pas vu dans les forêts. Notre caravane s'était prodigieusement augmentée depuis Tangrera; nous étions au nombre de cinq à six cents personnes, portant des fardeaux, tous allant à Sansanding et à Yamina; il y avait aussi près de quatre-vingts ânes. Nous fîmes halte vers dix heures du matin à Bangoro, petite ville murée, qui peut contenir trois à quatre mille habitans. A l'entrée de la ville, il y avait quatre douaniers, qui, arrêtant la caravane, prirent en natinssement, à chaque Mandingue, un chapeau ou autre chose, pour ne pas perdre les droits qu'ils devaient percevoir : ils étaient armés de sabres, et les tenaient nus à la main; mais ils n'en faisaient pas usage. Plusieurs nègres du village vinrent à leur aide, car ils avaient beaucoup à faire avec une aussi nombreuse caravane; il s'éleva même une discussion entre les douaniers et les marchands, ces derniers ne voulant pas se dessaisir de leurs chapeaux : mais on finit par s'arranger, et nous entrâmes dans la ville. Aussitôt que nous fûmes au logement qu'on nous avait retenu, les douaniers vinrent recevoir les droits, qu'on paya en colats. Il s'établit aussitôt un petit marché qui se tint sous un énorme bombax : comme je m'y promenais pour vendre des grains de verre, je fus accosté par un saracolet venant de Tangrera ; il me dit en mandingue de le suivre, et m'emmena devant une case où il y avait plusieurs de ses camarades assis. Quelques-uns parlaient un peu la langue arabe : il me fit dire que le Maure Mohammed, que j'avais vu à Tangrera, me faisait des complimens ; qu'il lui avait remis cent cauris que j'étais prié d'accepter, et qu'il me souhaitait un bon voyage. Le saracolet alors me présenta sa main, en me disant *bismilahi :* je compris par-là qu'il fallait faire une prière ; je remuai donc les lèvres pendant un moment ; puis, d'un air sérieux, je soufflai sur sa main, qu'il se passa sur la figure. Il me compta aussitôt cent cauris, et m'en donna vingt des siens, ce qui faisait justement cent de notre pays. Je pris congé de lui en le remerciant, et je sus bon gré au Maure de son intention généreuse. Je m'empressai de communiquer cette bonne nouvelle à mon guide, qui le combla de bénédictions. J'employai aussitôt une partie des cauris à acheter une poule pour mon souper. J'engageai mon guide et ses compagnons à en prendre leur part ; mais ils s'y refusèrent par politesse : cependant je leur en fis accepter quelques morceaux. Nous ne mangions pas ensemble, car je portais encore des traces de scorbut, affreuse maladie qui m'avait entièrement défiguré ; mais il avait soin d'ordonner à ses femmes de me donner ma portion à part; mon guide, qui avait assez de complaisance pour moi, la visitait souvent pour s'assurer de la quantité, et s'il ne la trouvait pas suffisante, il en faisait ajouter de la sienne.

Autour de la ville, je vis quelques ronniers très-élevés et plusieurs palmiers. Les femmes vinrent, dans la soirée, sur la place du marché ; elles étaient au nombre d'une centaine, ayant chacune une pagne blanche à la ceinture seulement; elles étaient coiffées d'un petit chapeau de paille rond, qui leur tombait un peu sur l'oreille. Plusieurs tenaient à la main un tambour de basque fait d'une calebasse recouverte en cuir de mouton tanné : ces tambours étaient ornés de boucles en fer qui faisaient entendre un bruit agréable ; elles chantaient d'une voix sonore des airs sauvages, et sautaient toutes ensemble en cadence, en agitant leurs tambours. Elles firent plusieurs tours dans la place, puis s'éloignèrent toutes en chantant. Je me promenai dans les rues, qui sont étroites et mal tenues. Je vis plusieurs hommes qui marchaient avec de grosses caisses qu'ils frappaient, et d'autres femmes ayant un tambour suspendu au cou, à l'extrémité duquel était une petite planche couverte de sonnettes et de morceaux de fer qui s'agitaient et résonnaient par contre-coup; ce qui produisait un assez bel effet. Je pensai que tous ces musiciens étaient ce qu'on appelle au Sénégal des *griotes* ou chanteurs ambulans, qui font profession de célébrer les louanges de ceux qui les paient. Je trouvai ceux-ci assez réservés; car jamais je ne les ai vus, comme ceux du Sénégal, harceler personne pour en arracher des cadeaux.

Ces peuples sont toujours en fête; ils sont d'une gaieté qui fait un contraste bien frappant avec l'air triste et monotone des fanatiques musulmans.

Les femmes du lieu avaient à la lèvre inférieure un morceau d'étain tenu intérieurement par une plaque du même métal; un bout pointu, de deux pouces de long et gros comme un tuyau de plume ressortait à l'extérieur. Cette étrange mode varie un peu suivant les caprices du beau sexe. L'usage de se percer la lèvre est généralement répandu parmi ces peuplades; il y est, aux yeux des coquettes et de leurs adorateurs, une parure indispensable. Je ne pus m'empêcher de rire en pensant à l'étrange effet que cet ornement ferait sur les lèvres blanches et vermeilles de nos jolies Françaises.

Le 22 janvier, à six heures du matin, nous quittâmes les joyeux habitans de Bangoro, pour nous diriger au N. O. : nous fîmes cinq milles sur un sol composé de sable et couvert de pierres; nous traversâmes deux petits marais desséchés. Mon guide me dit qu'à son passage dans cet endroit, il avait éprouvé beaucoup de difficultés, le pays étant tout inondé ; et que si je me fusse décidé à faire route avec lui le mois d'août dernier, probablement je serais resté en chemin. La campagne est en général très-découverte. Vers neuf heures, nous fîmes halte à Débéna, ville qui peut contenir quatre à cinq mille habitans bambaras. Ce lieu est entouré d'un mur ; il s'y tient un grand marché : les gens de la caravane allèrent établir leurs petites boutiques de sel ou de colats, qu'ils échangèrent avec les Bambaras, qui, pour une valeur de dix cauris, assaisonnent le dîner de toute une famille : rarement néanmoins ils se décident à faire cette dépense ; et quand ils achètent du sel, ils le réservent pour les jours de fête ou de réjouissance. Cette ville est composée de plusieurs petits hameaux très-rapprochés : le marché avait lieu sous de gros bombax.

Dans tous les lieux habités situés sur notre route, nous trouvions des marchés assez bien garnis des productions du pays, ainsi que de poissons qu'ils se procurent dans les ruisseaux des environs et qu'ils ne vendent qu'après les avoir fait sécher. A mon arrivée dans un village, j'allais faire une visite au marché, pour me procurer des provisions pour mon déjeûner. Depuis Tangrera jusqu'à Jenné, il y a dans tous des femmes qui vendent de petites galettes à la poêle, qui sont pour les voyageurs d'une très-grande ressource ; elles coûtent un ou deux cauris la pièce : les marchands, à peine arrivés à un lieu de station, envoient une de leurs femmes au marché, pour acheter de ces galettes, qu'ils mangent en attendant l'heure du repas.

Le 23 janvier, à six heures du matin, nous fîmes route au N. N. E., puis à l'E. N. E., neuf milles : le sol se compose d'un sable gris dur et de quelques pierres ferrugineuses ; on ne voit dans la campagne, qui est assez découverte, que des cés et des nédés ; dans toute cette partie le sol est très-uniforme.

Nous fîmes halte vers neuf heures à Tiara, village entouré d'un mur ; nous traversâmes, un peu avant d'y arriver, un petit ruisseau, où les habitans puisent leur eau. Ce village est ombragé par quelques bombax et baobabs ; on y cultive du tabac aux environs des cases. Le marché n'est pas bien fourni, et nous eûmes beaucoup de peine à nous procurer du mil pour notre souper. Dans la soirée, un homme de notre caravane vint me trouver, et me dit en riant que, Dieu merci, nous allions prendre la route de Jenné : je crus d'abord que c'était une plaisanterie qu'il me faisait ; mais bientôt après, mon guide Caramo-osila vint m'annoncer qu'il était décidé à prendre cette route, parce qu'il y avait dans ce moment trop de marchands allant à Sansanding ; effectivement, notre caravane était très-nombreuse. Je ne saurais exprimer la joie que je ressentis à cette heureuse nouvelle; car ce n'était qu'avec bien du regret que je m'étais décidé à prendre la route de Sansanding, parti qui renversait tous mes projets, en m'ôtant la possibilité d'aller à Temboctou. Je fis un cadeau à mon guide pour lui témoigner le plaisir que je ressentais de sa résolution, et j'achetai une volaille pour nous faire un bon souper : comme ils ne voulaient, crainte de m'en priver, accepter qu'une partie de celles que j'achetais pour moi, je leur donnai celle-ci toute entière, et à l'heure du souper mon guide m'apporta lui-même ma portion.

J'ai vu dans ce village un arbre très-gros, dont les branches étaient toutes garnies de petites racines. J'ai trouvé le semblable à Tangrera, et il en vient dans l'île de Saint-Louis du Sénégal. Cet arbre, espèce de *ficus indica*, est laiteux et gluant; les naturels établissent sous son ombrage leur banancoro.

Le 24 janvier, à six heures du matin, la majeure partie de nos compagnons se dirigèrent au N. O. pour aller à Sansanding, et nous prîmes la route de Jenné : nous fîmes au N. E. quatre milles, sur un sol très-uni, composé d'un sable gris, dur et couvert de quelques pierres ferrugineuses. Nous traversâmes plusieurs petits ruisseaux, ayant de l'eau jusqu'aux genoux. La végétation est toujours la même; j'ai cependant remarqué un arbre qui croît communément aux environs du Sénégal : il porte un fruit rond, un peu plat, de la grosseur d'une pomme de reinette; il est recouvert d'une pellicule grise, et la pulpe, que les nègres aiment beaucoup, est d'une couleur verdâtre; le noyau est filamenteux; les feuilles de l'arbre sont pinnées et larges comme celles du frêne. Les nègres font usage de l'écorce de cet arbre dans les maladies; ils l'emploient comme caustique. Vers neuf heures du matin, nous arrivâmes à Douasso, où nous fîmes halte : c'est un petit village non muré, qui peut contenir deux cents à deux cent cinquante habitans.

Je souffrais beaucoup du palais; les plaies que le scorbut m'avait occasionnées n'étaient pas fermées. Je me tins pendant la halte éloigné de mes compagnons de route, ne voulant pas les rendre témoins de mes souffrances, ni des opérations douloureuses auxquelles j'étais obligé de me livrer moi-même, n'ayant personne capable de me rendre ce pénible service : je me tirai du palais un os qui communiquait au cerveau. Je demandai à mon guide de me procurer un peu de l'astringent qu'ils emploient dans ces sortes de maladies; il donna aussitôt ordre à l'une de ses femmes d'en faire bouillir : je l'employai avec succès.

Dans toute cette partie de l'Afrique, même depuis le Baleya, les nègres mettent des ruches dans les arbres pour que les abeilles viennent s'y loger; ils récoltent beaucoup de miel, dont ils sont très-amateurs. Les ruches sont faites en écorce d'arbre, et recouvertes de paille; j'ai vu beaucoup d'arbres encore verts entièrement dépouillés pour cet objet de leurs écorces par les habitans. Les environs de ce village sont bien cultivés en petit mil et maïs : il ne s'y tient pas de marchés journaliers; quelques femmes vinrent nous vendre du mil et des pistaches pour notre souper.

Le 25 janvier, à six heures du matin, nous fîmes route vers le N., d'abord sur un sol sablonneux et très-bien cultivé; ensuite sur un sol composé de terre rouge couverte de gravier, et ayant à sa surface des pierres ferrugineuses. Cette campagne est couverte de cés et de nédés. Nous fîmes rencontre d'une caravane de marchands mandingues venant de Kayaye acheter du sel; ils avaient avec eux beaucoup d'ânes, auxquels ils avaient mis de belles brides recouvertes d'écarlate, qu'ils achètent aux marchés situés sur les bords du Dhioliba : ces brides étaient garnies en cauris et en grelots; ils avaient des colliers d'une cinquantaine de ceux-ci, en sorte qu'on les entendait de très-loin. Le sel me parut un peu noir, et d'un grain très-gros; il était en planches de deux pieds et demi de long, un pied de large et deux pouces d'épaisseur : un âne porte ordinairement quatre de ces planches, et un nègre deux et demie; les femmes n'en portent que deux avec les calebasses et les ustensiles de cuisine.

Vers neuf heures du matin, nous atteignîmes Siracana, gros village muré, pouvant contenir six à huit cents habitans. Il est situé dans une plaine découverte, composée de terre grise, contenant beaucoup de sable : elle est, dans la saison, très-bien cultivée. A mon arrivée, le Bambara chez lequel nous allâmes descendre, ne voulut pas me permettre l'entrée de sa case, parce que, disait-il, j'étais blanc, et que probablement je lui porterais malheur. Je m'assis donc sur une pierre qui en était un peu éloignée, où je restai à l'ardeur d'un soleil brûlant, en attendant que mon guide, accompagné de trois autres Mandingues, pût faire entendre raison au simple et superstitieux Bambara. Ils s'empressèrent de lui faire un beau récit de mes aventures, et de la manière dont j'avais été pris par les chrétiens : maintenant, disaient-ils, je retournais dans mon pays, qui était voisin de la Mecque ; c'était un acte méritoire de me recevoir, et ceux qui me feraient du bien iraient droit dans le paradis. Le nègre, convaincu par ces argumens, me permit l'entrée de sa case, et je me mis à l'ombre avec mes compagnons de voyage. Il fut sans doute flatté par la promesse que les nègres lui avaient faite d'aller en paradis, car dans la soirée il vint me voir dans notre case, s'assit auprès de moi avec ses camarades, qui, ainsi que lui, me regardaient attentivement. Il me pria d'excuser la réception qu'il m'avait faite le matin ; ce n'était qu'une erreur, dit-il, car il m'avait pris d'abord pour un chrétien : il m'engagea ensuite à accepter une poule pour mon souper.

Je vis dans ce village une femme de Ségo qui faisait le commerce ; elle achetait du coton et le faisait filer par ses esclaves. J'allai visiter le marché, qui me parut bien triste ; il était peu approvisionné, et nous eûmes de la peine à trouver du mil pour notre souper : il y avait cependant du coton, des pots en terre, un peu de tabac du pays, et quelques marchandes de maumies, dont la malpropreté n'était guère attrayante pour les amateurs de leurs galettes. Ce marché se tenait sous un gros bombax ; il pouvait y avoir tout au plus une trentaine de femmes. Quoiqu'il y eût dans ce village quelques bestiaux, nous ne pûmes nous procurer du lait. J'ai vu dans plusieurs cases de ces malheureux, un lit formé de trois ou quatre troncs d'arbre un peu élevés de terre, sur lesquels ils se couchent. Nous en avions un dans notre case ; je m'y posai un instant dans une des cavités qui existaient d'un tronc à l'autre ; mais j'étais si mal à mon aise, que je ne pus y rester ; je me trouvais mieux sur la terre, enveloppé de ma couverture.

Le 26 janvier, à six heures du matin, nous nous mîmes en route, nous dirigeant à l'E. N. E. : nous traversâmes un petit marais desséché, où les naturels font paître leurs troupeaux ; ensuite il fallut passer à gué un gros ruisseau qui va se perdre dans le Dhioliba; nous avions de l'eau jusqu'au-dessus des genoux. Nous continuâmes à marcher sur du sable gris mêlé de gravier, la campagne offrant toujours le même aspect d'uniformité pendant quatre à cinq milles. Vers huit heures du matin, nous arrivâmes à Sounibara, petit village muré contenant deux cent cinquante ou trois cents habitans, où nous ne pûmes nous procurer de vivres, et nous fûmes obligés de continuer notre route. Au sortir du village, nous passâmes près de deux puits qui pouvaient avoir quinze à dix-huit pieds de profondeur, creusés dans un sol composé de sable rougeâtre mêlé de beaucoup de gravier; j'y aperçus des veines de terre grise argileuse, aussi mêlée de gravier, d'environ deux pieds et demi d'épaisseur : la terre plus près de l'eau paraissait également argileuse, mais contenant quelques cailloux. L'eau de ces puits est très-abondante et délicieuse à boire; mais elle conserve une teinte blanche qu'elle tient de l'argile : il y avait autour une quantité de femmes occupées à nettoyer leurs pagnes; elles puisaient de l'eau avec une petite calebasse attachée à une corde faite d'écorce d'arbre, et en avaient d'autres plus grandes, dans lesquelles elles lavaient. Je vis qu'elles se servaient de savon, qu'on nomme dans le pays *sabounc* ou *safnan* : ce nom est connu dans tout l'intérieur, par les Sénégalais, jusque dans le Bondou, le Caarta et Cason; les Maures Braknas le nomment *sabou*;

noms qui ont beaucoup de rapport avec notre mot savon[1]. Les laveuses bambaras étaient toutes nues, et ne paraissaient éprouver aucune honte de paraître ainsi devant les hommes de la caravane.

Nous nous dirigeâmes à l'E., trois milles, sur un sol composé de sable gris mêlé de petit gravier; nous arrivâmes, vers une heure du soir, à Fara, où nous fîmes halte. La campagne que nous venions de parcourir était couverte de cés; ce n'était qu'une forêt immense : c'est l'arbre qui domine dans toute cette partie; aussi les naturels font-ils un grand commerce du beurre qu'ils en retirent; ils le portent à Jenné, ou le vendent aux caravanes qui s'y rendent. Dans tous les lieux habités où je passais, je voyais des femmes portant de ce beurre dans des calebasses; j'en achetais souvent pour mettre dans mes alimens. Une livre coûte dans le pays quarante cauris (quatre sous de France). Le nègre chargé de faire la provision du mil pour les repas de la caravane, alla au marché pour s'en procurer; il nous dit qu'il était bien plus cher que les jours précédens. On ne dépensait ordinairement pour un repas que quatre-vingts cauris pour quinze ou seize personnes que nous étions; et dans ce village de Fara, il en coûta trente de plus. On me prévint que plus nous avancerions vers Jenné, plus les co-

---

[1] En arabe, ce mot se dit *saboun*.

mestibles deviendraient chers; la quantité de caravanes de marchands qui passent continuellement dans ce pays, causent cette augmentation.

Le 27 janvier, à six heures du matin, nous prîmes congé de nos hôtes, et nous fîmes route au N. N. E., sur du sable gris; puis nous arrivâmes sur les bords du Bagoé, Rivière Blanche des nègres : elle vient de l'E. N. E., et coule à l'O. S. O.; ses rives, très-boisées, sont élevées de trente ou quarante pieds, et composées d'un sable jaune mêlé d'argile, avec quelques veines de terre grise argileuse, qui ont de dix-huit pouces à deux pieds d'épaisseur. Cette rivière déborde dans la saison des pluies, inonde la campagne et rend ses environs marécageux. Il y a des pirogues qui y naviguent : elle est à-peu-près de la largeur du Milo à Kankan; elle est profonde et navigable pour de grandes embarcations; elle fait beaucoup de sinuosités; après avoir parcouru l'espace de cinq à six milles à l'O. S. O., elle tourne vers la partie du N., et va se perdre dans le Dhioliba. Suivant le rapport des naturels et des voyageurs mandingues, le Bagoé vient du S., passe à Teuté, où ils vont acheter des noix de colats, et va se perdre dans le Dhioliba, un peu plus bas que Ségo. Son passage nous retint très-long-temps, tant pour la quantité du bagage que pour la discussion du prix qu'il fallut payer en cauris.

Les nègres, naturellement frileux, allumèrent du

feu et s'assirent autour pour régler le prix du passage. Le Bambara chef de la pirogue donna à chaque individu de petits morceaux de bois qu'on lui rendait en passant, pour éviter de se tromper sur la grande quantité de personnes. Nous traversâmes cette rivière dans une grande pirogue ; il était près de midi lorsque nous eûmes atteint la rive droite. Le courant était lent, et filait à-peu-près un nœud et demi à l'heure.

Nous continuâmes notre route au N. E., et nous arrivâmes vers deux heures à Courounina, joli village, où nous fîmes halte à cinq heures du soir, pour dîner. Après avoir mangé un peu de bouillie, avec une mauvaise sauce aux herbes, et payé au chef le droit de passe, nous fîmes route en nous dirigeant au N. E. Nous traversâmes un petit ruisseau, et nous arrivâmes, un peu avant la nuit, à Missabougou. Le sol parcouru pendant la journée était semblable à celui des jours précédens, et très-bien cultivé en mil, pistaches, etc. Les habitans vinrent en foule me voir; ces bons Bambaras ne pouvaient se lasser de me regarder, et dirent qu'ils n'avaient jamais vu de Maure aussi blanc que moi.

Comme je me tenais auprès du feu, un peu après le coucher du soleil, et faisais bouillir quelques morceaux d'écorce d'arbre pour me laver la bouche, qui me faisait encore souffrir, un jeune nègre de notre caravane, qui n'avait cessé, pendant toute la route, de me donner des marques d'intérêt, vint me prévenir qu'il ne fallait pas m'exposer à rester dehors trop tard, parce que, si les *lous* me rencontraient, ils me frapperaient impitoyablement. Je ne savais ce qu'il voulait dire; je le priai de s'expliquer. Il m'apprit que, dans tout le Bambara, il y a des hommes qui se tiennent le jour dans les bois; ils logent dans des cabanes faites de branches d'arbre, et ont avec eux de jeunes enfans qu'ils instruisent dans les mystères de leurs cérémonies. Toutes les nuits ils sortent des bois, et vont, accompagnés des enfans initiés, courir dans le village en poussant des cris affreux et faisant mille contorsions. A leur approche, chacun se renferme dans sa case pour éviter leur rencontre, qu'on a sujet de craindre. Il y a beaucoup d'hommes, ajouta le jeune nègre, qui n'ont pas peur de ces lous. Je compris que ces hommes étaient initiés, et que c'était une institution dans le genre de celle des simos, qu'on voit chez les peuples qui habitent le Rio-Nunez, et même chez les Timannés; institution dont j'ai déjà parlé. C'est ce qu'il me confirma, en me disant que les jours de réjouissance, ils faisaient prévenir qu'ils se montreraient à tout le monde; qu'ils venaient partager les plaisirs du jour et de la nuit, et rentraient dans leurs bois chargés de présens de toute espèce que chacun à l'envi s'était empressé de leur offrir. Les femmes sur-tout venaient en foule au-devant de lui. Le jeune nègre qui me donna ces détails, avait fait plusieurs voyages, et avait acquis, sur les mœurs de ces peuples, des connaissances qu'un étranger qui ne fait que passer ne se procure qu'imparfaitement. Il m'assura qu'on fournissait de la bière à ces hommes, et qu'ils s'enivraient souvent.

Dans la soirée, j'entendis des hurlemens aux environs du village : j'eus la curiosité de voir ces lous, me doutant bien que c'étaient eux qui commençaient leur vacarme; je sortis de ma case avec beaucoup de précaution, et me plaçai derrière une petite palissade, d'où je pouvais les apercevoir. Je vis bientôt un homme, la tête couverte d'un haillon, le corps entouré de sonnettes et de petits morceaux de fer qui faisaient un tintamare horrible : cette espèce de simo s'annonçait en poussant des hurlemens épouvantables, courant autour du village avant d'y entrer, et agitant bien fort son bruyant attirail. Il était suivi d'une quantité d'enfans vêtus de la même manière que lui. J'aperçus trois ou quatre vieillards assis devant leur porte, faisant la conversation ; ils crièrent au lou de ne pas approcher de ce côté, parce qu'il y avait du monde : aussitôt ils prirent une autre direction. Une partie de la nuit, je ne pus dormir à cause des hurlemens de ces sauvages.

A six heures du matin, nous quittâmes les habitans de **Missabougou**, marchant au N. E. pendant l'espace de six milles. Le sol est couvert de pierres ferrugineuses. Nous fîmes halte, vers neuf heures du matin, à Badiarana, village qui peut contenir huit à neuf cents habitans. Le marché, très-bien fourni, offrait en abondance tout ce qui est nécessaire à la vie. Les habitans font beaucoup de commerce; il y vient de Ségo et Yamina des marchands qui apportent du sel qu'ils échangent contre des étoffes du pays et des cauris. Les Mandingues, en revenant du marché de Jenné, y trafiquent aussi afin de se procurer des cauris pour faire leur route. Je questionnai plusieurs marchands sur la distance de Badiarana à Ségo : ils s'accordèrent tous à dire que Kayaye, grande ville très-commerçante, se trouvait à neuf jours au N. de Badiarana, et que Ségo se trouvait à neuf jours de Kayaye, dans la même direction. A notre arrivée au village, le chef fit arrêter la caravane dans un champ, pour compter les charges. Afin de ne pas se tromper en recevant les droits de passe, il remit à chaque marchand autant de petits morceaux de bois plats et pointus qu'ils avaient de charges, dont chacune payait vingt noix de colats, valant, dans le village, quinze à dix-huit cauris pièce. Le chef nous fit donner de grandes cases pour nous loger. Je m'empressai, aussitôt après notre arrivée, d'aller au marché, où j'achetai quelques maumies et du lait aigre. Ce marché était bien tenu : les marchandes, placées sur deux rangs, étaient habillées proprement et paraissaient très-affables envers ceux qui achetaient leurs marchandises, composées de produits du pays; leurs boutiques étaient garnies d'étoffe, coton, sel, mil, piment, poivre long, pistaches, zambalas, fruits du baobab, et de feuilles sèches de cet arbre, qui s'emploient pour mettre dans les ragoûts. J'étalai aussi ma petite boutique, et je débitai quelques verroteries et de jolis morceaux d'indienne de couleur qui attiraient l'admiration de ces bons nègres. Ensuite, j'allai, avec mon guide, voir le chef; je le trouvai assis dans une grande case, entouré de marchands mandingues discutant leurs intérêts. La femme de ce chef avait vu mes verroteries; elle pria son mari d'en acheter pour elle : je lui en cédai une vingtaine de grains, à trente cauris pièce. Plusieurs femmes firent emplette d'un petit morceau d'étoffe de couleur, de dix-huit à vingt pouces de long sur quatre de large, qu'elles me payèrent trois cents cauris, valeur de vingt-quatre sous; c'est tout au plus si cet objet valait trente centimes. L'un des affidés du chef, qui recevait les colats, m'en fit cadeau de dix très-beaux, qu'il me pria d'accepter; cet homme avait les mains et les pieds couverts de lèpre. Mes compagnons trouvèrent le débit de quelques colats. A l'heure du souper, étant dans la cour à prendre le frais, je vis le chef du village étendu sur une natte, la tête appuyée sur un petit banc, ayant à côté de lui une jeune négresse occupée à le macer. Bientôt six ou sept de ses femmes lui apportèrent tour à tour une calebasse de tau pour son souper; il goûta un peu de chacun de ces mets, en distribua à quelques Bambaras couchés auprès de lui, et les cuisinières emportèrent successivement le reste. L'habitude, dans ce pays, est que les femmes d'un homme riche fassent chacune leur souper en particulier et le portent au chef de la famille avant d'y toucher; celles des pauvres font à souper à tour de rôle pour toute la famille. Je me trouvais assez près du chef, et je fus très-étonné de l'impolitesse qu'il eut de ne pas m'inviter à partager son repas, habitude si commune dans ces contrées. Les puits sont de sept à huit pieds de profondeur, creusés dans un sol mêlé de sable et de gravier, et le fond est de terre grise argileuse. L'eau, quoique blanchâtre, est délicieuse à boire.

Le 29 janvier, à six heures du matin, nous nous mîmes en route au N., en cheminant sur un sol couvert de pierres ferrugineuses et de gravier rouge. Nous traversâmes un gros ruisseau pour arriver à Timbala, où nous passâmes le reste de la journée, tout le monde étant fatigué.

Le 30 janvier, à six heures du matin, nous nous dirigeâmes au N. N. O. On nous fit remarquer dans cet endroit la route qui conduit à Ségo et Yamina: nous tournâmes vers le N. N. E., route de Jenné, et nous fîmes huit milles dans cette direction. Nous trouvâmes dans les bois, à peu de distance de Timbala, plusieurs femmes faisant cuire des maumies qu'elles vendaient aux gens de la caravane ; elles avaient peine à suffire, car chacun desirait en acheter, parce que nous devions faire une longue route : cependant ensuite on en décida autrement, car nous fîmes halte, vers dix heures, à Touriat, petit village non muré. La route de la matinée était composée d'un sable gris très-dur, où il croît quelques bombax et baobabs; le cé y est très-répandu. Un homme de la caravane se trouvait indisposé : ses compagnons achetèrent entre eux un petit cabri pour se régaler, car depuis notre départ, ils n'avaient presque mangé que du tau à la sauce aux herbes, sans sel. Mon guide m'en fit présent d'un morceau à-peu-près de la grosseur d'un œuf ; ils étaient tant de monde à partager ce petit régal, qu'ils n'en eurent pas chacun autant.

Les environs de ce village sont très-découverts ; le sol est très-uni, et les arbres les plus répandus sont le cé et le nédé. Il peut contenir trois à quatre cents habitans.

Le 31 janvier, à six heures du matin, nous fîmes route au N. N. E., sur un sol composé de sable dur et couvert de pierres ferrugineuses et de gravier. Nous arrivâmes à Magna-Gnounan, où nous fîmes halte pour dîner. Aux environs du village, il y a de jolis petits potagers d'ognons et de haricots que les habitans soignent très-bien : ils se servent des feuilles pour faire leurs sauces. Je vis aussi quelques champs de tabac : ils ne le cultivent pas mieux qu'à Timé, mais il est d'une plus belle espèce; les feuilles sont larges et très-longues; et s'il était bien soigné, il serait aussi beau et aussi bon que celui qu'on cultive en Europe. Le village est muré, et peut contenir deux cent cinquante habitans; les environs sont boisés de quelques mimosas et de gros baobabs. Je vis aussi plusieurs champs de coton mal soignés. Je m'assis, hors du village, à l'ombre d'un baobab, et je fis griller des pistaches pour mon déjeûner, que je partageai avec quelques uns de mes compagnons.

A environ un mille a^u S. E., il y a deux petites montagnes élevées d'environ cinquante ou soixante brasses : elles paraissent couvertes d'une belle végétation. Sous les baobabs, hors du village, il se tient un petit marché mal approvisionné ; on n'y trouve que quelques pistaches et un peu de mil. Vers deux heures et demie, après avoir dîné, nous quittâmes Magna-Gnounan, et fîmes au N. six milles sur un sol couvert de pierres ferrugineuses et de gravier. L'arbre à beurre continue d'être aussi commun. Nous traversâmes quatre ruisseaux qui tous paient tribut au Dhioliba. Un peu avant le coucher du soleil, nous fîmes halte à Khoukhola, où nous passâmes la nuit.

Ce joli village est ombragé par une infinité de baobabs : les habitans en récoltent avec soin les fruits et les feuilles, dont ils font commerce. Je remarquai quelques cases construites en briques cuites au soleil.

Nous fîmes route, à six heures du matin, au N. N. E., sur un sol composé de sable gris très-dur, entremêlé de quelques pierres calcaires de couleur blanche et d'un rose pâle. Après avoir fait quatre milles, nous trouvâmes un gros ruisseau; puis nous arrivâmes à Kiébala, petit village où l'on paya les droits sans s'arrêter plus d'une heure. Je vis dans ce village plusieurs puits qui pouvaient avoir quinze à dix-huit pieds de profondeur; on avait mis autour quelques morceaux de bois pour empêcher les terres de s'ébouler. Il y avait, aux environs, quelques cultures de tabac. La caravane s'était arrêtée, un peu hors du village, dans un champ. Non loin de cet endroit, j'aperçus un arbre tout couvert de bouts de corde, de cuir, d'étoffe, etc., attachés aux branches; sous le même arbre, il y avait des pots en terre vides et rangés symétriquement. On m'apprit que c'était un lieu de sépulture : les bambaras, par superstition, mettent dans la fosse de chaque défunt, des vivres, des effets et diverses bagatelles; ils prélèvent quelques parcelles de tous ces objets, suspendent les unes à un arbre du cimetière, et déposent les autres, c'est-à-dire, ce qui est comestible, dans des vases. Si, durant la nuit, des chiens ou des animaux sauvages ont mangé ces dernières offrandes, les parens se persuadent que c'est le génie protecteur du mort qui est venu s'en repaître. Ces idées superstitieuses ne sont répandues que dans quelques parties du pays.

Continuant notre route au N. E., sur un sol comme celui de la matinée, nous arrivâmes à Sérasso, vers dix ou onze heures du matin, et y passâmes le reste de la journée. Ce joli village, qui peut contenir trois cents habitans, est situé dans une belle plaine de sable gris très-dur, couverte de cés, nédés, bombax, baobabs, et de quelques mimosas; cette plaine est bien cultivée. En avançant dans cette direction, depuis le dernier village de Fara, les ignames et le riz deviennent très-rares : on en cultive peu, ce qui tient sans doute à la sécheresse du terrain; car les pluies n'y sont pas aussi communes que plus au S. On y cultive beaucoup de mil des deux espèces et un peu de maïs.

Le 2 février, à six heures, nous quittâmes le village de Sérasso; nous fîmes route à l'E. pour passer un pont qui se trouve à une petite distance du village. Ce pont est construit dans le genre de celui de Gambaya sur le Tankisso; mais il est recouvert de paille, puis de terre par-dessus, et a des rampes de chaque côté, précautions que je n'avais pas encore vu observer chez les nègres : ce pont est le plus commode que j'aie rencontré dans tout l'intérieur. On y avait établi, à l'entrée, deux Bambaras qui étaient assis auprès d'un petit feu, quoique certainement il ne fît pas froid. La chaleur est à-peu-près la même qu'au Sénégal; mais elle varie un peu. Les deux nègres percevaient les droits de passe; ils exigeaient jusqu'à vingt cauris pour chaque charge de colats. Les Mandingues auraient préféré payer le double en nature, car ils étaient peu chargés de monnaie. Les hommes et les femmes passèrent gratis. Les ânes nous retinrent très-long-temps par leur obstination : les nègres eurent des peines infinies à les faire passer; ils en portèrent deux jusqu'au milieu du pont, qui prirent aussitôt le galop pour traverser. Les naturels du pays ne sont pas obligés de payer au passage; il n'y a que des étrangers qu'on exige une rétribution. Je demandai à plusieurs personnes le nom du ruisseau : ils me dirent qu'il se nommait *Koua;* mais je sais que ce nom est commun à tous les ruisseaux. Nous continuâmes notre route, et nous fîmes quatre milles à l'E. N. E., sur un beau chemin et à travers une campagne très-unie, couverte de grands arbres. Le sol est composé de sable dur, gris. Il y a quelques blocs de granit noir, isolés.

Vers neuf heures du matin, nous fîmes halte à Mouriosso. Peu avant d'entrer dans ce village, dont les maisons sont surmontées de terrasses construites en briques cuites au soleil, nous traversâmes un joli ruisseau, sur les bords duquel je vis des jardins où croissaient de beaux ognons : ce sont les femmes qui les soignent ; elles étaient occupées à sarcler ; elles ont soin d'arroser souvent. On trouve, à des distances rapprochées, des puits de deux pieds environ de profondeur, dans lesquels ces femmes puisent avec des calebasses, sans corde. La terre de ces jardins est d'une couleur noire ; elle est grasse et très-productive. Ils sont entourés d'une haie d'épines sèches, pour les garantir des poules. Plusieurs de ces femmes, couvertes seulement d'une mauvaise pagne passée autour des reins, vinrent nous vendre des feuilles d'ognon, pour mettre dans notre sauce ; nous les payâmes de quelques cauris, avec lesquels elles achètent des verroteries pour leur parure. Elles ont quelques colliers de rassades couleur marron : c'est celle qui est préférée dans le pays, parce qu'elle est à meilleur compte.

A notre arrivée, le marché s'installa de suite sous un gros arbre dont les branches étaient couvertes de racines, comme celui que j'ai décrit plus haut. Ce marché était approvisionné de mil, d'un peu de riz, de pistaches, ognons et zambalas. Il s'y établit aussi des marchandes de maumies : nous en achetâmes en attendant notre mauvais dîner.

Le village se compose de plusieurs petites enceintes, occupées chacune par une seule famille ; il peut contenir deux cents habitans : ils cultivent, autour de leurs habitations, des citrouilles, des giraumons et des calebasses dont ils font grimper les tiges jusque sur les toits : les champs environnans sont ensemencés de petit mil. Je remarquai quelques tisserands : les forgerons, s'il y en a, n'y sont pas communs, car je n'en ai pas aperçu un seul.

CHAPITRE XVI.

Oulasso. — Facibrisso. — Toumané. — Instrumens aratoires. — Couara. — Le Koraba. — Douasso. — Ville et pays de Kong. — Le pays de Baunan. — Garo. — Forges. — Nibakhasso.

Vers deux heures du soir, nous quittâmes le village de Mouriosso, et nous fîmes route en nous dirigeant à l'E. N. E., sur un sol dur, composé de terre grise mêlée de sable, et parsemé de pierres ferrugineuses et de gravier ; il est d'une grande aridité. Vers six heures du soir, nous fîmes halte à Oulasso, village composé, comme le dernier, de plusieurs enceintes, et de cabanes construites de même : il peut contenir trois ou quatre cents habitans. Nous joignîmes dans ce village une caravane de marchands mandingues venant d'acheter au sud des noix de colats qu'ils allaient vendre à Jenné. On nous donna une grande cabane pour nous loger ; mais il nous fut impossible d'y rester, tant elle était chaude et pleine de fumée : celle-ci n'avait d'autre issue que par la porte, et le feu était tout-à-fait au fond de la pièce, qui pouvait avoir vingt pieds de long sur huit de large ; le feu qu'on y allume fait le même effet que dans un four. Je passai la nuit sous un mimosa devant notre cabane, et je m'enveloppai de ma couverture, le temps étant très-rafraîchi.

Comme le village était trop petit pour loger deux caravanes, plusieurs marchands couchèrent comme moi à la belle étoile; ils eurent la précaution d'allumer un grand feu auparavant. C'était un spectacle assez curieux que de voir ces feux dans tout le village : les femmes établirent leur cuisine auprès. Au dernier gîte, on avait eu soin de se procurer du mil pour le souper de tout le monde; bien nous en avait pris, car nous ne trouvâmes rien à Oulasso. Les environs sont composés de sable très-productif, cultivé en partie. Les habitans bambaras ne comprenaient pas la langue mandingue; nous eûmes cependant le bonheur de trouver une femme qui put nous servir d'interprète.

Le 3 février, à six heures du matin, nous nous mîmes en route au N. E. Notre caravane avait pris une force imposante; elle était augmentée par celle que nous avions rejointe la veille. On continua de se diriger sur un sol composé de sable et de terre très-dure, couvert de pierres et de gravier, qui rendent le chemin fort difficile. La campagne est cependant bien boisée en cés et nédés. Nous traversâmes trois gros ruisseaux dont le passage nous retint long-temps, à cause de nos ânes. Les bords en sont très-boisés, et il croît dans les endroits frais des palmiers en quantité. Les naturels ne connaissent pas la propriété de cet arbre, de fournir une liqueur enivrante ; ils font, avec le fruit, de l'huile qu'ils aiment beaucoup, et avec laquelle ils se graissent le corps. Cet arbre est bien loin d'être aussi répandu que sur la côte. Vers dix heures du matin, nous arrivâmes à Facibrisso, où se tient un grand marché de colats, piment, poivre long, qu'ils tirent du S.; d'étoffes qu'ils fabriquent dans le pays, et de sel qui vient des bords du Dhioliba ; de beaucoup de mil, coton, pistaches, et autres productions du pays. Toutes les cabanes sont à terrasse, n'ont qu'un rez-de-chaussée, et sont construites en briques cuites au soleil : ces maisons sont de la plus grande incommodité et peu solides ; aussi en voit-on beaucoup tomber en ruine. Tous les villages, jusqu'à Jenné, sont bâtis dans le même genre, et en général ombragés par une infinité de bombax et de baobabs : leurs habitans récoltent principalement les fruits de ces derniers ; ils en font un commerce avec les caravanes ; ils en portent même à Jenné, où il y en a peu, et de Jenné on les exporte à Temboctou. Le cé et le nédé sont répandus d'une manière étonnante dans toute cette partie. En avançant vers le N., les baobabs deviennent moins communs, et le bombax les surpasse en grosseur : le ronnier est abondant dans quelques endroits.

Le 4 février, à six heures du matin, nous nous mîmes en route dans la direction de l'E. S. E. sur de très-bonne terre fertile : nous passâmes un ruisseau, au-delà duquel on prit un chemin couvert de gravier. Après avoir fait quatre milles, nous atteignîmes Toumané, où se trouvait une nombreuse caravane venant de Jenné. Les nouveaux venus désolèrent mes compagnons en leur apprenant que les colats y étaient très-communs et à très-bas prix : cette nouvelle déconcerta les pauvres marchands de Timé. J'allai visiter le marché, que je trouvai mieux tenu que ceux des villages où j'avais déjà passé : on l'avait établi sous un hangar, pour le préserver de la pluie dans la mauvaise saison. Il était très-bien fourni de toutes les productions du pays; il y avait même de la viande de boucherie et quelques marchandises d'Europe, telles qu'étoffes, fusils, poudre, verroteries. Les femmes se tiennent proprement. J'achetai quelques maumies, que je trouvai mieux faites et meilleures que dans les villages précédens. Je vis des pintades sauvages, oiseaux qui sont très-communs dans le pays; on les vend le même prix que les poules. Il y avait dans ce village beaucoup d'étrangers venant de Ségo, Yamina et autres lieux : les habitans ne parurent faire aucune attention à moi; tous me prenaient pour un Maure : je les trouvai doux et affables envers les étrangers; ils étaient mis assez proprement en comparaison de ceux des villages que j'avais visités. Mon guide Karamo-osila, affligé de la nouvelle apportée par les marchands venant de Jenné, se décida une seconde fois à faire route pour Kayaye et Sansanding; décision qui m'eût singulièrement contrarié si tout le monde avait été de son avis; mais il fut le seul avec ses associés qui approuva ce parti. Je m'arrangeai avec un vieil homme de Timé, qui faisait route pour Jenné; je lui promis qu'arrivé dans cette ville, je lui donnerais un beau morceau d'étoffe, s'il voulait consentir à faire porter mon bagage par son âne : ce marché parut lui convenir. La veille de notre séparation, je voulus faire à mon guide un troisième cadeau, et il ne voulut pas accepter un joli morceau d'étoffe de couleur. Il n'avait point, me dit-il, agi envers moi par intérêt, mais dans l'intention de faire une action agréable à Dieu et à son prophète. Il ajouta que j'avais une longue route à faire pour aller à la Mecque ; que mes ressources n'étaient pas grandes, et que, si je devais faire de fréquens cadeaux, elles seraient bientôt épuisées. Je ne fus pas dupe de son discours; je compris qu'il avait envie de quelque autre chose : effectivement, il me pria de lui vendre une paire de ciseaux et du papier. Persuadé que je passerais pour avare en lui vendant ces objets, je promis de les lui donner lors de notre séparation, qui devait avoir lieu le jour suivant. En route, j'avais prêté à mon guide et à plusieurs hommes de la caravane sept cents cauris; chacun d'eux me remit fidèlement ce qu'il me devait.

Le 5 février au matin, nous allâmes, mon guide et moi, chez l'homme de Timé avec lequel désormais je devais voyager Au moment de ma séparation de mon ancien guide, je lui donnai la paire de ciseaux et le papier que je lui avais promis; il me demanda des cauris pour faire sa route, sous prétexte que les colats ne se vendaient pas, et qu'il se trouverait embarrassé pour acheter des provisions : je fis peu d'attention à sa demande. Quoique je n'eusse qu'à me louer de sa conduite, je me séparai de lui sans regrets, car j'étais sans cesse harcelé par ses gens, et principalement par les femmes, qui prenaient plaisir à me tourmenter; j'étais leur jouet, le sujet habituel de leur divertissement; enfin je croyais, pendant les haltes, être encore au village de Timé : jamais les hommes ne prenaient la peine de leur imposer silence.

A sept heures du matin, le même jour, nous nous séparâmes; Karamo-osila fit route au N. N. E., et nous à l'E. A une petite distance du village, nous passâmes un ruisseau sur un pont assez solide; il y avait à ce passage six à sept cents personnes, et trente ou quarante ânes; plusieurs voyageurs et leurs femmes passèrent le ruisseau à gué, ayant de l'eau jusqu'à la ceinture. C'était une cohue épouvantable; on ne s'entendait pas, tant la foule était nombreuse : on discutait, en criant, sur le prix de la rétribution, qui fut payé en cauris. Notre caravane s'était augmentée d'une quantité d'individus, marchands de toile du pays, de piment et de poivre long. Arrivés sur la rive droite, nous nous dirigeâmes au N. E., marchant sur une assez belle route, très-unie ; la campagne était découverte, parsemée de cés et de nédés; le sol, composé de sable gris, étoit entre-coupé de petits monticules. Nous traversâmes un marais desséché, couvert de gras pâturages, où les naturels mettent leurs bestiaux. Les habitans des villages voisins sont assez industrieux pour avoir imaginé des chaussées; ils en font de trois pieds et demi à quatre pieds, pour maîtriser l'eau du marais qui, sans elles, dans les mois d'août et de septembre, inonderaient le pays.

Vers neuf heures du matin, nous fîmes halte à Gulasso, village composé de trois ou quatre petites enceintes de même grandeur; il peut contenir trois cents habitans.

Le 6 février, à six heures du matin, nous nous disposâmes à partir; nous fîmes six milles au N. E., sur un même sol que la veille. La campagne est couverte de bombax et de baobabs. Nous fîmes halte vers neuf heures du matin à Chesso. Ce village est, comme Gulasso, formé de plusieurs petites enceintes assez proches les unes des autres : les environs en sont assez découverts ; il s'y trouve un marais sur les bords duquel les naturels cultivent des ognons, des haricots, des giraumons, etc. Il y a aussi, dans l'intérieur du village, beaucoup de bombax et de baobabs. En arrivant à la cabane que l'on nous avait destinée, je vis à la porte une femme extrêmement sale, occupée à faire des galettes avec une poêle en terre fabriquée dans le pays; j'en achetai, ne pouvant m'en procurer d'autres, car dans ce village il n'y avait pas de marché. Notre cabane était très-étroite et basse; nous avions peine à nous y loger avec notre bagage : je fus obligé cependant d'y passer la nuit.

Mes nouveaux compagnons s'associèrent pour acheter une chèvre. Il m'en coûta soixante-dix cauris pour y avoir une part, et j'eus le malheur de ne pouvoir en manger, tant la chair en était dure et mal cuite. Une heure ou deux après le souper, les nègres se mirent à manger la tête à moitié cuite sur les charbons; après avoir rongé les os, il les donnèrent aux esclaves.

L'absence du marché rend ce lieu très-triste; ses rues, étroites et tortueuses, sont très-sales; il s'y rencontre des mares d'eau bourbeuse, que nous traversâmes ayant de la boue jusqu'à mi-jambes. Les habitans cultivent autour de ces mares des herbages pour leurs sauces. Le souper préparé avec le bouillon de la chèvre rétablit mes forces épuisées par une marche réitérée chaque jour.

Le 7 février, à sept heures du matin, nous quittâmes Chesso, et fîmes route dans la direction du N. E. : le sol était uni, mais couvert de pierres ferrugineuses et de gravier ; la végétation semblable à celle des jours précédens : je vis, de plus, quelques *rhamnus lotus*. Nous continuâmes de marcher sur du sable gris, assez bien cultivé en mil et beaucoup d'autres productions. Un vent de N. très-frais soufflait sur nous, et je me serais chauffé volontiers, car mes vêtemens étaient légers et tombaient en lambeaux.

Nous arrivâmes, vers neuf heures du matin, à Pala ; nous fîmes halte pour y passer le reste de la journée. Ce petit village a un marché bien fourni. J'aperçus aux environs plusieurs fourneaux pour la fonte du fer ; ce métal se trouve sur la surface du sol. Je vis aussi l'instrument aratoire dont les habitans se servent pour leur culture, le seul, je crois, qu'ils connoissent, car je n'en ai pas vu d'autres : c'est une pioche d'un pied de long sur huit pouces de large ; le manche peut avoir seize pouces de long ; il est très-incliné sur la pioche. Pour leur récolte, ils se servent aussi d'une faucille sans dents, comme dans le Ouassoulo.

Le 8 fevrier, à six heures du matin, nous quittâmes le village de Pala, et nous nous dirigeâmes au N. E., sur un sol composé de sable blanc et dur. La campagne est très-découverte ; on y voit quelques mimosas et beaucoup de cés. Cet arbre-ci, qui, comme je l'ai dit plus haut, fournit du beurre en quantité, croît spontanément dans tout l'intérieur de l'Afrique; il viendrait parfaitement dans nos colonies d'Amérique, et ce serait un bien grand service à rendre à l'humanité que de l'y introduire; le don d'une plante aussi utile serait plus précieux pour les habitans de ce pays qu'une mine d'or. Il était neuf heures du matin lorsque nous arrivâmes à Maconeau, joli village de trois à quatre cents habitans, situé dans une belle plaine bien cultivée. Auprès du village, il se trouve une côte de peu d'élévation, qui se prolonge du N. O. au S. E.

Le 9 février, à six heures du matin, nous nous dirigeâmes au N. E., et fîmes un mille en montant la côte, qui contient beaucoup de pierres blanches de nature calcaire. Nous descendîmes, par un chemin très-difficile, dans une belle plaine dure, sablonneuse: nous fîmes cinq milles sur le même sol. Quoique notre marche journalière ne fût pas forte, je n'en étais pas moins très-fatigué : si parfois, ayant chaud, je m'asseyais sous un arbre pour me reposer, j'étais aussitôt saisi par un vent frais; ce passage subit du chaud au froid m'occasionnait des rhumes fréquens, une des grandes incommodités que j'aie éprouvées dans mon voyage. Étant couché dans les cabanes, j'éprouvais un autre inconvénient du même genre: le grand feu que les nègres ont habitude d'y faire occasionnait une chaleur étouffante, et le vent, passant au travers d'une porte de paille très-mal fermée, venait me glacer. Je toussais tant que je ne pouvais dormir ; une partie des nuits j'étais sur mon séant : je prenais quelquefois le parti de coucher dehors, pour avoir une température plus égale ; mais j'y trouvais peu de soulagement. Enfin je souffrais beaucoup ; et j'étais tellement enroué, que, pour m'entendre, on était obligé de s'approcher très-près de moi.

Nous rencontrâmes une caravane de marchands venant de Jenné, où ils avaient acheté du sel ; ils avaient avec eux plusieurs chevaux qu'ils avaient aussi achetés dans cette ville. Vers neuf heures du matin, nous fîmes halte à Couara, joli village où l'on trouve en abondance tout ce qui est nécessaire à la vie : on y cultive beaucoup de coton, de mil, et l'eau se puise dans un ruisseau qui coule à un demi-mille à l'E. N. E. de ce village.

Le 10 février, à huit heures du matin, nous quittâmes Couara ; nous nous disposâmes à traverser la rivière appelée *Koraba*, qui nous retint à son passage au moins trois heures. Cette rivière est étroite et profonde : ses rives sont très-élevées et boisées ; elles sont composées de terre rouge argileuse, mêlée de sable, de gravier et de quelques rochers. Le courant est très-rapide : dans son débordement, elle fait de grands ravages, et enlève des masses de terre qui élargissent son lit ; en revanche, elle fertilise les campagnes qu'elle inonde. Cette rivière vient du S. et coule rapidement du N. E. à l'E. : sur sa rive droite, il y a une petite chaîne de montagnes peu élevées qui s'étend du S. à l'E. N. E. Les naturels et les marchands mandingues m'assurèrent que cette rivière passe à Kayaye, grande ville où se tient un marché bien fréquenté, à cinq jours au N. N. O. de Couara, et qu'elle va se perdre dans le Dhioliba, aux environs de Ségo. Le Koraba est navigable pour des embarcations de soixante à quatre-vingts tonneaux, puisque, dans l'endroit où nous le traversâmes, il a dix pieds de profondeur et cinquante à soixante brasses de largeur. Plusieurs personnes le nomment *Couaraba*. Des femmes du village s'étaient établies sur la rive gauche : elles faisaient des maumies qu'elles vendaient aux marchands ; j'en achetai quelques-unes pour mon déjeûner. Nous avions deux pirogues pour effectuer le passage de la rivière : les bateliers furent très-exigeans ; ils se firent payer d'avance, et comptèrent leurs cauris deux ou trois fois, pour s'assurer qu'on ne les trompait pas. Je m'impatientais beaucoup de ce contre-temps, qui nous retardait. Les ânes donnèrent aussi une peine infinie pour les faire passer à la nage, car les pirogues étaient trop étroites pour les recevoir. Rendus au milieu de la rivière, ces animaux revenaient sur la rive d'où ils étaient partis : enfin, fatigués de ce retard, plusieurs nègres se décidèrent à leur passer une corde au cou, et, se l'attachant eux-mêmes autour des reins, se mirent à la nage, tandis que d'autres Mandingues suivaient ces bêtes, et, les frappant à coups de verges, les forçaient d'avancer. Nous arrivâmes sur la rive droite, sans éprouver d'autres embarras. Je m'adressai à une négresse mandingue, et la priai de me donner à boire dans une calebasse; elle eut la complaisance d'y ajouter un peu de farine de mil. Il était près de midi, lorsque nous nous éloignâmes des bords de la rivière, en nous dirigeant au N. E., sur une terre argileuse. La campagne en général est très-découverte; j'aperçus quelques *nauclea africana* : le sol est couvert de pierres ferrugineuses; et dans toutes les directions, on voit de petites montagnes peu élevées, dont les principales gisent du N. O. à l'E., et qui sont couvertes de cés, du moins celles que j'ai pu voir. Vers deux heures et demie du soir, après avoir fait quatre milles et demi, nous fîmes halte à Douasso, village ombragé par une infinité de baobabs et de bombax : ses puits ont douze ou quatorze pieds de profondeur; l'eau en est claire et bonne à boire.

Les environs sont très-unis et couverts de nédés. Une partie de notre caravane était restée à Couara, n'ayant pu traverser la rivière ce jour-là. Nous devions les attendre dans ce village : j'allai visiter le marché, que je trouvai garni de poissons secs et frais, de beaucoup de mil, peu de riz, de pistaches, maumies, et de coton en quantité. Les femmes de notre caravane obtinrent quelques colats de leurs maris pour acheter de ce dernier article : elles le filent, et, comme je l'ai dit plus haut, en font leur bénéfice. Je vis sous des arbres plusieurs tisserands établis. Dans la soirée, notre hôte nous fit présent d'une poule, de quelques pistaches, et d'un poisson frais, espèce de petite carpe qui est très-commune dans les marais; on se sert, pour la pêcher, d'un panier fait de branches d'arbre. Mon vieux guide, nommé Kai-mou, récita une longue prière pour le remercier, l'assura qu'il irait dans le paradis de Mahomet, et lui donna six colats, valeur dans le pays de quarante-huit cauris.

Après le souper, je m'établis dans la cour, assis sur une peau de mouton, pour prendre le frais : je me trouvai auprès d'un marchand mandingue, natif de Kong; il revenait de Jenné faire le commerce du sel; il était seul, et portait ses marchandises sur la tête. Je conversai un instant avec lui, et je pris sur son pays toutes les informations que je pus en tirer. Il me dit que Kong, lieu de sa naissance, est une grande ville, chef-lieu d'un petit arrondissement, et habité par des Mandingues mahométans; que de Douasso, où nous étions, il fallait un mois et demi pour s'y rendre avec une charge sur la tête. Je lui demandai de quel côté se trouvait son pays, et à plusieurs fois différentes il me montra le S. S. E. et le S. 1/4 S. E. J'avais une boussole de poche, dont je craignais de me servir en présence de témoins ; cette imprudence m'aurait peut-être causé beaucoup de désagrément : mais pour observer la direction la plus juste possible, je remarquai avec attention la place où il était assis, et je choisis un objet qui se trouvât vers le point de l'horizon qu'il me désignait. Le lendemain matin, sans être vu de personne, je pus m'assurer de la direction qu'il m'avait indiquée. Ce marchand me dit qu'à son retour, il évitait Tangrera, qu'il laissait cette ville sur la gauche, et qu'il passait par un gros village, très-commerçant, selon lui, habité par des Mandingues, et situé à un mois de marche de Douasso : il le nomma *Dierisso*; de là, ajouta-t-il, il mettait quinze jours pour se rendre à Koung. Il me dit aussi que le sol de son pays est uni et sablonneux, très-productif en mil, riz, ignames, cassaves, giraumons, cés, nédés, baobabs et autres plantes utiles ; que ses compatriotes sont riches en bœufs, moutons, chèvres et volailles ; qu'ils ont aussi des chevaux, mais de petite race, car il les comparait à ceux du pays où nous étions.

Il s'y tient tous les jours un grand marché. Il ajouta que la contrée est arrosée par de petits ruisseaux, et qu'il n'y a pas de rivières. On y cultive beaucoup de coton, avec lequel on fabrique de belles étoffes estimées dans le commerce. On ne trouve pas d'or dans le pays de Kong ; mais on va en acheter dans le Baunan, situé à quinze jours plus au S.

Ce dernier pays produit de l'or en quantité et des noix de colats ; les marchands y portent en échange du sel et des étoffes. Le sol de Baunan, quoique fertile et montagneux, est sans culture ; les habitans, occupés à l'exploitation des mines, tirent leurs comestibles de chez leurs voisins. Il me dit y être allé plusieurs fois, et que, passé Kong, on ne trouvait plus de nègres bambaras ; que c'étaient bien aussi des hommes à cheveux crépus, mais parlant une autre langue. Ces peuples sont tous idolâtres, et ne voyagent pas ; il y a des marchés établis chez eux. Les marchands mandingues y font le commerce, et viennent en caravane à Jenné ; ils apportent de l'or, des noix de colats, de petits pimens et du poivre long. Il me dit qu'il y avait dans ce moment à Jenné beaucoup de marchands de son pays, et que je pourrais peut-être les voir. Il part de Kong des caravanes de musulmans pour faire le pélerinage de la Mecque. Le pays de Baunan, dont ce nègre me faisait mention, peut bien être le même que le Tauman de la bonne vieille de Timé.

Le 11 février, comme nous séjournions à Douasso pour attendre une partie de nos compagnons restés en arrière, je me disposai à faire une observation approximative de la hauteur du soleil, en mesurant la longueur de l'ombre à midi. Je m'établis près d'un gros baobab, un peu éloigné du village, pour n'être aperçu de personne; malgré cette précaution, je faillis me trouver dans un sérieux embarras. Étant d'une couleur si remarquable pour les gens du lieu, ils s'aperçurent bientôt de mon absence ; on me chercha, et je fus rencontré sous l'arbre où j'étais depuis long-temps établi ; comme je me levais souvent pour visiter le bâton, j'aperçus un peu dans l'éloignement quelques femmes qui tournaient autour de moi pour m'observer. Me voyant écrire, elles s'empressèrent d'en faire part aux hommes, qui se crurent tous perdus, se figurant que j'avais ensorcelé leur village : ils se réunirent plusieurs et firent beaucoup de bruit ; ensuite ils prévinrent mon guide de me défendre d'écrire davantage. J'avoue que je n'étais pas trop rassuré sur les suites de cette affaire. On vint me déclarer d'un ton d'autorité qu'il fallait cesser mes opérations de magie ; ils me poussèrent même par le dos, et me firent des menaces. J'avais prévu que, si j'étais aperçu, j'éleverais des soupçons, et j'avais eu soin, pour les apaiser, d'écrire sur le sol au pied du bâton, en gros caractères arabes, ces mots sacramentels : *Bism' Allah erralmân errahym* (*Au nom de Dieu clément et miséricordieux*) : mais les ignorans Bambaras ne connaissent pas l'écriture et ils ne purent lire. Heureusement que j'avais fini l'opération lorsque cette scène fâcheuse arriva. On se rangea autour de moi pour m'interroger sur ce que je venais de faire ; je dis que c'était un amulette contre toute maladie, et mon guide appuya de bonne foi ce subterfuge. Enfin ils finirent par s'apaiser : plusieurs d'entre eux me prièrent de leur procurer de semblables grigris ; j'aurais employé tout le reste du jour à cet ouvrage, si j'avais voulu les croire. Je donnai à deux Bambaras un petit morceau de papier sur lequel j'avais écrit quelques caractères arabes ; ils parurent très-contens de ce présent, et le serrèrent précieusement dans un petit morceau de chiffon bien sale. Rentré dans ma case, je n'étais pas encore remis de l'émotion que j'avais éprouvée. Le vieux Kai-mou, mon guide, me demanda pourquoi j'étais resté si long-temps sous cet arbre : il m'avertit que je m'exposais, les Bambaras n'étant pas bons ; qu'il fallait me méfier d'eux ; que désormais, si je voulais écrire, je devais rester dans la cabane. Quant à lui, il était dans la persuasion que j'avais écrit des grigris. Dans la soirée, nos compagnons arrivèrent.

Le 12 février, à six heures du matin, nous quittâmes les superstitieux habitans de Douasso, et nous nous dirigeâmes au N. sur un sol très-uni parfois, et couvert dans quelques endroits de pierres ferrugineuses et de gravier. Nous fîmes quatre milles et demi dans la même direction. En avançant, je trouvai un sable bien cultivé. La campagne est généralement très-découverte ; il y a cependant quelques cés, nédés, *rhamnus lotus* et *nauclea*. Nous fîmes rencontre d'une grande caravane chargée de sel, venant de Jenné; elle était composée d'environ deux cents hommes, soixante femmes et vingt-cinq ânes. Vers neuf heures du matin, nous fîmes halte à Sanasso. Depuis Toumané jusqu'à Jenné, le bois est si rare, que la majeure partie des habitans brûlent le chaume du mil. Ce village est ombragé de bombax et de baobabs; comme tous ceux des Bambaras de cette région, il est construit en briques cuites au soleil : les maisons n'ont que le rez de chaussée; elles sont très-sales, et toutes entourées de murs.

Le 13 février, nous dirigeâmes notre route, à six heures du matin, au N. N. E. : après avoir fait six milles, nous traversâmes un grand marais desséché; la campagne était encore plus découverte que la veille; le sol très-uni, composé de sable gris très-dur. Vers neuf heures du matin, nous nous arrêtames à Garo, grand village qui peut contenir huit à neuf cents habitans. Il est situé dans une belle plaine bien cultivée en coton et mil; autour des cases, on cultive un peu de tabac. Il s'y tient un grand marché.

Le 14 février, nous nous mîmes en route à six heures du matin, et nous fîmes au N. quatre milles sur un même sol que la veille; vers huit heures, nous fîmes halte à Béré, village dont les environs sont couverts de nédés et de cés. Je remarquai sur la surface du sol beaucoup de pierres ferrugineuses ; il y existe plusieurs fourneaux pour la fonte du fer. Nous étions logés chez un forgeron, qui m'enseigna le procédé qu'on emploie à cet effet. On concasse avec un marteau les pierres contenant les particules ferrugineuses, et l'on fait, dessus et dessous, un grand feu. Ces fourneaux sont construits comme ceux que j'ai décrits en parlant du Fouta-Dhialon. Le fer étant fondu, on lui donne une forme convenable, et il est porté à Jenné pour être échangé contre du sel. Les forges étaient construites comme celles des forgerons du Sénégal ; mais ceux d'ici n'avaient pas autant d'outils. Leurs soufflets sont faits de deux peaux de mouton ou de cabri ; ils ont une toute petite enclume et deux marteaux pour frapper. Ils emploient du charbon de bois, quoique très-rare. L'emplacement des forges est un bâtiment étroit et long, fait sans aucun art : il y a sept portes ordinaires donnant toutes à l'O. Je me défis dans ce village de quelques verroteries : ces pauvres Bambaras étaient tout émerveillés de la beauté de celles que je leur montrais ; j'avais soin de ne leur en faire voir que très-peu.

Le 15 février, à six heures du matin, nous nous mîmes en route au N. N. E., et fîmes cinq milles sur le même sol que la veille. Vers neuf heures, nous fîmes halte à Nibakhasso, village de six à sept cents habitans, ayant un marché bien fourni. Les habitans étaient en fête ; ils dansaient et chantaient ; les vieillards étaient rassemblés autour de grandes calebasses de bière, buvant, chantant, fumant et s'enivrant à la ronde. Ils avaient auprès d'eux quelques musiciens qui rendaient la scène plus joyeuse. Ils tuèrent ce jour-là un chien bien gras, et le firent griller avec la peau ; quoiqu'il fût à peine cuit, le maître mit beaucoup d'empressement à le vendre : chacun en achetait un peu pour cinq ou dix cauris, le mangeait avec avidité, et buvait par dessus un verre de bière. Cette viande était rougeâtre, mais avait bonne mine, et je crois qu'elle valait beaucoup mieux que celle du chameau, que depuis j'ai été obligé de manger dans le désert. Les Mandingues étalèrent leurs boutiques de colats, et en vendirent beaucoup aux joyeux Bambaras : je vendis aussi ceux que j'avais depuis Tangrera ; ils les achetèrent de préférence. Il y a dans le pays des fabricans de bière, qui la vendent au détail : j'aurais bien desiré en goûter pour en connaître le goût ; mais ma qualité de musulman m'en empêchait. Ils s'établissent les jours de fête dans les lieux d'assemblée, et ils sont bientôt entourés par les amateurs de cette boisson, qu'ils distribuent dans de petites calebasses : je m'aperçus qu'ils avaient soin de se faire payer, et de refuser à ceux qui n'avaient pas de monnaie. Dans la soirée, étant presque tous ivres, ils firent caracoler leurs chevaux, au nombre de douze ou quinze, au son de plusieurs tambours. La jeunesse dansa toute la nuit. Le vieux Kaï-mou, mon guide, fit un extraordinaire; il acheta une grosse poule pour notre souper, et je donnai du sel pour assaisonner la sauce; nous fîmes un assez bon repas.

Le 16 février, à six heures du matin, nous nous mîmes en route, et fîmes quatre milles au N. N. E., sur un sol composé de sable et de gravier, où il croît beaucoup de nédés et de cés, quelques mimosas, figuiers sauvages, *rhamnus lotus* et bombax. Nous arrivâmes à onze heures du matin à Ouattouro. Nous rencontrâmes une caravane de marchands venant de Jenné: ils nous apprirent que la guerre entre Ségo et cette ville interceptait les communications, et que les Maures marchands n'allaient pas à Sansanding; qu'ils étaient retenus par la crainte de cette guerre; enfin que les noix de colats, à Jenné, n'avaient aucune valeur. Le marché de Ouattouro se tient à l'ombre des bombax; il est bien fourni en poisson sec, mil, un peu de riz, et viande de boucherie.

CHAPITRE XVII.

Coton herbacé ou annuel. — Coloni. — Les Iolas, tribu de Foulahs. — Bancousso. — Carabara. — Pays marécageux. — Cordes d'hibiscus. — Fabrication des briques. — Construction des habitations. — Kérina. — Foudouca. — Médina. — Pain de lotus. — Toumadioman. — Manianan. — Arrivée le 10 mars à Galia, sur les bords du Dhiolibâ, en face de Jenné.

Le 17 février, à six heures du matin, nous fîmes route au N. La caravane, intimidée par les bruits anticipés de la guerre de Ségo, et se trouvant dans les environs de cette ville, se mit sur ses gardes. A peu de distance du village, nous fîmes halte pour nous rallier. On divisa en deux parties les hommes chargés, qui étaient tous armés d'arcs et de flèches ; on plaça les femmes entre ces deux corps ; les vieux marchands et les chefs de la caravane qui conduisaient leurs ânes fermaient la marche. Je m'assis un instant pour les voir défiler, ce qui dura au moins un quart d'heure. Cette marche, bien observée, donnait à la caravane un air imposant : lorsqu'on voulait prendre du repos, l'avant-garde s'arrêtait avec les femmes, et l'arrière-garde continuait à marcher jusqu'à une certaine distance, puis s'arrêtait à son tour, attendant que ceux qui s'étaient reposés les premiers eussent passé devant. Les vieillards conducteurs des ânes se trouvaient alors à la tête, et s'arrêtaient aussi jusqu'à ce que toute la caravane eût défilé; alors ils reprenaient leur place habituelle à l'arrière-garde. Nous fîmes quatre milles au N. N. E., même sol que la veille. Vers onze heures du matin, on s'arrêta à Saraclé, petit village muré, où il y a un marché très-bien fourni. A l'entrée, nous vîmes un puits creusé dans un sol de terre grise mêlée de sable et de beaucoup de gravier; il pouvait avoir de quinze à dix-huit pieds de profondeur ; l'eau en est claire et délicieuse à boire : ce puits n'est pas entouré ; il est au niveau du sol, comme tous ceux que j'avais vus jusqu'alors; mais il y a auprès un grand trou formant une mare, où les négresses jettent l'eau dans laquelle elles ont lavé leur linge. Quoique cette eau soit très-sale, les hommes et les femmes s'y lavent la figure tous les matins; plusieurs personnes de notre caravane suivirent cet exemple. Il y a dans la campagne quelques mimosas, beaucoup de cés et de nédés. Il vient à ce marché un grand nombre de marchands de Ségo et d'autres pays environnans; plusieurs qui en arrivaient me dirent que la capitale du Bambara se trouve à quatre jours au N. N. O. de Saraclé. Je vendis au marché quelques verroteries, et des morceaux d'indienne de couleur de dix-huit à vingt pouces de long sur quatre de largeur, à trois cents cauris pièce, valeur d'un franc cinquante centimes. Les femmes se servent de ces étoffes pour se les mettre autour de la tête, en les inclinant un peu sur le front; elles n'ont pas d'autre genre de coiffure.

Le 18 février, au moment de notre départ, un des hommes du vieux Kai-mou prit mon bagage avec dédain, le mit de côté, et, m'adressant la parole d'une manière très-brusque, me dit que désormais il fallait que je le portasse moi-même. Je ne fis aucune attention à son impertinence, et tournai la tête de l'autre côté, n'ayant nullement affaire à lui; mais son intention était de m'humilier. Pendant tout le temps que je suis resté chez les Mandingues, je n'ai pas vu d'homme semblable à celui-ci : il était plein de suffisance, fier et insolent; il insultait souvent les Bambaras, en leur vendant ses marchandises; il les méprisait et se croyait très-supérieur à eux. Il s'en trouva cependant un qui lui tint tête, et lui mit le poing sous le nez, en le menaçant de punir son insolence. Notre arrogant, qui, comme tous les poltrons, n'était brave que quand il se croyait le plus fort, se tut sur-le-champ, et parut même épouvanté : une dispute eût attiré en effet une foule nombreuse de Bambaras, et aurait peut-être amené une affaire grave. Au moment de notre départ, Kai-mou ordonna d'arranger les charges, et celui qui avait l'habitude de porter mon sac le mit dans son bagage. Cette scène avait été occasionnée par une petite discussion que j'avais eue à Ouattouro avec mon vieux guide, et voici comment : étant au marché, j'achetai pour vingt cauris de riz ; je priai ce dernier, qui en avait acheté aussi pour ce prix, de le mettre avec le sien ; il s'y refusa, et me donna quelques raisons que je ne compris pas. Je m'aperçus qu'il parlait un peu en maître ; je lui répondis sur le même ton. Il resta plusieurs jours sans m'adresser la parole, et il conserva même une sorte d'animosité contre moi.

A six heures du matin, nous fîmes route au N. E. sur un sol très-uni, composé de sable : la campagne est très-découverte; cependant il y a des cés, des nédés, des mimosas, et quelques *rhamnus lotus*. La caravane observa pour la marche le même ordre que la veille. La chaleur, plus forte qu'à l'ordinaire, était accablante : après avoir marché pendant quatre milles, nous fîmes halte au village de Bamba, ombragé par des baobabs. Pendant que j'étais au marché, je remarquai que les femmes avaient une boucle de verroterie au nez; quelques-unes l'ont en or, et d'autres en cuivre. Ce village peut contenir trois à quatre cents habitans. On m'assura qu'à trois jours au N. O., on trouve le Dhioliba, et que le quatrième jour, à midi, on arrive à Ségo.

Dans la soirée, nous fûmes importunés par plusieurs chanteuses ; ces femmes fatiguent les voyageurs, pour en obtenir quelque chose. Le vieux Kai-mou leur donna deux colats pour se débarrasser d'elles ; puis, m'apercevant dans un coin, elles vinrent m'étourdir : mais, comme je n'avais rien à leur donner, je quittai la chambre ; elles ne parurent pas très-satisfaites de cette conduite. Ces chanteuses sont suivies de plusieurs petites filles bien habillées ; elles ont chacune une petite calebasse pour recevoir ce qu'on leur donne, tandis que le concert continue. Un peu plus tard, nous fûmes de nouveau importunés par de semblables mendians, qui chantaient à haute voix des prières du Coran ; ils restèrent à la porte, et on leur donna quelques noix de colats.

Le 19 février, à six heures du matin, nous nous mîmes en route dans la direction du N. E. Nous fîmes trois milles sur un sol de même nature que les jours précédens, et bien découvert. Je vis plusieurs champs de coton d'une très-petite espèce. En route, une pauvre femme, portant un lourd fardeau, fut prise du mal d'enfant, et, sans secours, accoucha dans un champ de coton. Nous continuâmes à marcher, laissant cette malheureuse avec deux de ses camarades. Le lendemain, je fus fort étonné de la voir suivre la caravane, avec une calebasse vide sur la tête ; ses traits étaient altérés.

Nous fîmes halte à Sanço, où nous passâmes le reste du jour. Il y a, aux environs de ce village, beaucoup de cultures de coton, d'une espèce que je n'ai jamais vue sur les bords du Sénégal ni aux environs de Sierra-Leone; il est herbacé, et ne croît qu'à cinq ou six pouces au-dessus du sol; il ne jette que très-peu de branches; la plante a le même port que le grand coton. Parvenu à sa crue, il produit; mais sa laine est d'une qualité bien inférieure; elle est très-courte et pas d'un très-beau blanc. Ils ont aussi un cotonnier qui croît à quatre ou cinq pieds; il est en petite quantité autour de leurs habitations. Le coton nain est cultivé dans des terrains éloignés du village; il est très-répandu : ils le sèment à la volée parmi leurs champs de mil, comme dans le Ouassoulo : ce coton est annuel. Ils en vendent beaucoup aux femmes des caravanes qui continuellement passent dans leur pays : ils en font aussi des toiles étroites, comme dans tout l'intérieur; car, à mesure que j'avançais vers les bords du Dhioliba, j'apercevais un grand changement dans l'industrie des naturels. Ici ils sont beaucoup mieux habillés; ils s'adonnent au commerce; leurs marchés sont mieux approvisionnés, leurs cultures mieux soignées. Tous les comestibles y sont très-chers; souvent on a bien de la peine à s'en procurer, ce qui vient de la grande quantité d'étrangers qui passent, et qui font une forte consommation. Dans cette partie du Bambara, ils n'ont pour nourriture que le gros et le petit mil. Le riz n'y vient qu'en très-petite quantité. Les ignames, d'un si grand secours dans le S., sont dans cette partie si petites et d'une qualité si inférieure, qu'on en cultive très-peu : dans les marchés, j'en voyais quelquefois une douzaine au plus; elles étaient extrêmement chères. Les voyageurs en achètent, et les font griller sur des charbons, pour les manger le matin de leur départ, ou en route lorsqu'ils se reposent. Les environs de ce village sont boisés en cés et en nédés; on récolte beaucoup de fruits des premiers, dont on extrait le corps gras, qui est vendu ensuite à Jenné, ou aux caravanes qui passent. La plus grande partie des habitans ne brûlent que le chaume du mil; le bois est si rare, que ceux qui en ont vont le vendre au marché.

Le 20 février, à six heures du matin, nous nous mîmes en route, en nous dirigeant au N. E. pendant six milles, sur un sol composé de sable gris, très-dur. La campagne est généralement unie et découverte. Je vis quelques *nauclea* et des nédés, mais en petite quantité. La chaleur, déjà très-forte, fut augmentée par un vent brûlant venant de l'E. Vers onze heures du matin, nous fîmes halte à Saga, joli petit village ombragé par des bombax. On continuait désormais à ne plus faire aucune attention à moi; on me regardait comme un Maure : mes belles étoffes de couleur et mes verroteries, que j'étalais au marché en petite quantité, occupaient entièrement les esprits. Dans toute cette contrée, le costume est à-peu-près le même que dans le S.; à l'exception qu'on y est beaucoup plus propre. Les femmes portent aussi leurs cheveux en tresses. On peut les comparer aux femmes mandingues de Timé et de Tangrera, mais non aux femmes bambaras, qui vont presque nues. Elles ont, de plus que celles-ci, une boucle au nez, comme je l'ai dit plus haut.

Le 21 février, à six heures du matin, nous fîmes route vers le N. E., l'espace de cinq milles et demi, la caravane observant toujours le même ordre de marche. Le sol est semblable à celui des jours précédens, à un peu de gravier près. La campagne est bien cultivée en mil. Je vis quelques *rhamnus lotus*. Nous arrivâmes à dix heures du matin à Coloni, joli petit village situé dans une grande et belle plaine fertile et bien cultivée : il est entouré d'une infinité de gros bombax. A mon arrivée, j'allai m'asseoir par terre, à l'ombre d'un arbre où il y avait quelques marchandes ; j'achetai des pistaches bouillies pour mon déjeûner, et j'y joignis quelques galettes. Comme je prenais mon frugal repas, je fus accosté par un Foulah du Massina, que j'avais déjà vu à Sanasso ; il s'assit auprès de moi par terre, et fut bientôt imité par beaucoup de ses camarades. Ce nègre était déjà instruit sur mon compte : il leur débita mon histoire, leur dit que j'étais chérif, et que je sortais de chez les chrétiens, pour lesquels ils témoignèrent une grande aversion : ils me fatiguèrent par leurs questions importunes, et me conseillèrent, lorsque je serais à Jenné, d'aller voir Ségo-Ahmadou, qui certainement me ferait de grands présens, et me donnerait un guide pour me conduire dans mon pays. Tous ces Foulahs étaient établis à Coloni et natifs du Massina, pays qui se trouve un peu au N. O. de Jenné. Le village de Coloni est le premier de la dépendance de Ségo-Ahmadou, leur chef, et il fait partie du petit royaume de Jenné. Ce pays fut conquis sur les Bambaras par les Foulahs : Ségo-Ahmadou y a établi des mosquées; les Bambaras, qui ne professent pas le culte de Mahomet, paient un léger tribut à ce chef. Il y a beaucoup de Mandingues établis dans le pays; on ne leur donne pas communément ce nom, mais on les appelle *Jaulas* ou *Diaulas* ou *Iolas*. Ce sont eux qui font la plus grande partie du commerce. Les Foulahs qui habitent ce pays n'ont d'autre occupation que l'étude de la religion; ils ont beaucoup d'esclaves qui cultivent les terres et pourvoient aux besoins de leurs maîtres. Ces Foulahs ont le même costume que ceux du Fouta-Dhialon, et ils sont aussi propres qu'eux : leurs cheveux, leur teint et les traits de leur visage, sont les mêmes; ils sont grands, bien faits, et ont un port majestueux; ils parlent la langue du Fouta et celle des Mandingues : ils sont tous armés de trois ou quatre lances qu'ils tiennent d'une seule main; les hampes en sont très-minces et de cinq pieds de long. Le village de Coloni est entouré de deux murs en terre; il peut contenir quatre cents habitans, Foulahs, Bambaras et Mandingues; il est ombragé par de grands mimosas et quelques bombax. Nous fûmes logés dans une cabane située dans la cour du Foulah de ma connaissance, qui m'y vint voir souvent : il était presque toujours accompagné de quelques-uns de ses camarades, qui me donnèrent quelques noix de colats, fruit qu'ils paraissent aimer beaucoup. Quant à mon hôte, il se borna, dans ses fréquentes visites, à m'accabler de questions, et ne me fit aucun cadeau. Il me demanda si j'avais de l'or à lui vendre : selon lui, puisque je venais de Bouré, où il y en avait beaucoup, je devais en avoir. Quoique je lui eusse assuré à plusieurs reprises que j'étais pauvre, et que je n'avais pas d'or, il ne cessait de me faire la même interpellation. Dans la soirée, un homme de notre caravane acheta un cabri qu'il tua par spéculation; il en fit de petits lots d'une valeur de quatre-vingts cauris, que ses camarades achetèrent; j'en achetai aussi pour mon souper, car depuis plusieurs jours je faisais assez mauvaise chère; je partageai cette viande avec mon guide et ses gens. La chambre où nous étions pour passer la nuit, était si incommode, à cause de la fumée, que je me décidai à coucher dans la cour. J'étais tellement enrhumé, que je ne pus reposer; la continuité de la toux m'affecta la poitrine au point de me faire cracher le sang.

Le 22 février, à sept heures du matin, comme nous nous disposions à partir, la scène de Saraclé se renouvela. Le même nègre eut l'insolence de jeter mon sac en cuir devant la porte, et il me dit d'un ton brusque et insolent qu'il fallait que je le portasse sur ma tête; que l'homme qui en était chargé était malade : je ne l'écoutai pas, et m'éloignai de lui; mais tous les jours il cherchait à m'insulter, et il me fallut appeler la prudence à mon secours pour ne pas lui répondre. Je restai un instant auprès d'une marchande de maumies; j'en achetai quelques-unes pour mon déjeûner : on m'avait prévenu que nous avions une longue route à faire. Je vis tous nos gens défiler avec leurs charges sur la tête, laissant là mon bagage. Comme mon guide ne disait rien au nègre insolent, je crus qu'il ne voulait plus se charger de mes effets; reprenant donc une natte et quelques bagatelles que j'avais mises sur la tête d'une négresse, je me décidai à rester dans le village et à changer de guide. Le vieillard, qui conduisait son âne, n'était pas encore parti; il me dit que j'avais eu tort de reprendre ce que portaient les femmes qui étaient déjà bien avant; qu'il ne fallait pas faire

attention à ce que le nègre me disait; qu'il n'y avait
ici d'autre maître que lui; que celui qui avait habitude
de porter mon bagage avait effectivement mal au cou,
mais qu'il avait son âne qui suppléerait à ce petit malheur. Enfin il ajouta que, s'il avait voulu que je portasse
mon bagage, il me l'aurait dit lui-même : toutefois je
crois que si je m'étais mis en devoir de le porter, il
ne s'y serait pas opposé, car son âne était assez chargé.
Je lui déclarai que si cette scène se renouvelait, je
changerais de guide; qu'en payant comme je le faisais,
j'en trouverais toujours. Je lui avais fait un joli cadeau
en indienne de couleur et en papier, et je devais le
payer en arrivant à Jenné. Je me plaignis qu'il n'eût
pas réprimé l'insolence de son esclave : il paraissait
de très-mauvaise humeur; toutefois, il mit en murmurant mon bagage sur son âne, et nous continuâmes
à marcher. Je le suivais ayant à la main la natte sur
laquelle je couchais, un pot en terre et mon parapluie;
lorsque nous eûmes rejoint les gens de notre suite,
je fus quitte de cet embarras, car les femmes s'en
chargèrent. Plusieurs Foulahs de Coloni vinrent me
conduire à une petite distance; et lors de notre séparation, ils me prièrent de leur donner ma bénédiction :
l'un d'eux mit une de ses mains dans la mienne, les
autres l'imitèrent; je marmottais tout bas quelques
versets du Coran; puis, quand je voulus terminer, je
leur soufflai sur les mains, qu'ils s'empressèrent de

porter à leur figure, en s'écriant d'un air dévot, *Alamdoul-illahi*, puis ils s'en allèrent satisfaits.

Nous atteignîmes la caravane, qui s'était arrêtée un peu pour disposer la marche comme les jours précédens. Nous fîmes cinq milles vers l'E. ; la route était très-belle, la campagne plus boisée que la veille et couverte de paille sèche, le sol composé de sable très-dur. Nous traversâmes un ruisseau qui nous retint long-temps : les hommes et les femmes se mirent tout nus pour le traverser ; l'eau leur venait à la ceinture. Ceux qui n'étaient pas chargés le passèrent sur un pont chancelant construit de plusieurs piquets plantés perpendiculairement dans le ruisseau, et de quelques perches en travers assez mal liées ; on posait les pieds sur ces perches, et l'on se tenait aux piquets ; on courait à chaque instant les plus grands risques de tomber à l'eau. Cependant il n'arriva pas d'accidens; tous gagnèrent la rive droite. Les bords de ce ruisseau sont bien boisés. Nous continuâmes notre route, et fîmes au S. E. cinq milles, sur un sol composé de sable couvert de gravier; la chaleur était très-forte, et rendait la marche pénible. Nous arrivâmes, vers onze heures du matin, à Bancousso, grand village de cinq à six cents habitans, qui est situé dans une belle plaine bien cultivée et ombragée de beaucoup de baobabs. Il y a dans ce village un grand marché bien fourni de toutes les productions du pays. J'y remarquai beaucoup de toile de coton et de pots en terre fabriqués sur les lieux.

Le 23 février, à six heures du matin, nous fîmes six milles au N. E. Nous traversâmes un ruisseau presque à sec, et continuâmes à faire sept milles dans la même direction. Le sol est uni, composé de sable gris, et, dans quelques parties, de terre rouge mêlée de gravier : la campagne est très-découverte ; je n'aperçus qu'un petit nombre de nédés et de cés. La chaleur était accablante, et nous incommodait beaucoup : nous fûmes d'autant plus malheureux, que nous ne trouvâmes que très-peu d'eau sur la route ; il n'y en eut même pas pour tout le monde. Nous arrivâmes vers deux heures du soir à Gniapé ; nous étions tous très-altérés, et épuisés de fatigue. Les environs de ce village sont assez bien cultivés. Le vieux Kai-mou, mon guide, eut une dispute sérieuse avec une de ses femmes, qui lui tenait tête ; il la menaçait souvent de la frapper : elle eut l'imprudence de le défier ; alors le vieillard en colère la battit impitoyablement. La malheureuse se saisit d'un bâton pour se défendre ; mais elle en fut empêchée par plusieurs Mandingues de la caravane, qui, attirés par le bruit, vinrent les séparer. Ne pouvant se venger, elle eut recours aux pleurs, et se frappait le sein de rage. C'est la seule fois que j'aie vu une femme se défendre contre son mari et même lui résister. La brouille dura encore long-temps : il régna entre eux une animosité très-grande ; ils ne se parlaient même plus ; la paix fut très-longue à se faire : enfin un nègre mandingue vint pendant trois ou quatre jours de suite s'interposer pour les raccommoder ; ses discours eurent quelque influence, et finirent par ramener le calme entre les deux époux ; la femme fut obligée de convenir qu'elle avait tort, car le mari n'aurait jamais cédé. Pour cimenter la paix, celui-ci cassa une noix de colats, et en donna la moitié à sa femme, puis mangea l'autre : dès ce moment tout ressentiment disparut. Les femmes de ces contrées oublient facilement ces sortes de querelles ; elles y sont habituées.

Le 24 février, à six heures du matin, nous nous mîmes en route à l'E. S. E., et nous fîmes trois milles sur un sol semblable à celui de la veille. On rencontra une caravane de marchands mandingues, venant de Jenné ; et la nôtre fit halte à huit heures du matin à Couriban-Sanço, où nous passâmes le reste du jour.

Le 25 février, nous nous mîmes en route au lever du soleil, et nous dirigeâmes à l'E. N. E. pendant huit milles ; le sol, le même que les jours précédens, continue d'être très-découvert. Nous arrivâmes vers dix heures du matin à Kimpana, petit mais joli village où nous passâmes la nuit.

Le 26 février, à six heures du matin, nous nous

mîmes en route au N. E., et fîmes six milles sur un sol couvert de petit gravier; il y croît quelques *rhamnus lotus*, et d'autres arbres que je ne connais pas. A dix heures, nous fîmes halte à Carabara, village contenant cinq à six cents habitans, où il se tient un grand marché : les puits sont situés hors de l'enceinte; ils peuvent avoir douze ou quatorze pieds de profondeur; l'eau en est très-bonne.

Le 27 février, à six heures, nous nous mîmes en route au N. N. O.; nous fîmes six milles dans cette direction. Le sol est couvert de petit gravier ; les cés et les nédés commencent à n'être plus aussi communs; il y croît quelques bombax et mimosas. Il était près de onze heures, lorsque nous fîmes halte à Nenesso, village dont les environs sont bien cultivés en mil, coton, etc. : il y a aussi quelques baobabs.

Le 28 février, à six heures du matin, nous fîmes au N. N. O. quatre milles, sur un sol composé de sable dur et bien cultivé, où il croît beaucoup de gros baobabs. Nous fîmes halte à Nomou, joli village situé dans une belle et grande plaine très-découverte, où l'on aperçoit beaucoup de belles cultures de coton, ainsi que de beau tabac dont les feuilles sont très-longues et se terminent en pointe; il ne manque aux habitans que la manière de le bien préparer pour qu'il soit aussi bon que le nôtre. Ils donnent à cette culture des soins particuliers : ils sèment la graine sur couche; et lorsque la plante a acquis une croissance convenable, ils préparent leur terre, en lui donnant deux labours, la divisent en petits carrés, et y transplantent les pieds de tabac à dix-huit pouces les uns des autres. Ils ont soin de les arroser deux fois par jour; ils creusent, pour cet effet, des puits près de leurs plantations. Ils ne récoltent les feuilles de tabac que lorsque la plante est en graine, car ils ne connaissent pas l'usage de l'étêter. Ils font de cette substance une grande consommation; ils en prennent en poudre, fument beaucoup; c'est la seule distraction des vieillards : ils ont des pipes aussi grandes et de même forme que celles des peuples du Ouassoulo; pour le prendre par le nez, ils se servent d'un petit pinceau. Le costume de ces peuples, leurs mœurs et leurs habitudes sont par-tout les mêmes.

Le 29 février, à six heures du matin, nous prîmes notre direction au N. E., et marchâmes pendant quatre milles sur le même sol que la veille, toujours aussi découvert. Nous fîmes halte à Tamero : comme j'étais au marché pour acheter quelques galettes, une femme assez bien vêtue vint m'accoster, et, me prenant pour un Arabe, me dit qu'il y avait dans le village un Maure malade, qu'elle m'engagea à venir voir; je la suivis, et je trouvai ce malheureux assis à l'ombre d'un baobab, occupé à se débarrasser de la vermine qui le tourmentait. Il me parut très-pauvre; il était aussi mal vêtu que moi, et avait une plaie au pied qui l'empêchait de marcher. Il me fit asseoir par terre, auprès de lui, et me demanda d'où je venais : il fut étonné d'apprendre que mon pays était Alexandrie; il me dit en avoir entendu parler, mais que c'était très-loin; il m'apprit alors qu'il était de Tafilet et qu'il desirait bien y retourner, mais que dans ce moment, étant dans l'impossibilité de marcher, il était logé chez un bon nègre mahométan qui le nourrissait pour l'amour de Dieu. Son état de misère me fit compassion; je lui donnai quelques verroteries. De retour à notre logement, j'annonçai à mon guide que j'avais rencontré un Arabe qui connaissait mon pays; il en fut enchanté, et parut plus gai qu'à l'ordinaire.

Je trouvai au marché d'assez bon poisson sec que j'achetai pour mon souper; j'en fis part à mes compagnons de voyage. Le village de Tamero est composé, comme tous les autres, de plusieurs enclos murés, il est ombragé par une infinité de baobabs, et peut contenir trois ou quatre cents habitans. On recueille avec soin le fruit et les feuilles de cet arbre, dont les habitans font un grand commerce.

Le 1.er mars, partis à six heures du matin, nous fîmes au N. N. E. cinq milles : nous avions traversé, un peu après le village, un grand marais inondé, où l'on avait de l'eau jusqu'à la ceinture : ce marais est peuplé d'une infinité d'oiseaux aquatiques, tels que le pélican, l'aigrette, l'oiseau trompette, le marabou, le plongeon, le canard de Barbarie, la sarcelle, et une infinité d'autres espèces que je ne pus distinguer. Les naturels ne font pas la chasse à ces oiseaux, car la poudre est chez eux un objet très-rare. Après avoir traversé le marais, nous marchâmes sur du sable mouvant ayant cependant quelque consistance. Il y croît des tamariniers, des samps en quantité, des *rhamnus lotus*, le cé, le nédé, et quelques baobabs. Vers neuf heures du matin, nous fîmes halte à Syenço; les habitans étaient occupés à serrer les fruits du baobab : Ils en cassent la coque avec un gros morceau de bois, retirent la pulpe qu'ils font bien sécher au soleil, puis la pilent légèrement pour en extraire la fécule, qui est très-estimée dans le pays; ils en mettent dans leurs sauces, et s'en servent à la place du miel, pour préparer leur dokhnou ou provision de campagne. On fait dans ce village beaucoup de cordes avec le chanvre (*hibiscus cannabinus*) découvert à Gambie par un Français du nom de Baudry, et qui s'emploie au même usage dans le Sénégal. Ici on ne se sert pas de métier pour fabriquer ces cordes; on les tord à la main : aussi ne sont-elles pas fortes; ce qui peut venir encore de ce que ce chanvre n'a pas été mis à l'eau avant d'être employé, et qu'il est récolté trop sec. J'achetai deux de ces cordes, qui pouvaient avoir trois brasses de long et un pouce de grosseur; je les payai quinze cauris pièce, valeur de six liards. Je fis rencontre d'un homme de Jenné, qui me parut doux et affable : comme je me plaignais de la fatigue de la route, il m'engagea à prendre patience, en me disant que nous n'avions que peu de chemin à faire pour nous rendre à cette ville.

Le 2 mars, à six heures du matin, nous quittâmes Syenço, et nous marchâmes entre le N. et l'E. l'espace de sept milles ; un peu après le village, nous avions traversé un marais, ayant de l'eau jusqu'aux genoux. Le sol est couvert de gras pâturages. Vers onze heures, nous fîmes halte à Somou, village situé dans une plaine très-découverte et bien cultivée. En visitant le marché, je fus étonné de la grande quantité de poisson qui s'y trouvait ; j'en achetai un pour mon souper, que je trouvai délicieux. J'achetai en même temps de petits pains de lotus, qui me parurent avoir un fort bon goût ; ils ressemblaient par la couleur au pain d'épice, mais étaient un peu acides : on les fait avec les fruits du *rhamnus lotus*, dont parle Mungo-Park. Il y avait à ce marché des femmes qui vendaient du chaume de mil, attendu la rareté du bois dans ce pays. Je vis aussi, mais en petite quantité, du soufre en bâton, qui se tire des marchés de Jenné, Ségo, Sansanding et Yamina ; je n'ai pu savoir quel usage on en fait ici. Tous les villages sur cette route, depuis Oulasso jusqu'à Jenné, sont construits en briques séchées au soleil. Ces briques, longues d'un pied, larges de huit pouces, et épaisses de deux et demi, sont faites sans le secours d'un moule : la terre étant délayée à une consistance convenable, les fabricans en étendent sur le sol des couches très-longues; et à moitié sèches, ils les coupent, et les tournent de côté et d'autre pour en terminer la dessiccation. Leurs maisons, ou plutôt leurs cahutes, sont élevées de huit à neuf pieds, longues de douze à quatorze, et larges de huit; les murs ont dix-huit pouces d'épaisseur, et sont faits sans art; ils ne se donnent pas la peine de les crépir. Les maisons sont toutes à terrasse; la charpente est soutenue par de gros piquets plantés intérieurement et à des distances convenables; au milieu de la chambre, on met aussi des piquets qui soutiennent le toit. Le tout est si mal construit, que le mur ne pourrait soutenir long-temps la charpente, qui est très-lourde, faite en branches d'arbre non façonnées et recouvertes en terre. Ces cabanes n'ont, en général, qu'une porte, pas de cheminées; et quand on y fait du feu, ce qui arrive tous les soirs, il y fume tellement qu'il est presque impossible d'y rester : pour moi j'aimais mieux coucher dehors. Les entrées ont cinq pieds de haut, et une largeur ordinaire; elles ferment par le moyen d'une porte en paille, peu solide et mal jointe. Chaque habitant a plusieurs de ces maisons; tous ont dans leur cour de petits magasins ronds, en terre, couverts en paille, où ils serrent leurs provisions de l'année. Les villages de cette contrée sont de la plus grande monotonie, et bien loin d'être aussi gais que ceux qui sont situés au S.: je n'avais plus le plaisir de voir les habitans danser et s'amuser.

Le 3 mars, au lever du soleil, nous nous mîmes en route, et fîmes au N. E. cinq milles. A un mille et demi de Somou, nous traversâmes un grand marais; nous y avions de l'eau jusqu'au-dessus du genou : ce marais, qui nourrit beaucoup de poissons, est couvert d'oiseaux aquatiques ; dans la partie du N. O., il forme un grand lac, et dans celle du S. O., il est rempli de grandes herbes. Nous fîmes encore sept milles au N. N. E. : le sol est en général très-uni, découvert et composé de sable dur. Il pouvait être midi lorsque nous arrivâmes bien fatigués à Kinina, village contenant environ deux cents habitans, et qui est entouré d'une infinité de ronniers.

Le 4 mars, à six heures du matin, nous nous remîmes en route au N. N. E. Après deux milles dans cette direction, nous tournâmes à l'E. N. E.; puis nous reprîmes le N. N. E., et fîmes en tout dix milles. Le sol a un aspect très-aride ; il est couvert de pierres volcaniques et de gravier rouge. Vers onze heures, nous arrivâmes à Kirina, joli village environné d'une infinité de bombax et de baobabs, qui peut contenir cinq à six cents habitans : la majeure partie sont cordiers; ils vendent leurs cordes aux caravanes qui passent dans le pays; ils en portent aussi à Jenné; on s'en sert pour la construction des pirogues qui font le voyage de Temboctou. Quelques-unes de ces cordes étaient faites de chanvre; mais la plus grande partie étaient en écorce d'arbre et en feuilles de ronnier. On nous offrit aussi de nous vendre des couteaux fermans; ils étaient assez bien faits; c'était la première fois que j'en voyais dans l'intérieur : ils n'étaient pas de fabrique européenne; je présume qu'ils venaient de Tafilet.

Il y a dans le village quelques puits qui peuvent avoir douze ou treize pieds de profondeur, creusés dans un sol aride, plein de gravier et de petits cailloux; l'eau en est claire et très-bonne.

Le 5 mars, à six heures du matin, nous quittâmes le joli village de Kirina, et fîmes au N. E. quatre milles, sur un sol le même que celui de la veille. Nous fîmes halte à Foudouca, autre village ombragé par quelques nédés et baobabs. Les vivres y sont très-chers. Il peut contenir cinq à six cents habitans; c'est à-peu-près le terme ordinaire de la population des villages que j'ai visités, même jusqu'à Jenné. Ils sont, comme je l'ai déjà dit, murés, mais partiellement; car le village est quelquefois composé de quatre à cinq petites enceintes, qui servent chacune à loger deux ou trois familles. Les puits qui s'y trouvent ont sept ou huit pieds de profondeur.

Le 6 mars, au lever du soleil, nous nous mîmes en route, en nous dirigeant au N. E., puis au N. O., l'espace de six milles. Le sol est toujours le même, mais la campagne plus découverte que les jours précédens. Je remarquai beaucoup de champs de mil, qui avaient été cultivés dans la saison des pluies : une partie du chaume restait encore sur le sol. Vers onze heures du matin, nous fîmes halte à Médina : les environs en sont très-bien cultivés ; le marché est petit, mais assez fourni : j'y ai vu de très-beau poisson frais et d'autre séché à la fumée ; on m'assura que le poisson frais, qui avait deux pieds et demi de long et un pied de circonférence, la peau sans écailles et la tête un peu alongée, se pêche dans le Dhioliba. Ce poisson a une très-grosse arête, sans aucune petite ; j'en achetai un morceau pour mon souper : je le trouvai délicieux ; on n'en mange pas de meilleur en Europe. Il y avait à ce marché beaucoup de pain de lotus, pain qui a un goût un peu sucré et acide, ce qui provient du fruit, qui n'est jamais récolté en maturité : il est très-commun dans cette partie du Soudan ; les habitans vont en vendre à Jenné, d'où on le transporte à Temboctou.

Le 7 mars, à six heures du matin, nous nous mîmes en route dans la direction du N. E. : le sol était le même que les jours précédens ; je vis cependant quelques nauclèas. Nous fîmes halte à dix heures du matin à Counignan, village situé dans une plaine couverte de gravier, qui cependant est cultivée dans la saison des pluies. On n'aperçoit, autant que la vue peut s'étendre, que quelques buissons situés à des distances peu rapprochées. Il y a près du village des ronniers et des bombax. Le marché est assez bien fourni des choses de première nécessité : je vis quelques bouchers établis; ils embrochent de petits cubes de viande de bœuf et de suif en guise de lard, les font griller ou simplement sécher à la fumée, et les vendent aux étrangers.

Le 8 mars, vers sept heures du matin, nous nous disposions à partir; mais, à la porte du village, nous vîmes les bouchers qui, la veille, avaient fait bouillir les têtes et les pieds des animaux qu'ils avaient tués. Ils les vendirent à la caravane, ce qui nous retint un instant. Nous achetâmes de quoi nous restaurer en attendant le dîner que nous devions prendre plus tard. Nous nous dirigeâmes au N. E., sur un sol composé de sable rouge, dur, couvert de gravier, et fîmes huit milles dans la même direction; après quoi nous traversâmes, dans sa partie la plus étroite, un marais qui là était à sec, mais inondé du côté du N. Les endroits un peu élevés de ce marais sont cultivés en riz; les nègres y font des chaussées pour maîtriser l'inondation. Après l'avoir traversé, nous passâmes auprès d'un grand village nommé Touma-dioman.

Nous fîmes encore cinq milles au N. N. E.; le sol est composé de sable dur et moins graveleux que les jours précédens, et couvert de *rhamnus lotus*, de mimosas, de cés et de nédés. La route était pleine de gens du pays qui allaient, d'un village à l'autre, portant diverses productions, telles que mil, coton, poissons secs, etc., et de caravanes de marchands de sel.

Dans le village de Touma-dioman, il y a deux grandes mares d'eau bourbeuse, où les hommes et les animaux vont s'abreuver.

Vers une heure du soir, nous fîmes halte à Manianan, grand village où il y a un marché très-bien installé ; les marchands ont des cahutes en paille pour se préserver de l'ardeur du soleil. Il croît aux environs du village beaucoup de ronniers. On y voit une multitude d'Iolas établis : ils sont très-intrigans, industrieux, et s'adonnent au commerce ; ils fabriquent des toiles. Le village est situé sur une éminence, au pied de laquelle, presque tout autour, il y a de grandes fosses creusées par la nature ; elles lui tiennent lieu de fortifications : ces cavités contiennent beaucoup d'eau ; quoique corrompue, cela n'empêche pas les habitans d'en boire. Je remarquai plusieurs enfans, ayant de petites pirogues faites de plusieurs morceaux de planches ; ils s'amusaient à naviguer sur ces mares, au bord desquelles les femmes du village jettent les immondices. Un de mes compagnons de voyage fit ici emplette d'un âne, qui lui coûta onze mille cauris.

Le 9 mars, à huit heures du matin, nous nous mîmes en route. En sortant du village par la porte du N., je vis plusieurs cases faites comme celles des Foulahs pasteurs, et, dans la campagne, beaucoup de troupeaux de bœufs, chèvres, moutons, et quelques ânes. Après avoir fait trois milles sur un sol composé de sable mouvant, et où dans bien des endroits la végétation était la même que la veille, nous vîmes Tomga, village entouré, comme Manianan, d'excavations profondes, et de nombreux ronniers.

Le 10 mars, à six heures du matin, nous fîmes au N. deux milles, puis trois milles au N. N. O. : nous traversâmes un marais inondé, où nous avions de l'eau jusqu'à la ceinture ; je remarquai le *nymphæa* bleu et le blanc. Les naturels récoltent la graine de cette plante, qu'ils emploient à leur nourriture, ainsi que sa racine. A de grandes distances, on aperçoit, dans les marais, quelques petits arbustes très-éloignés les uns des autres. Dans bien des endroits inondés, on fut obligé de décharger les ânes pour leur faire passer l'eau. Les hommes portaient les charges sur leur tête, et ce n'est qu'en se tenant avec un bâton qu'ils pouvaient garder l'équilibre.

Vers onze heures du matin, nous arrivâmes bien fatigués à Galia (ou Cougalia), situé sur le bord du

Dhioliba ; c'est un hameau de cinq ou six cahutes en terre et autant en paille, de la forme de celles des Foulahs; il est situé sur une petite élévation. Les environs, à quelque distance, ne sont pas inondés dans cette saison ; il y a beaucoup de ronniers, et, sur le bord du fleuve, deux gros tamariniers, qui font diversion à l'uniformité de la campagne. Il y a dans ce petit village quelques Foulahs établis, et qui transportent dans des pirogues les nombreuses caravanes qui arrivent à Jenné. Je les trouvai assez affables : j'achetai d'eux un peu de lait et quelques pistaches ; car nous ne pûmes nous procurer ni mil ni riz pour notre souper. Je vis, dans la soirée, passer plusieurs grosses embarcations descendant le fleuve pour aller à Temboctou. Le Dhioliba, qui paraît venir en cet endroit de l'O. 1/4 N. O., coule lentement au N. E. Sa vitesse est d'un nœud et demi par heure. Ses eaux m'ont paru assez claires, quoique ayant une légère teinte blanchâtre. Ses rives, généralement découvertes et très-basses, excepté devant Cougalia, où elles ont un peu plus d'élevation, sont composées de sable gris argileux. On remarque de temps en temps de petites veines d'argile rougeâtre. A peu de distance au N. E., j'aperçus une petite île, à sec dans cette saison, mais inondée lors des débordemens, qui sont périodiques. Le marché de Cougalia se tient à l'ombre de deux tamariniers situés sur le bord du fleuve : il était peu fourni ; heureusement que nous avions des provisions. Nous achetâmes quelques poissons secs. Nous étions tant de monde dans ce petit village, que nous ne pûmes tous loger dans son enceinte : la plus grande partie de mes compagnons allèrent s'installer sous diverses huttes qu'on voyait dressées dans la campagne, et qui consistaient en quelques piquets fichés en terre et recouverts d'une pagne.

CHAPITRE XVIII.

Traversée du Dhioliba. — Séjour à Jenné. — Description de la ville. — Mœurs et usages des habitans. — Commerce, marchandises d'Angleterre et de France. — Constructions. — Population. — Ecoles. — Religion. — Nourriture et habillement. — Renseignemens géographiques. — Cours du fleuve. — Le Massina. — Maison du chérif de Jenné. — Un repas. — Usage du thé, du sucre et de la porcelaine. — Préparatifs du départ pour Temboctou.

Le 11 mars au matin, on se disposa au départ. Nous traversâmes le fleuve dans de frêles pirogues de trente pieds de long environ, mais très-étroites; elles étaient faites d'un seul tronc d'arbre (bombax), mais de la plus grande incommodité; on courait risque à chaque instant de chavirer; cependant on fit embarquer les ânes dedans, car le fleuve était trop large pour qu'on pût les faire passer à la nage. J'estime qu'il a, en cet endroit, cinq cents pieds de large ou deux cent cinquante pas ordinaires; il me parut étroit, relativement à sa largeur à Couroussa (pays d'Amana), qui se trouve bien plus près de sa source. Je présumai d'abord que ce n'était qu'un bras formant l'île de Jenné. Il est très-profond, car, étant au milieu, on fut obligé de se servir de rames ou pagaies, les perches n'étant pas assez longues pour atteindre le fond. Il était midi lorsque nous eûmes passé sur la rive gauche. on tira nombre de coups de fusil, en signe de réjouissance. Il faisait une chaleur très-forte : je me promenai un peu sur cette rive, où je vis beaucoup de mimosas, la même espèce qui croît dans l'eau sur les bords du Sénégal et en grande quantité dans l'intérieur ; toutefois, dans les terres inondées, il ne vient pas à plus de cinq pieds d'élévation. Il est épineux, les branches en sont très-minces et la gousse en est veloutée ; l'attouchement fait contracter ses feuilles.

Nous quittâmes les bords du Dhioliba, et nous fîmes six milles à l'O. N. O. Nous traversâmes un marais à sec, sans trouver un seul arbre pour nous mettre à l'ombre. Lors de l'inondation, ce marais est cultivé en riz : le terrain en est composé de terre grise argileuse, et contient beaucoup de sable et de veines d'une argile rouge, comme celle que j'ai vue sur les bords du Dhioliba. J'examinai plusieurs esclaves occupés à y labourer; ils se servent de grandes pioches, comme dans le Ouassoulo.

Un peu avant d'arriver à l'île de Jenné, le sol est composé de sable dur, qui m'a paru ne pas être sujet à l'inondation; il y croît quelques arbustes.

Vers deux heures et demie, nous arrivâmes sur les bords d'un bras secondaire du Dhioliba, venant du N. dans cette partie, et qui forme l'île où se trouve la ville de Jenné. Nous le passâmes à gué, ayant de l'eau jusqu'à la ceinture; le courant y est très-rapide; le lit en est large et sablonneux. Il y avait à ce passage quantité de marchands qui sortaient de Jenné et retournaient avec des marchandises dans leur pays.

Après avoir traversé cette branche du fleuve, je me croyais sur l'île de Jenné; mais avant d'entrer dans la ville, il fallut en passer une seconde aussi profonde que l'autre. La première fois, nous nous trouvions sur l'extrémité d'une grande île, séparée par ce marigot, et formée par un bras du fleuve qui en sort à Ségo, et le rejoint à Isaca, village situé à un jour et demi de Cougalia. C'est dans cette grande île que se trouve située celle de Jenné, enfermée par un bras secondaire du fleuve. Je vis dans le port beaucoup de grandes pirogues : les unes, à flot, attendaient un chargement, et les autres, à terre, étaient en réparation. Je fus étonné de la grandeur de ces embarcations; j'en parlerai plus loin.

Il y avait sur le rivage plusieurs nègres : mon vieux guide s'adressa à l'un d'eux pour lui demander un logement; c'était un Mandingue d'assez bonne mine. Il nous conduisit dans sa maison, qui paraissait jolie extérieurement, mais dont l'intérieur n'offrait plus le même aspect. En ma qualité d'Arabe, on jugea convenable de me faire loger dans une chambre haute, où je serais moins exposé à l'humidité : cette chambre était malpropre et très-mal conditionnée ; elle pouvait avoir douze pieds de long sur cinq de large, et autant de hauteur. Le plancher consistait en morceaux de bois bruts, rangés pourtant avec plus de goût que chez les Bambaras que j'avais visités sur ma route, mais très-inégaux et recouverts en terre ; on avait laissé dans un coin un amas de gravats destinés à réparer le plancher. Le seul meuble qu'il y eût consistait en une natte tendue sur le sol. L'escalier pour y monter donnait dans la cour ; il était en terre, petit, très-incommode, et si rapide, qu'en descendant il fallait prendre les plus grandes précautions pour ne pas tomber. Mon vieux guide et sa suite logèrent dans les magasins du rez-de-chaussée.

Lorsque nous fûmes installés, Kai-mou rassembla le chef de la maison avec deux ou trois vieillards qui se trouvaient dans le voisinage ; il s'empressa de les instruire des événemens qui occasionnaient mon passage à Jenné : ils prêtèrent beaucoup d'attention à son récit, et parurent prendre intérêt à moi. D'après le désir que je leur témoignai de connaître les Arabes établis dans le pays, pour me mettre sous leur protection, ils convinrent ensemble de me conduire dans la soirée chez le chérif Sidy-oulad-Marmou, Maure de Tafilet, et réputé très-riche parmi eux. Cet entretien terminé, mon vieux guide m'appela dans ma chambre, où il monta le premier, et s'assit sur la natte : il commença par me féliciter, puis me fit une harangue très-longue, en disant que je devais me trouver très-heureux d'être arrivé à Jenné sans avoir éprouvé de plus grands inconvéniens, et sans que les infidèles m'eussent maltraité ; qu'il était même étonnant qu'avec ma couleur blanche, si peu connue dans le pays, j'eusse traversé un aussi long espace, sans être volé par les habitans; que c'était à lui en partie que j'en étais redevable, et qu'il pensait bien que je reconnaîtrais cet important service. Il se tut, et me regardant fixement, il avait l'air de me demander ce que je pensais de son discours. Je compris bien que, sans plus tarder, il voulait être payé de ses peines, et je m'empressai de lui donner une paire de ciseaux, deux aunes d'indienne de couleur, trois feuilles de papier, et un collier de trente grains de verroterie rouge pour ses femmes : j'estime ces petits objets à une valeur de cinq francs de France, mais qui, à Jenné, était bien au moins triple.

Le vieillard m'avait défrayé en route d'une partie de ma nourriture; je lui avais fait de temps en temps quelques petits cadeaux d'étoffe, qui le dédommagèrent un peu : je crois qu'il est difficile de voyager en Afrique à meilleur compte. Ce bon nègre parut néanmoins très-content, me trouva même plus généreux qu'il ne s'y était attendu, prit un air riant, loua ma générosité, et me combla de bénédictions. Je témoignai le desir d'aller de suite chez le chérif arabe; mais il exigea que je restasse à dîner avec lui, disant que le lendemain nous aurions tout le temps nécessaire pour aller chez les Maures, auxquels il me promit bien de parler en ma faveur. Il fit acheter par une de ses femmes de très-bon poisson frais et du riz, pour nous dédommager des mauvais repas que nous avions faits depuis plusieurs jours. Notre hôte, déjà prévenu en ma faveur, vint me prendre pour aller à la mosquée faire la prière de six heures : j'y remarquai plusieurs Maures, tous très-bien vêtus ; ils ne firent aucune attention à moi..

De retour à notre logement, mon guide me fit appeler; et nous nous assîmes au milieu de la cour avec ses gens pour manger un souper que nous trouvâmes délicieux, car on avait eu soin d'y mettre du sel. Je passai une nuit très-agitée par l'inquiétude de savoir comment j'allais être accueilli de mes nouveaux compatriotes.

Le 12 mars, vers huit heures du matin, mon guide et moi nous allâmes avec notre hôte rendre visite aux Maures. Il nous conduisit d'abord chez un de ses amis, dans la maison duquel il entra seul, et nous laissa à la porte, où nous attendîmes au moins une heure :

je fus d'abord inquiet de cette étrange conduite; mais j'ai su depuis qu'ils étaient plusieurs rassemblés dans cette maison, et qu'ils prenaient leur déjeûner. Lorsque le repas fut fini, ils vinrent nous inviter à entrer, et nous donnèrent à chacun une moitié de colats; puis ils nous montrèrent une calebasse de couscous à la viande, que ces messieurs avaient eu la complaisance de mettre de côté pour nous ; l'absence du lalo (feuille de baobab pilée que l'on met dans le couscous) le rendait détestable ; ils avaient mis sur ce mets quelques os qu'ils avaient commencé à ronger. Nous allâmes ensuite tous ensemble chez le chérif. En traversant le marché, qui me parut très-bien tenu et approvisionné de toute espèce de marchandises, je fus accosté par un nègre bien vêtu : il reconnut à ma figure et à mon costume tombant en lambeaux que j'étais étranger ; il s'empressa de me demander d'où je venais et qui j'étais, puis m'apprit lui-même qu'il était d'Adrar ; comme mes compagnons prenaient le devant, je n'eus pas le temps de le questionner, et je ne le revis plus. Arrivé devant la maison du chérif, située assez près du marché, je vis quatre Maures assis dans la rue sur une natte et de petits coussins ronds faits en peau de mouton mal tannée, où l'on voyait encore le poil. L'un d'eux, homme de quarante ans, était beaucoup plus blanc que moi.

Les Mandingues, sans différer, leur annoncèrent

qui j'étais, d'où je venais, dirent que mes moyens étaient épuisés, et que je leur demandais l'hospitalité. Leur étonnement fut au comble; ils me regardaient avec curiosité, et se disaient entre eux : *Aich kount hadé ?* (Qu'est-ce que c'est que ça ?) Je les saluai d'abord; ils me rendirent mon salut et me donnèrent la main : puis ils me demandèrent de nouveau qui j'étais. Je leur dis aussi bien que je le pus (car je parlais leur langue très-imparfaitement), que j'étais Arabe, natif d'Alexandrie; que mon père, zélé musulman, était négociant, très-riche, et avait des bâtimens comme ceux des chrétiens; que j'avais été fait prisonnier très-jeune par les Français, et que m'étant sauvé de chez eux, je m'étais déterminé à retourner dans mon pays, pour reprendre la religion de mes pères; que j'étais presque sans moyens, et venais réclamer leur protection pour me rendre à Temboctou, d'où je passerais à Alexandrie, ma patrie. Ils prêtèrent beaucoup d'attention à tout ce que je venais de leur débiter, mais ils ne parurent pas convaincus; ils me firent observer qu'Alexandrie était à l'E., et que je venais de l'O., puis me demandèrent comment j'avais pu faire pour me sauver de chez les chrétiens. Fort heureusement j'étais préparé à leur répondre ; je fis un long récit, dans lequel je leur disais que le pays des chrétiens était dans le N., et que, m'ayant pris à Alexandrie, ils m'avaient conduit dans leur patrie, où ils m'avaient donné de l'éducation ; qu'à l'époque où je fus parvenu à un âge raisonnable, le chrétien auquel j'appartenais m'avait emmené avec lui sur un bâtiment, et qu'après deux mois de navigation, nous arrivâmes sur la côte du pays des nègres. Les blancs, continuai-je, ont dans ces contrées de petits villages en propriété, où ils placent des établissemens de commerce ; je suis resté dans un fort longtemps ; j'y tenais le magasin de mon maître, qui m'avait donné toute sa confiance et me regardait comme son fils. Profitant des relations continuelles que j'avais avec les Foulahs pour tâcher d'apprendre leur langue, j'avouai à plusieurs mon origine arabe, et je me déterminai, sur leurs propositions réitérées, à quitter les chrétiens pour me retirer chez eux : mais avant d'effectuer ce projet, je voulais avoir gagné quelque argent, pour m'aider à faire une aussi longue route. Enfin, ayant atteint le but que je m'étais proposé, je désertai la nuit avec quelques Foulahs, qui me conduisirent dans le Fouta-Dhialon, auprès du roi de ce pays.

Ici, je terminai mon récit par un éloge pompeux du souverain du Fouta ; je vantai sa générosité et son zèle pour la religion de Mahomet. Cette histoire leur parut assez plausible, et finit par les convaincre de ma véracité. Ils comprenaient bien qu'étant parti si jeune de mon pays, je ne pouvais pas en connaître la langue ; je leur dis aussi que le peu d'arabe que je savais, je l'avais appris en route. Ils m'adressèrent de nombreuses questions sur les chrétiens, sur la manière dont j'étais traité chez eux; ils me demandèrent tous si j'avais été battu, frappé à coups de bâton, traité comme un esclave, si enfin on s'était opposé à ce que je fisse la prière, si j'avais mangé du cochon et bu de l'eau-de-vie. Je repondis que les chrétiens étaient bons et humains, qu'ils traitaient leurs prisonniers avec douceur, mais qu'ils ne permettaient pas dans leur pays l'exercice du culte de Mahomet[1]; qu'ils n'y croyaient pas plus que nous à la religion chrétienne; ce qui les fit tous crier : *Allah akbar!* (grand Dieu!). Comment, tu ne faisais pas la prière chez les chrétiens, continuèrent-ils ? — Non : je suis parti si jeune de chez moi, que je n'avais pas appris à la faire, et les chrétiens ne me l'enseignèrent pas. — Mais quand tu fus dans le Soudan, en relation avec les Foulahs mahométans, faisais-tu ta prière ? — Oui ; mais j'avais soin, pour cela, de n'être vu de personne. — Priais-tu quelquefois le prophète ? — Je le faisais intérieurement.

J'avouai que, chez les chrétiens, j'avais mangé du

---

(1) On doit me pardonner ce mensonge; car, si j'avais parlé de la liberté des cultes, il s'en fût trouvé, parmi les questionneurs, d'assez adroits pour me demander pourquoi j'entreprenais un voyage aussi pénible, puisque je pouvais exercer ma religion chez un peuple dont suivant mon dire, je n'avais qu'à me louer.

cochon, bu de l'eau-de-vie et du vin. Ils s'écrièrent tous en arabe : « Ah, grand Dieu ! et pourquoi en bu- « vais-tu ? » — Parce que j'y étais obligé par mon « maître. » Je leur fis observer que, si j'avais eu envie de continuer une telle vie, je serais resté chez eux ; que c'était pour éviter de commettre de si grands péchés, que j'avais entrepris à pied un voyage aussi long et aussi périlleux. « Il a raison, c'est bien vrai ! » répétèrent-ils à l'envi en se regardant les uns les autres. Ils poussèrent leurs questions jusqu'à me demander s'il était vrai que les chrétiens mangeassent leurs esclaves. Les Maures de Tafilet me paraissaient assez instruits, et ce ne fut pas d'eux que vint cette sotte question, mais de quelques Maures nomades, qui s'étaient arrêtés par curiosité, en passant de ce côté : ceux de Tafilet les regardèrent en souriant, avec un air de mépris et de supériorité, en leur disant que les blancs n'étaient pas anthropophages. Les questionneurs rirent aussi, car je pense bien qu'ils n'avaient voulu que plaisanter. Je m'empressai de leur apprendre que les Européens ne faisaient plus d'esclaves ; ils me demandèrent pourquoi : parce qu'ils disent, répliquai-je, que les hommes sont tous égaux devant Dieu, et qu'il ne doit pas y avoir d'esclaves. Ils convinrent que c'était bien vrai, et qu'il était très-beau pour des chrétiens de penser ainsi. Mais pourquoi, reprirent-ils, t'a-t-on retenu esclave ? Je leur fis observer qu'on ne m'avait pas retenu; que si j'étais resté en France jusqu'à la fin de la guerre, je serais, comme mes compatriotes, retourné dans mon pays, et qu'étant dans le Soudan avec le chrétien mon maître, ce dernier, qui n'avait pas d'enfant, me regardait comme son fils et ne voulait pas me laisser aller. Sa fortune, ajoutai-je, ne pouvait me tenter; je la méprisais en pensant à un avenir plus heureux, le paradis de Mahomet. Ils me félicitèrent beaucoup d'avoir une telle pensée. Ils voulurent savoir comment les blancs se nourrissent, de quel côté ils tournent la tête des bœufs et des moutons qu'ils tuent, s'ils ne font qu'assommer l'animal ou s'ils lui coupent la gorge, et de quelle manière ils s'y prennent; si les chrétiens mettent leurs mains au plat, et s'asseyent par terre; enfin, je n'en finirais pas si je racontais toutes les questions qu'ils me firent.

Quand l'interrogatoire fut terminé, le chérif dit au nègre, mon hôte, de me conduire chez le chef de la ville. Nous y allâmes, et mon guide m'accompagna toujours. Nous entrâmes dans le petit corridor d'une maison fort ordinaire; on nous fit rester dans une première chambre, où il y avait beaucoup de monde qui attendait audience. On alla chercher une peau de bœuf, sur laquelle on nous fit asseoir. Dans le fond du corridor il y avait une porte fermée, qui donnait sur un escalier intérieur, conduisant au premier étage. On alla m'annoncer au chef : il descendit aussitôt et s'assit au bas de l'escalier, la porte toujours fermée sur lui. Ce chef ne parlait pas arabe; il me fit demander si je connaissais le mandingue. Mes compagnons le prévinrent de ce qui m'amenait en sa présence. Celui qui gardait la porte, répétait à haute voix le rapport qu'on faisait, afin que le chef (qui sans doute avait l'ouïe un peu dure) pût entendre; il me demanda si je parlais bambara. Un des Maures que j'avais vus chez le chérif, vint me joindre; on l'annonça, et aussitôt la porte de l'escalier s'ouvrit : tous les assistans eurent le plaisir de voir ce chef mystérieux. Il me parut âgé et très-gros; il y voyait à peine; ses vêtemens étaient très-simples. Le Maure alla avec empressement lui donner la main, en signe de salutation, et me dit d'en faire autant : je me hatai de lui obéir; c'est une faveur à laquelle je fus très-sensible, car elle n'est pas accordée à tout le monde. Le Maure instruisit de nouveau le chef sur ce que j'avais dessein de faire; il ajouta qu'étant très-pauvre, je réclamais l'hospitalité. Le chef, qui avait écouté très-attentivement, dit qu'en attendant qu'il se présentât une occasion pour aller à Temboctou, route de mon pays, il fallait que je restasse chez le chérif, qui, en qualité d'homme riche et parent du prophète, se ferait un devoir de me bien traiter. Mais ce chef nègre exigea qu'avant de le quitter, je lui répétasse moi-même l'histoire que j'avais racontée le matin, ce que je fis sommairement; le Maure qui était venu me joindre nous servait d'interprète. De tous les Maures que j'avais vus dans la matinée, le chérif fut celui qui me fit le moins d'accueil. Le chef me donna un de ses gens pour me conduire chez ce nouvel hôte et l'instruire de sa volonté. Je retournai donc chez mes nouveaux compatriotes, dont la présence m'avait d'abord un peu intimidé; je croyais à chaque instant qu'ils allaient lire sur mon visage que je les trompais; heureusement il n'en fut rien. L'homme qui m'accompagnait instruisit le chérif des volontés du chef; il répondit qu'il y était très-disposé. Ils me firent asseoir par terre auprès d'eux; puis ils renouvelèrent les mêmes questions. Le chérif me paraissait être le plus distingué d'entre eux; il parlait peu : il se retira chez lui, et ne se montrait pas trop satisfait d'être chargé de moi; aussi ne m'adressa-t-il pas la parole. Il faisait différentes questions aux Maures, qui s'empressaient de me les répéter.

Il s'était rassemblé autour de nous une foule nombreuse; elle se dissipa peu à peu, et je restai assis avec deux Maures, qui me parurent assez sociables : l'un d'eux se nommait al-Haggi-Mohammed; il appela une de ses esclaves, lui donna des cauris, et l'envoya acheter quatre petits pains ou galettes, du riz, du beurre et du miel; elle délaya bien le miel et le beurre ensemble avant de l'apporter, et le servit dans un plat d'étain très-propre, de fabrique européenne.

Le Haggi-Mohammed fit porter le tout chez lui, dans un corridor au premier, et m'invita à monter pour déjeûner. Je mangeai peu ; et lorsque je descendis pour le remercier de son attention, il m'engagea à aller me reposer, en me disant que je devais être fatigué de la longue route que je venais de faire. Il me fit conduire dans une maison qui servait en même temps de logement à ses esclaves et de magasin pour ses marchandises ; il fit débarrasser un petit corridor, y fit mettre une natte par terre, et me dit que désormais ce serait mon logement. Il avait pour lui une maison plus belle où il logeait avec ses enfans. Mon parapluie avait attiré l'attention ; il me demanda à le voir, l'ouvrit, le ferma plusieurs fois, en faisant remarquer aux passans cette rareté : il appela aussi le chérif pour la lui montrer ; celui-ci, qui connaissait ce genre d'ustensiles, trouva le mien très à son goût. Beaucoup de nègres s'arrêtèrent pour le regarder ; ils ne pouvaient revenir de leur étonnement.

Je dis au Maure que j'avais apporté un sac et des effets ; il m'engagea à aller les chercher, et me donna quelqu'un pour me conduire. J'allai donc chez mon ancien guide prendre le bagage laissé dans ma chambre, à laquelle il n'y avait pas de porte : j'aurais bien pu me repentir d'une telle imprudence ; mais j'eus le bonheur de trouver le tout intact. Mon vieux guide me demanda si j'étais satisfait de mes hôtes, car j'en avais deux; je lui répondis affirmativement, et l'engageai à venir me voir. De retour à mon logement, le Haggi-Mohammed me demanda ce qu'il y avait dans mon sac; il me conseilla, si j'avais des marchandises, de les vendre avant de partir, attendu qu'à Temboctou je ne trouverais pas à m'en défaire aussi avantageusement, puisque toutes celles qui se trafiquent à Jenné viennent de cette ville.

Je portai mon sac dans mon nouveau logement, et j'en fis l'ouverture, pour me disposer à la visite que je présumais devoir être faite par les Maures. Je retirai l'argent que j'avais dans ma ceinture; je mêlai mes notes au crayon avec quelques feuilles du Coran, afin que si mon porte-feuille était ouvert, on pût prendre mon cahier pour un livre de prières; et dans le cas où ces notes auraient été découvertes, j'étais déterminé à dire que c'étaient des renseignemens pris chez les chrétiens, et le récit des événemens qui m'étaient arrivés pendant mon séjour parmi eux; que je desirais les emporter pour les communiquer à mes parens. Malgré toutes ces précautions, je n'étais pas tranquille.

Je visitai la maison que je devais habiter pendant quelques jours. Le premier étage se composait de plusieurs galeries, semblables à celles où j'étais logé; de deux petits cabinets, où était déposée l'eau dans des vases en terre; d'un cabinet d'aisance fort malpropre, et d'une petite cour de plein-pied avec cet étage, qui ne reçoit de jour que de ce côté : le rez-de-chaussée, distribué de la même manière, servait de magasins pour garder le riz et le mil, et d'écurie pour un cheval. Ces magasins étaient éclairés en partie par une seconde cour, située derrière la maison, et par une ouverture grillée pratiquée dans la cour du premier étage. La galerie que j'occupais était la plus commode et la plus propre ; on y montait par deux escaliers en terre, beaucoup mieux faits et plus solides que celui de la chambre que j'avais habitée en arrivant à Jenné ; l'un de ces escaliers se trouvait à la porte d'entrée, et l'autre dans la cour du fond. Les magasins du Haggi-Mohammed étaient pleins de sacs de marchandises ; quelques-unes des portes fermaient à clef avec un cadenas de fabrique européenne.

La cour du premier étage était en partie fermée aux quatre coins : des morceaux de bois posés sur les murs à petite distance les uns des autres, et recouverts avec de la terre, forment une espèce de terrasse, ayant tout autour un parapet peu élevé, sur laquelle on monte par un petit escalier d'une dixaine de marches ; les Maures et même les nègres ont l'habitude de se rassembler le soir sur cette terrasse, pour y souper.

Vers midi, une esclave m'apporta un grand plat

de très-bon riz, assaisonné avec de la viande et beaucoup de petits ognons, plante potagère qui vient très-bien dans tous les environs de Jenné. Le Haggi-Mohammed vint s'informer de ma santé. Comme je n'avais mangé qu'une petite portion de ce qu'il m'avait envoyé, il me demanda si j'étais malade : il me dit qu'il ne fallait plus m'inquiéter; que maintenant que j'étais avec les Maures, je ne manquerais de rien, et qu'avec la grâce de Dieu, j'irais dans mon pays. Ensuite s'asseyant auprès de moi, il me demanda comment je ferais lorsque j'y serais arrivé, puisque je ne reconnaîtrais pas mes parens. Je serai d'abord embarrassé, lui dis-je; mais si tu avais un fils chez les étrangers, l'oublierais-tu? Non, me dit-il. — Eh bien, mon père est de même : quand j'arriverai à Alexandrie, je me ferai connaître à lui; et si mes grands parens étaient morts, je trouverai un frère qui me reconnaîtrait sûrement. Comme j'étais très-enrhumé, il fit acheter du gombo sec, sur le desir que j'en témoignai; il le fit bouillir et ajouta beaucoup de miel : c'était un très-bon remède pour ce rhume, que j'avais depuis un mois, et qui m'était tombé sur la poitrine; j'avais une extinction de voix, ce qui me fatiguait beaucoup, étant obligé de répondre à une foule de questions. Enfin je finis par être sérieusement indisposé.

Je témoignai au Haggi-Mohammed le desir de rembourser les cauris qu'il venait de dépenser pour moi; il s'y refusa, et me défendit de rien acheter, disant que je n'avais qu'à demander ce dont j'aurais besoin, qu'il me le procurerait. Il fit venir sur-le-champ un barbier pour me raser la tête : cet homme savait assez bien son métier; il ne me fit aucun mal, et j'avoue que je m'étais attendu à souffrir. Il avait un bon rasoir, dont la lame était fabriquée en Europe et le manche à la façon du pays : les barbiers ont un petit étui en cuir, dans lequel ils serrent leurs rasoirs; ils ne se servent pas de savon; je leur en sus bon gré, car celui que j'ai vu dans le pays a une très-mauvaise odeur; ils lavent simplement la tête avec de l'eau froide. Après avoir remis mon turban sur ma tête, j'allai me promener au marché pour l'examiner : je fus étonné de la grande quantité de monde que j'y trouvai; il était très-bien fourni de tout ce qui est nécessaire à la vie; il y a un concours continuel d'étrangers, et d'habitans des villages environnans, qui viennent vendre leurs denrées, acheter du sel et d'autres marchandises.

On y voit plusieurs rangées de marchands et de marchandes. Quelques-unes ont de petites palissades en paille pour se préserver de l'ardeur du soleil; elles mettent par-dessus une pagne qui forme une cabane. Leurs marchandises sont étalées dans des corbeilles posées sur de grands paniers ronds.

Autour du marché, on voit des boutiques assez bien garnies en marchandises d'Europe, qui se vendent très-cher; beaucoup de toiles de coton, indiennes, guinées, écarlate, quincaillerie, pierres à feu, etc. Presque toutes ces marchandises me parurent de fabrique anglaise.

J'ai vu quelques fusils français, fusils qui sont très-estimés; on y vend aussi des verroteries, du faux ambre et du faux corail, du soufre en petits bâtons, et de la poudre à canon, qu'on m'a dit être fabriquée dans le pays. Je ne connais pas les matières qu'ils emploient pour la fabrication de celle-ci; toutefois elles paraissent avoir été pilées toutes ensemble dans un mortier, humectées avec de l'eau : ils mettent cette poudre en pains de la grosseur du poing, qu'ils font sécher au soleil; ceux qui l'achètent la laissent en cet état jusqu'au moment de s'en servir ; alors ils l'écrasent pour la mettre dans une poudrière ou corne de bœuf ; quand ils chargent leurs fusils, ils en mettent beaucoup plus que de la nôtre que d'ailleurs ils estiment bien davantage. La poudre du pays ne fait pas une forte explosion ; on la voit sortir du canon comme une fusée, quelquefois sans aucun bruit.

J'ai vu, dans un village en descendant le Dhioliba à Tircy, une grande calebasse pleine de salpêtre qui m'a paru très-beau ; mais je ne sais de quelle manière ils se le procurent. Je questionnai un Maure qui me répondit simplement, « C'est de la poudre; » et je n'en pus savoir davantage. Les marchands de colats se tiennent à une extrémité du marché, placés sur deux rangs, ayant devant eux chacun un petit panier de colats qu'ils vendent en détail, à huit ou dix cauris pièce : la modicité de ce prix provenait de la grande quantité de ces fruits qui se trouvaient dans le pays; mais ils valent ordinairement de quinze à vingt cauris.

Quelques bouchers sont établis dans le marché; ils étalent leur viande comme en Europe : ils enfilent aussi dans des brochettes de petits morceaux de chair qu'ils font sécher à la fumée et qu'ils vendent en détail. Il y a dans ce marché beaucoup de poisson frais et sec; des pots en terre, des calebasses, des nattes, et le sel que l'on vend en détail, car celui que l'on vend en gros reste dans les magasins.

On voit dans les rues une infinité de marchands portant leurs marchandises, et les criant comme on fait en Europe : ce sont des étoffes du pays, des effets confectionnés, noix de colats, miel, beurre végétal et animal, lait, bois à brûler. Ce dernier article est ici très-rare; les femmes l'apportent de douze à quinze milles à la ronde. Le chaume de mil se vend aussi au marché; pendant mon séjour dans cette ville, je voyais tous les soirs des négresses venant d'acheter pour dix cauris de ce combustible, pour faire cuire leur souper; les fagots ordinaires coûtent cent vingt cauris, valeur de douze sous ; heureusement que, dans ce pays, il ne fait pas froid.

Les Maures établis à Jenné n'étalent jamais de boutiques ; ce sont des négocians, qui ont des personnes affidées, ou même des esclaves, qui vendent en détail pour leur compte. J'ai toujours vu ces messieurs assis sur une natte tendue devant leur porte, où ils mettent en évidence plusieurs planches de sel, en attendant qu'on vienne leur acheter des marchandises ou qu'on leur en apporte à vendre : ils accaparent ainsi, sans se donner beaucoup de peine, de l'ivoire en quantité, de l'or, beaucoup de riz et de mil, du miel, de la cire brute, des étoffes du pays, des effets confectionnés, et beaucoup de petits ognons ; ils mettent tout cela dans leurs magasins pour l'expédier ensuite à Temboctou, où ils ont des correspondans qui leur envoient en échange du sel, du tabac et des marchandises d'Europe.

Les nègres de Jenné sont aussi négocians ; mais leur commerce est moins considérable : ils trafiquent peu en objets d'une grande valeur, mais beaucoup en zambalas, tamarins, piment, poivre long, feuilles et fruits du baobab, gombos, feuilles et fruits de l'oseille de Guinée, pistaches, haricots, et une foule de menus articles, qui sont apportés à Jenné par les peuples des environs : ils envoient aussi à Temboctou des calebasses et des pots en terre pour faire la cuisine. La cire qui s'achète à Jenné, est destinée à la fabrication de bougies qu'on travaille sans moules, et qui sont d'un usage très-répandu dans le pays ; on en expédie aussi pour Temboctou, où il s'en fait une grande consommation.

Les Maures négocians qui habitent Jenné, au nombre de trente ou quarante, occupent les plus belles maisons ; elles ont l'avantage d'être situées aux environs du marché. Ce sont eux qui font le principal commerce ; ils s'associent plusieurs ensemble, et ont de grandes embarcations, qu'ils expédient, pleines de denrées indigènes, à Temboctou.

Les anciens voyageurs nommaient Jenné *le pays de l'or ;* le fait est que les environs n'en produisent pas : mais les marchands de Bouré et les Mandingues du pays de Kong en apportent fréquemment ; c'est une des branches de commerce de ces riches négocians. Ils s'occupent aussi de la traite des esclaves ; ils envoient ceux-ci à Tafilet, et dans d'autres directions, telles que Mogador, Tunis, Tripoli : j'ai vu des hommes promener ces malheureux dans les rues ; ils étaient tout nus, et on les criait à vingt-cinq, trente ou quarante mille cauris, suivant leur âge. Je souffrais de voir une pareille insulte faite à l'humanité : ceux de ces pauvres misérables que j'ai vus chez les Maures de Jenné (et ils en ont tous un grand nombre) ne sont pourtant pas les plus à plaindre ; ils sont très-bien nourris, bien habillés, et ne travaillent pas beaucoup ; leur sort serait préférable à celui de quelques-uns de nos paysans d'Europe, si rien pouvait compenser la perte de la liberté : en général, ce sont des domestiques de confiance qui, en l'absence des maîtres, gardent la maison, ou bien emballent les marchandises et les portent à bord des embarcations. Je m'aperçus que leurs maîtres leur donnaient assez souvent des cauris pour acheter ce qu'ils voulaient : j'approuvais cette conduite, qui est propre à les rendre fidèles, et les empêche d'être voleurs ; aussi on leur confie des sacs entiers de cauris pour les compter.

La ville de Jenné peut avoir deux milles et demi de tour ; elle est entourée d'un mur en terre assez mal construit, ayant dix pieds d'élévation et quatorze pouces d'épaisseur : il y a plusieurs portes ; mais elles sont toutes petites ; les maisons sont construites en briques cuites au soleil. Le sable de l'île de Jenné est mêlé d'un peu d'argile ; ils l'emploient à faire des briques d'une forme ronde, mais assez solides. Les maisons sont aussi grandes que celles des villageois en Europe. La plupart ont un étage, comme celle du Haggi-Mohammed que j'ai décrite : elles sont toutes à terrasse, n'ont pas de fenêtres à l'extérieur, et les chambres ne reçoivent d'air que par une cour intérieure. Leur unique entrée, d'une grandeur ordinaire, est fermée par une porte en planches assez épaisses, qui m'ont paru être sciées ; cette porte ferme en dedans avec une double chaîne de fer, et en dehors avec une serrure en bois fabriquée dans le pays (quelques-unes sont en fer). Les chambres sont toutes longues et étroites ; les murs, sur-tout à l'extérieur, sont très-bien crépis en sable, car ils n'ont pas de chaux. Chaque maison a un escalier pour conduire sur la terrasse ; mais il n'y a pas de cheminées, et assez souvent les esclaves font leur cuisine en plein air. Les rues ne sont point alignées, mais assez larges pour un pays où l'on ne connaît pas l'usage des voitures ; on peut y passer huit ou neuf personnes de front ; elles sont très-propres et balayées presque tous les jours. Les environs de Jenné sont marécageux, et entièrement dénués d'arbres. On aperçoit cependant, à des distances très-éloignées, sur de petites élévations, des bouquets de ronniers. Les plaines sont labourées un peu avant les pluies, et toutes ensemencées en riz, qui croît avec les eaux du fleuve ; les esclaves sont chargés de la culture ; sur les bords du fleuve, ils récoltent un peu de gombo, de tabac, et des giraumons : on m'a dit que, dans la saison des pluies, ils recueillent aussi le chou, la carotte, le navet d'Europe ; les graines de ces légumes leur viennent de Tafilet. Ils coupent dans les marais une espèce de fourrage qu'ils font sécher pour nourrir leurs bestiaux.

Dans les endroits qui ne sont pas exposés aux débordemens du fleuve, on ne cultive que du mil et du maïs. La ville de Jenné est bruyante et animée; tous les jours il part et arrive des caravanes nombreuses de marchands, qui apportent toute sorte de productions utiles. Il y a à Jenné une grande mosquée en terre, dominée par deux tours massives et peu élevées; elle est grossièrement construite, quoiqu'elle soit très-grande; elle est abandonnée à des milliers d'hirondelles, qui y font constamment leurs nids, ce qui y produit une odeur infecte, et a fait prendre l'habitude de faire la prière dans une petite cour extérieure. Aux environs de la mosquée, où j'allais très-souvent, j'ai toujours vu beaucoup de mendians, soit vieillards, soit aveugles, et autres malheureux atteints de différentes infirmités.

La ville est ombragée de quelques baobabs, mimosas, dattiers et ronniers; j'ai remarqué une autre espèce d'arbre dont je ne connais pas le nom.

Jenné contient beaucoup d'étrangers établis, Mandingues, Foulahs, Bambaras et Maures. On y parle les langues propres à ces quatre tribus, et de plus un dialecte particulier appelé *kissour*, qui est la langue adoptée jusqu'à Temboctou. La population peut s'évaluer à huit ou dix mille habitans. Cette ville était anciennement seule et indépendante; mais aujourd'hui elle fait partie d'un petit royaume dont Ségo-

Ahmadou est le chef. Celui-ci est Foulah de nation et musulman fanatique, mais grand conquérant; avec un très-petit nombre des siens, il a conquis plusieurs parties du S. du Bambara; il y a établi son culte, et s'y fait obéir. Ceux des habitans qui ne veulent pas se soumettre à la religion du prophète, lui paient de légers tributs. Jenné était sa capitale : mais le zélé sectateur du prophète, trouvant que le grand commerce de cette ville troublait ses habitudes religieuses et détournait les vrais croyans de leur dévotion, en créa une nouvelle située à la droite du fleuve. Il lui a donné le nom de *el-Lamdou-Lillahi* (à la louange de Dieu); première phrase d'une prière du Coran. Il y a établi des écoles publiques où tous les enfans vont étudier gratis. Les hommes ont aussi des écoles suivant les degrés de leurs connaissances. Ce chef dévot est frère du roi de Massina, pays situé sur la rive gauche du Dhioliba.

Ségo-Ahmadou ne perçoit aucune rétribution sur les marchands qui viennent faire le commerce à Jenné. Les marchands étrangers établis dans le pays, ainsi que les indigènes, ne paient pas de droits; mais ils lui font quelquefois des cadeaux, ainsi qu'au commandant particulier de Jenné, qui est parent du roi. J'ai souvent entendu vanter la générosité de ce prince; mais les Maures me dirent qu'il n'est généreux qu'envers ses propres sujets. Les habitans de Jenné sont très-industrieux : ce ne sont plus ces nègres bruts et sauvages que j'ai vus habitant dans le sud ; ce sont des hommes intelligens, qui font travailler leurs esclaves par spéculation, tandis que, parmi les hommes libres, les riches s'adonnent au commerce, et les plus pauvres à divers métiers. On y trouve des tailleurs, qui font des habits que l'on envoie à Temboctou, des forgerons, des maçons, des cordonniers, des portefaix, des emballeurs et des pêcheurs ; ici tout le monde se rend utile. On s'y sert, pour emballer les marchandises, de nattes faites en feuilles de ronnier ; ce sont les habitans des villages voisins qui les fabriquent et les apportent au marché : on recouvre ce premier emballage d'un second en cuir de bœuf, si toutefois les marchandises en valent la peine. Les forgerons ne sont pas mieux montés en outils que ceux que j'ai vus sur la route ; ils font les mêmes ouvrages avec la même simplicité de moyens. Les emballeurs sont aussi chargés d'ensacher les grains ; et pour qu'il en entre davantage dans le sac, ils se servent d'un grand piquet en bois pour les fouler ; quand il est plein, ils mettent une poignée de paille par-dessus le mil, et la cousent avec le sac ; c'est bien plus solide que s'il était simplement empaqueté.

Tous les habitans de Jenné sont mahométans ; les Foulahs sont les plus fanatiques ; ils ne permettent pas l'entrée de leur ville aux infidèles ; et quand les Bambaras idolâtres viennent à Jenné, ils sont obligés de faire la prière, sans quoi ils seraient impitoyablement maltraités par les Foulahs, qui forment la majeure partie de la population. Je trouvai les habitans très-affables et très-doux envers les étrangers, du moins ceux de leur religion; ils facilitent même aux marchands le débit de leurs marchandises.

Ils ont plusieurs femmes, qu'ils ne maltraitent pas comme les nègres situés plus au S. : elles sortent sans être voilées; cependant elles ne mangent jamais avec leurs maris, ni même avec leurs enfans mâles. Parvenues à l'âge de raison, les filles secondent leurs mères dans les soins du ménage, préparent avec elles l'ordinaire et lavent le linge de la famille. A leurs momens de loisir, elles filent du coton qu'elles achètent au marché, car dans les environs marécageux de cette ville, on n'en cultive pas : cependant, vers la partie de l'O., j'ai vu un très-petit champ de coton entouré d'une haie d'épines; ce coton m'a paru d'une qualité inférieure; il ne vient pas bien.

Les Jennéens ne connaissent d'autre écriture que celle des Arabes; presque tous peuvent la lire, mais peu en connaissent la signification : il y a pour les jeunes gens des écoles qui sont tenues comme celles que j'ai déjà décrites. Lorsque les enfans n'ont plus rien à apprendre dans ces écoles, on les envoie à el-Lamdou-Lillahi : lorsqu'ils savent le Coran par cœur, ils passent pour des hommes savans ; alors ils retournent dans leur pays et s'adonnent au commerce.

Les habitans de Jenné se nourrissent très-bien. Ils mangent du riz, qu'ils font cuire avec de la viande fraîche, car il y en a tous les jours au marché : ils font, avec le petit mil, du couscous, qu'ils mêlent avec du poisson frais ou sec, qui est très-abondant. Ils assaisonnent assez bien leurs mets, les pimentent beaucoup, et le sel est assez commun dans la ville pour que tout le monde puisse en employer dans sa cuisine. Ils dépensent à-peu-près vingt-cinq à trente cauris par jour pour une personne : la viande n'y est pas chère ; un morceau de la valeur de quarante cauris (vingt centimes) suffit pour le repas de quatre personnes ; ils en font ordinairement deux par jour, se mettent autour d'un même plat, et mangent en y puisant avec la main, comme tous les peuples de l'intérieur.

Leurs maisons ne sont pas meublées ; ils ont des sacs en cuir pour mettre leurs effets, que quelquefois ils suspendent à une corde tendue dans l'appartement. Ils couchent tous par terre, sur des nattes ou des peaux de bœuf tendues ; aussi sont-ils sujets aux douleurs rhumatismales, ce qui provient de la grande humidité du sol, car ils ne peuvent pas faire de feu la nuit, le bois étant trop rare. Les enfans comme les grandes personnes sont habillés très-proprement ; ils portent un coussabe fait d'étoffe du Soudan, le plus ordinairement blanc, qui est la couleur préférée ; un pantalon qui leur descend jusqu'à la cheville, dont le fond n'est pas aussi ample que celui des culottes que les Mandingues portent dans le S. : la ceinture en est à coulisse ; on y passe une corde faite en coton, qui s'attache au-dessus de la hanche. Les Mandingues marchands achètent de ces pantalons et les portent chez eux ; j'en ai vu à Sambatikila, à Timé et à Tangrera. Les habitans de Jenné portent une chaussure ; ils ne vont jamais pieds nus, pas même les enfans ni les esclaves : leurs souliers, faits avec assez de goût, ressemblent aux pantoufles d'Europe ; ils sont tous de différentes couleurs. Les cordonniers ne se servent pas de formes ; ils tirent leur cuir de Temboctou, où il est apporté par les Maures de Maroc : je n'ai pas vu de tanneurs à Jenné.

La coiffure du pays la plus élégante est un bonnet rouge recouvert d'un grand morceau de mousseline qu'ils s'arrangent autour de la tête en forme de turban. Les hommes d'une classe inférieure mettent, comme les saracolets, des bonnets fabriqués dans le pays. Les femmes portent aussi un coussabe ; mais elles mettent une pagne par-dessous : j'en ai vu plusieurs avec des sandales. Elles tressent leurs cheveux, ont des colliers de verroterie, d'ambre et de corail, des boucles d'oreille en or ; elles portent aussi au cou des plaques de ce métal fabriquées dans le pays : j'ai vu quelques femmes avec un anneau au nez ; elles ont toutes le nez percé, celles qui ne sont pas assez riches pour y passer un anneau, le remplacent par un morceau de soie rose. Elles portent des bracelets en argent, de forme ronde ; à la cheville, elles mettent un cercle large de quatre doigts qui la cache tout-à-fait; ce cercle est très-plat et de fer argenté.

Le prix d'un coussabe ordinaire, en toile du pays, est de deux mille cauris; un pantalon, mille ; et une paire de souliers, trois cents : il y a des objets plus ou moins chers, suivant la façon ou la couleur de l'étoffe. Les Maures ont des magasins bien fournis en marchandises d'Europe, telles que toile de coton, guinée blanche, peu de bleue, des indiennes, de l'écarlate, papier, fusils, poudre, quincaillerie, aiguilles, soieries, soufre, etc.; ils vendent toutes ces marchandises en gros : ils ont aussi du sucre blanc et du thé; mais il n'y a que les personnes très-riches qui s'en permettent l'usage. Je vis avec plaisir que, dans ce pays, on pouvait porter un mouchoir de poche sans être ridicule; les habitans s'en servent, au lieu que, sur toute la route que je venais de parcourir, il eût été dangereux de s'en servir. Une planche de sel, dans les dimensions que j'ai désignées plus haut, coûte de dix à quinze mille cauris et va même jusqu'à vingt, suivant la quantité qui s'en trouve dans la ville; il y en a aussi de plus petites, qui coûtent de sept à huit mille cauris.

Les Maures négocians font, sur cette marchandise, un très-grand bénéfice : ils ont sur les nègres beaucoup d'influence; ils passent dans le pays pour être beaucoup plus riches qu'ils ne le sont en effet. Les malheureux marchands mandingues, après avoir fait deux mois de marche avec une charge de colats sur la tête, sont obligés de les promener dans les rues pour les vendre; ils ont beaucoup de peine à s'en défaire, car ce n'est qu'une marchandise de luxe : à la vérité, on en consomme beaucoup dans les environs de Jenné, sur les bords du fleuve jusqu'à Temboctou; mais la quantité que les marchands en apportent du S. est immense; aussi sont-ils obligés de les donner à huit ou dix cauris pièce. Certes, à ce prix, ils n'y gagnent pas : comme je l'ai dit, les dépenses qu'ils sont obligés de faire en route, le temps qu'ils restent à Jenné, le passage des rivières, les droits de passe dans tous les villages, et les cadeaux exigés, absorbent tous leurs bénéfices. Les cauris provenant de la vente des colats, sont destinés à l'achat du sel; car, avec cette sorte de marchandise, ils ne pourraient pas en acheter.

Comme il n'y a pas d'auberges dans ce pays, les étrangers prennent un logement chez les particuliers; ils paient le loyer en marchandises : ils achètent du bois au marché pour faire leur cuisine ; et comme les vivres sont très-chers dans la ville, ils envoient leurs esclaves dans les villages voisins, acheter du grain, qu'ils ont à un peu meilleur marché. Les pêcheurs prennent beaucoup de petites carpes dans les endroits marécageux ; ils les posent sur de la paille sèche, et y mettent le feu ; c'est le moyen qu'ils emploient pour les faire sécher. Ce sont les pauvres qui achètent ce poisson.

Ségo-Ahmadou, chef du pays de Jenné, continue toujours une guerre très-vive aux Bambaras de Ségo, qu'il voudrait rallier à l'étendard du prophète ; mais ces Bambaras sont belliqueux et lui résistent. Cette guerre fait beaucoup de tort au commerce de Jenné, parce qu'elle intercepte toute espèce de communication avec Yamina, Sansanding, Bamako et Bouré, d'où l'on tire l'or qui circule dans tout l'intérieur. Aujourd'hui, la ville de Jenné ne doit plus être considérée comme le point central du commerce ; c'est Yamina, Sansanding et Bamako qui en sont les véritables entrepôts : les Maures de toutes les parties du désert, et les nègres du Soudan, depuis le pays de Kong jusqu'à ceux de Galam, de Bondou et du Fouta-Dhialon, viennent y faire le commerce. Les marchés de Jenné ne peuvent profiter du même avantage, à cause de son éloignement de Bouré. Avant la guerre, ses petites embarcations remontaient jusqu'à cette dernière ville, et revenaient avec de l'or. Les marchands et négocians de Jenné souffrent beaucoup de cette guerre; mais ils craindraient de se plaindre ouvertement; je crois, d'ailleurs, qu'ils n'y gagneraient rien. Plusieurs nègres me dirent que, depuis qu'elle avait éclaté, les Maures désertaient cette place de commerce pour aller à Sansanding.

Je montais souvent sur la terrasse de la maison où je logeais; je ne voyais, même dans le plus grand éloignement, qu'une campagne tout-à-fait découverte : ce sont des marais immenses à perte de vue; on aperçoit très-loin quelques bosquets de ronniers; sur les bords les plus élevés du fleuve, il y a aussi quelques tamariniers. De là, je découvrais aussi très-distinctement à l'ouest un bras du Dhioliba, qui me parut assez large : on me dit que ce bras partait des environs de Ségo, et que cette ville se trouvait à cinq jours vers l'ouest[1] de Jenné; cette branche, comme je l'ai dit, rejoint le fleuve à Isaca. L'île où se trouve la ville de Jenné, est formée par un bras de cette branche, lequel vient de l'O. N. O. : elle peut avoir douze à quinze milles de circonférence; je n'en ai cependant pas fait le tour, mais elle m'a paru telle, du haut de l'endroit où j'étais. Ce marigot, ou bras secondaire, est large, mais peu profond : au N. de la

[1] C'est plutôt le S. S. O.

ville, on est obligé de le traverser dans des embarcations; en d'autres endroits, on le passe à gué. Lors de la saison des basses eaux, il ne peut porter que de petites pirogues, car son lit est plein de bancs de sable; ce qui est d'autant plus fâcheux pour les habitans, qu'ils sont obligés de faire pousser leurs grandes embarcations vides jusqu'auprès du fleuve, où le marigot devient navigable dans toutes les saisons. Les petites pirogues y transportent les marchandises; procédé qui est toujours très-long et pénible; heureusement qu'ils ne sont pas obligés de prendre pour cela des hommes de journée, car ils ont tous des esclaves pour y suppléer. Au moment de l'inondation, les grosses embarcations y naviguent facilement. J'ai vu, autour de la ville, une grande quantité de pirogues en réparation.

Jenné est situé dans la partie E. de l'île. Il est sur une élévation de sept à huit pieds, qui la préserve contre les débordemens périodiques du fleuve. Son sol est composé de terre rouge, très-argileuse, mêlée avec beaucoup de sable gris; je n'y ai pas vu une seule pierre.

Le vieux Kai-mou, mon guide, vint me faire une visite; il avait fait l'emplette d'une belle couverture de laine, fabriquée dans le pays; elle était à petites laizes, cousue comme les pagnes. Ces couvertures sont très-estimées des nègres, qui sont extrêmement frileux : les Maures n'en portent pas; ils en ont de plus belles qui viennent de Maroc. Mon guide me dit qu'il n'avait pas encore trouvé d'acquéreurs pour ses colats. Je l'engageai à venir avec moi à Temboctou, où il pourrait s'en défaire plus avantageusement; il se mit à rire, et me dit qu'il mangerait tout ce qu'il possédait avant d'y arriver. Je lui donnai quelques grains de verre; il me quitta satisfait.

Je conversais tous les jours avec les Maures ; je m'aperçus qu'ils regardaient les nègres comme des êtres qui leur étaient très-inférieurs; ils me disaient souvent : « Les nègres sont des brutes qui ne connais- « sent rien; quand ils aperçoivent un Maure, ils s'i- « maginent qu'il est tout couvert d'or, quoique sou- « vent il soit très-pauvre. » Ils me disaient aussi : « Ils croient que nous avons de l'or entre la peau et « la chair. »

A trois jours vers le N. O. de Jenné, est situé le royaume de Massina, pays habité par des Foulahs mahométans : ils portent presque tous leurs cheveux en tresses très-fines : ils viennent fréquemment à Jenné pour y faire le commerce; ils vendent de beaux bœufs et des moutons pour la consommation journalière : les moutons sont les plus beaux que j'aie vus dans l'intérieur; ils sont gros et ont de la laine comme ceux d'Europe ; on l'emploie à faire des couvertures qui sont très-estimées dans le commerce. Ces Foulahs vendent à Jenné beaucoup de lait et de beurre animal. Le pays de Massina est très-fertile en riz, mil, pistaches, melons d'eau, giraumons et ognons; ses habitans ont beaucoup de volailles, et élèvent de beaux chevaux; tous les Maures qui habitent l'île possèdent chacun le leur. Le pays de Massina est gouverné par un roi, frère et allié de Ségo-Ahmadou : le costume y est le même que celui des habitans de Jenné, à l'exception du morceau de mousseline en forme de turban. Les hommes de cette contrée que j'ai vus étaient tous coiffés d'un chapeau de paille rond, à larges bords; tous étaient armés d'arcs, de flèches et de trois ou quatre javelots qu'ils tiennent toujours à la main. Ils marchent souvent sans arcs; mais ils ne sortent jamais sans emporter des lances; ils ont peu de fusils.

Étant un jour assis sur la porte avec quelques Maures, plusieurs Foulahs s'arrêtèrent pour me voir; ils me parurent tous très-doux; ils avaient l'air de s'intéresser à moi. L'un d'eux aperçut de loin un de ses amis; il l'appela à plusieurs reprises, en lui disant qu'il voulait lui donner dix cauris : j'étais fort étonné de voir qu'un homme se permît d'appeler son camarade dans la rue, pour lui offrir un si modique présent; l'homme à qui il s'adressait paraissait ne pas en avoir besoin, et cependant il les reçut avec reconnaissance. On sait que dix cauris sont la valeur d'un sou.

Comme j'étais prévenu que je partirais par la première occasion pour aller à Temboctou, je tirai de mon sac une partie de mes marchandises, pour m'en défaire sur les lieux; n'en connaissant pas le prix, je les remis entre les mains du chérif et du Haggi-Mohammed, pour les vendre à mon profit. Ils comptèrent avec soin les grains de verre et mesurèrent l'étoffe en ma présence; le chérif écrivait à mesure sur un petit morceau de papier. Ils s'acquittèrent très-bien de cette commission; elle fut principalement toute à leur avantage, car ce furent eux qui en achetèrent la plus grande partie. Cependant ils avaient soin de me demander, avant de conclure, si le prix qu'ils offraient me convenait: je voyais bien qu'il était trop modique; mais j'étais dans une situation où j'avais besoin d'eux, et je donnais mon consentement à tout ce qu'ils me proposaient. Ils abusèrent un peu de ma facilité; mais c'étaient des marchands qui n'achetaient que par spéculation. Haggi-Mohammed, s'imaginant bien que je possédais encore autre chose, vint dans ma chambre, et témoigna le desir de visiter mon sac, pour voir si je n'avais plus rien à vendre. Il me demanda avec empressement si j'avais de l'or ou de l'argent, ajoutant qu'il en serait bien aise, parce que ce serait une ressource pour me rendre chez moi : je l'assurai qu'il ne m'en restait pas. Je vidai devant lui mon sac, dont j'avais, par précaution, retiré mes notes et mon argent; car je m'étais bien attendu à cette perquisition. Il vit beaucoup de verroteries fines, de l'ambre et du corail, que j'avais réservés en cas de besoin; mais il m'assura de nouveau que toutes ces marchandises venant de Temboctou, il fallait m'en défaire avant de partir. Je résistai quelque temps; mais je finis par me rendre à ses pressantes instances. L'ambre sur-tout lui parut très-beau; il retint tout pour lui, à deux cents cauris le grain (vingt sous de France); c'était le quart de sa valeur à Sierra-Leone, où je l'avais acheté. Le corail, dont il acheta une partie, fut encore plus mal payé; les étoffes et les verroteries, quoique à un bas prix, le furent plus avantageusement. Je lui présentai soixante grains de corail n.° 4; il m'en offrit deux cents cauris: je lui dis que je voulais les garder; aussitôt il les reprend de ma main et les met dans la poche de son coussabe, en me disant : « Je te donnerai mille cauris (une gourde). » C'est ainsi qu'il arrachait mon consentement; cependant je suis certain que, si j'avais insisté, il me les aurait rendus de suite. Ils reçoivent de Temboctou du faux ambre et du faux corail qu'ils vendent à très-bon compte. Haggi-Mohammed, content du bon marché qu'il venait de faire, me donna une demi-douzaine de dattes, et, peu après, me fit cadeau d'un joli coussabe blanc, en étoffe du pays : ce n'était pas sans besoin, car le mien tombait en lambeaux. Il me donna aussi environ deux brasses d'étoffe du pays, pour mettre sur ma tête, en forme de turban.

Pendant tout mon séjour à Jenné, les Maures me comblèrent de soins; ils me traitèrent très-bien; je ne fis aucune dépense pour ma nourriture, et ce que je paraissais desirer, on s'empressait de me le donner. A la vente de mes marchandises près, je n'eus qu'à me louer de leur conduite. J'étais souvent assis avec eux, sur une natte tendue à l'ombre, devant la porte: je les voyais faire leurs marchés; je voyais aussi beaucoup de nègres qui, en passant devant le chérif, venaient le saluer et lui baiser la main. Ce dernier leur donnait beaucoup de cauris; il en avait auprès de lui un petit sac destiné à cet usage. Un jeune Maure nommé Hassan, qui me faisait un très-bon accueil, me conseilla, quand je serais arrivé à Temboctou, de prendre la route de Tafilet et de Fez, d'où je partirais pour Alger, et irais de là à Alexandrie. J'appris de lui qu'il était venu à Temboctou un chrétien qui avait été arrêté dans la route et accablé de coups; qu'il était resté long-temps dans cette ville pour se rétablir, mais qu'il y était mort; il ne put me dire comment. Je lui demandai ce qui avait pu amener ce chrétien à Temboctou; il me dit que c'était seulement pour *écrire la terre* (*Iektoub torab*). Je supposai bien que cet Européen était le major Laing, que je savais être parti de Tripoli pour arriver à cette capitale du

Soudan par le grand désert. Je déplorai le destin malheureux de l'intrépide voyageur, et je pensai tristement que, si l'on venait à connaître mon travestissement, je subirais le même sort.

Le 16, vers quatre heures, on me fit appeler chez le chérif Oulad-Marmou; la vente de mes marchandises l'avait un peu mieux disposé en ma faveur. Je n'avais pas encore visité sa maison : j'entrai dans une grande chambre basse assez propre, dont le plafond était très-élevé, et qui reçoit le jour par une ouverture de la voûte, au haut de laquelle était attachée une corde soutenant une lampe où l'on brûlait du beurre végétal. Un matelas tendu par terre sur une natte, un chandelier en cuivre fait en Europe, avec une bougie fabriquée dans le pays; une petite armoire creusée dans le mur, ayant une serrure et une clef comme celles dont nous nous servons, composaient tout l'ameublement : il y avait en outre des sacs de grain placés dans un coin de la pièce. Je montai par un grand escalier sur la terrasse, où je vis plusieurs petits cabinets sans meubles, dans un desquels il y avait une corde tendue, et qui servait de garde-robe au chérif, car ses vêtemens y étaient suspendus. On me fit asseoir auprès d'une natte, sur un coussin rond en cuir; je me trouvai en compagnie avec sept Maures et un nègre, marchands de Jenné.

Le chérif fit apporter une petite table ronde, très-propre, qu'on posa au milieu de nous; elle avait des pieds de trois pouces d'élévation : je la pris d'abord pour une table de jeu, parce qu'elle était garnie de plaques en ivoire et en cuivre arrangées symétriquement; mais voyant apporter un grand plat en étain, dans lequel il y avait un énorme morceau d'un mouton tué le matin et cuit à l'étuvée avec beaucoup d'ognons, je compris alors que c'était pour me faire partager ce dîner qu'on m'avait fait appeler. Le chérif avait auprès de lui un panier couvert, dans lequel il y avait beaucoup de petits pains ronds, d'environ une demi-livre, faits avec de la farine de froment et du levain. Il en cassa plusieurs par morceaux, et en mit quelques-uns devant chacun de nous. Quoique ce repas eût quelque chose d'européen, nous ne nous servîmes ni de couteaux ni de fourchettes, et chacun mangea avec ses doigts. Je trouvai le pain délicieux; certes, je ne m'étais pas attendu à faire ce jour-là un repas de ce genre. Nous mîmes tous la main au plat, mais avec une sorte de politesse. La conversation fut assez gaie; mais les pauvres chrétiens en firent tous les frais. Ils me demandèrent de nouveau si j'avais mangé du porc et bu de l'eau-de-vie; je leur fis la même réponse que précédemment, et ils se mirent à rire en tournant les Européens en ridicule.

Après le repas, on fit venir le thé : le chérif étala, à cette occasion, tout ce qu'il avait de plus beau; il ne manqua pas de laisser voir au nègre sa supériorité: nous étions servis par une jeune et jolie esclave. On apporta une boîte dans laquelle il y avait un petit service en porcelaine, qu'il mit sur un plateau en cuivre : les tasses étaient très-petites ; on nous les servit posées dans une autre tasse un peu plus grande et ayant un pied, de la forme d'un coquetier. Nous prîmes chacun quatre de ces tasses de thé, avec du sucre blanc, et, après le dîner, dont le chérif fit très-bien les honneurs, nous allâmes faire un tour de promenade au bord de la rivière. Nous nous assîmes sur le rivage un instant pour voir passer les pirogues; puis nous fîmes la prière tous ensemble, car il était trop tard pour aller à la mosquée. De retour à la maison, chacun se retira chez soi. Je trouvais une différence bien grande entre les Maures établis à Jenné et les Maures Braknas, chez lesquels j'ai séjourné huit mois.

Le 18 mars, on salua la nouvelle lune de plusieurs décharges de mousqueterie; et le 19, on commença le jeûne du ramadan. Le Haggi-Mohammed vint me demander si je voulais jeûner pendant ce carême. J'avais trop d'intérêt à m'y soumettre pour refuser : mais ce jeûne me fut bien moins pénible que celui que j'avais supporté en 1824, car alors je n'avais d'autre abri qu'une tente, au lieu qu'ici j'étais dans une maison de la plus grande fraîcheur et où le soleil

ne pénétrait jamais : aussi n'éprouvais-je pas une soif
très-pressante. Au coucher du soleil, on m'apporta
un breuvage de tamarin, puis un second fait avec
du miel et du lait aigre égouttés et séchés au soleil,
espèce de fromage très-dur, que les Maures, qui
l'aiment beaucoup, apportent dans le pays : on le met
en poudre pour le mêler dans la boisson. Les jours
suivans, on y ajouta une bouillie de farine très-claire,
mêlée avec un peu de tamarin, pour me faire attendre
plus patiemment le souper.

Vers huit heures du soir, on m'apporta un énorme
vase plein de riz, cuit avec de la viande de mouton.
J'avais, dans le cours de la journée, témoigné le désir
d'acheter du lait pour le mêler avec de l'eau et le
boire la nuit ; je n'en trouvai pas au marché : le
Hagggi-Mohammed eut la complaisance de m'en envoyer, vers dix heures du soir, une bonne quantité ;
il avait eu soin aussi de me donner une bougie pour
m'éclairer pendant mon repas. Vers une heure du
matin, on m'apporta un déjeûner aussi copieux que
le souper de la veille.

Je trouvai qu'il y avait à gagner à cette interver-
sion d'habitudes ; car j'étais bien mieux traité la nuit
que je ne l'avais été jusqu'alors le jour : rien ne me
paraissait plus supportable que ce genre d'austérité,
qui se réduisait à veiller un peu pour bien manger,
et à passer, si l'on voulait, dans les bras du sommeil,

les heures consacrées à l'abstinence. Les esclaves sont aussi obligés d'observer le jeûne ; mais eux aussi se dédommagent largement la nuit des privations qu'ils supportent le jour.

Le 20, je me décidai à faire cadeau de mon parapluie au chérif ; je crus devoir le faire, car il devait me procurer une embarcation pour aller à Temboctou; il parut fort content de ce présent. Je trouvais que le Haggi-Mohammed était assez dédommagé d'avoir acheté mon ambre et mon corail pour un prix bien au-dessous de leur valeur ; cependant, afin d'être toujours bien avec lui, je lui donnai encore environ une aune de très-jolie indienne que je m'étais réservée.

Au coucher du soleil, Oulad-Marmou me donna une poignée de dattes et un très-beau melon d'eau, que je trouvai délicieux, et il continua à m'en donner un tous les soirs jusqu'au moment de mon départ. Le cadeau que je lui avais fait m'avait gagné tout-à-fait ses bonnes grâces. Le produit de la vente de mes marchandises était évalué à trente mille cauris : le chérif acheta pour moi de l'étoffe du pays pour cette valeur ; il me dit qu'elle se vendait très-bien à Temboctou ; on fit emballer cette étoffe avec deux pagnes que je tenais de sa munificence : il me donna aussi quatre bougies en cire jaune, fabriquées dans le pays ; elles me servirent pour m'éclairer en route dans l'embarcation.

Le 22 mars, on me fit prévenir que je partirais le lendemain pour Temboctou ; le chérif m'envoya le soir, pour mon souper, un pain frais, avec un assez bon ragoût de mouton.

Le 23 au matin, il me fit appeler chez lui. Je pris avec moi mon sac, qu'il fit porter à bord de la pirogue, ainsi que mon ballot de marchandises. Il prépara devant moi une bonne quantité de farine de mil, dans laquelle il mit beaucoup de miel ; cette préparation était destinée à être mise dans l'eau que je devais boire ; elle me fit beaucoup de plaisir dans le trajet, où je fus si maltraité, comme on le verra par la suite. Le jeune Maure à qui j'avais fait cadeau d'une paire de ciseaux, me donna une bonne provision de pain de froment séché au four ; il m'enseigna aussi la manière de le manger : ils le font tremper dans un peu d'eau, et y mêlent beaucoup de beurre et de miel. Le chérif me prévint qu'il avait payé au propriétaire de la pirogue trois cents cauris, pour le défrayer de ma nourriture pendant toute la route. Il vint, suivi du jeune homme et de Haggi-Mohammed, me conduire à bord de l'embarcation : sa capacité pouvait équivaloir à douze ou quinze tonneaux en volume. Cette pirogue n'allait pas jusqu'à Temboctou, et ne faisait que nous conduire dans une autre bien plus grande, qui nous attendait sur le grand fleuve; car le marigot n'était pas navigable, dans cette saison, pour les grandes embarcations. Elle était chargée de diverses marchandises sèches, et d'une vingtaine d'esclaves, hommes, femmes et enfans ; les plus grands étaient aux fers, aussi étaient-ils plus tristes que leurs camarades. Il y avait sur le rivage une foule de monde pour nous voir partir.

CHAPITRE XIX.

Le 23 mars, embarquement pour Temboctou. — Description des rives du fleuve. — Esclaves chargés de fers. — Villages très-peuplés. — Embarcations du port de soixante à quatre-vingts tonneaux. — A Isaca, confluent d'un bras partant des environs de Ségo. — Navigation. — Villages du Banan. — Caractère des Mandingues. — Souffrances du voyageur. — Lac Débo, sa description. — Iles nommées Saint-Charles, Henri, Marie-Thérèse.

Enfin, vers neuf heures et demie, nous quittâmes le port. Nos adieux ne furent pas longs; mes amis me virent embarquer, me souhaitèrent un bon voyage, et en s'en allant me crièrent : *Salam alécoum, Abdallah.* Le chérif, que le don de mon parapluie m'avait rendu si favorable, m'adressait à son correspondant de Temboctou, auquel il me recommandait particulièrement: il avait remis au gérant de la cargaison une lettre de faveur pour moi; je lui sus bon gré de cette sage prévoyance; c'est à elle que je fus redevable de la bonne réception qu'on me fit à mon arrivée dans la capitale du Soudan occidental.

Quoique la chaleur commençât à devenir très-forte, je restai sur le pont, car la pirogue était très-encombrée. Le marigot fait plusieurs sinuosités; son courant est rapide; et comme son lit est très-plat, nous fûmes obligés de décharger l'embarcation plusieurs fois pour passer sur les bancs de sable. Tous les nègres qui se trouvaient aux environs venaient aider à pousser la pirogue et à la recharger, ce qui nous retint fort long-temps.

Vers deux heures, nous atteignîmes le majestueux Dhioliba, qui vient lentement de l'O. N. O.; il est, dans cet endroit, très-profond, et a trois fois environ la largeur de la Seine au Pont-Neuf; il fait un petit coude au S. d'environ deux milles : ses rives sont très-basses et très-découvertes. J'estime que de Jenné au fleuve il peut y avoir dix milles[1]. Après avoir fait au S. deux milles, il tourne au N. N. E. Vers quatre heures, nous atteignîmes Cougalia, où j'avais traversé le fleuve précédemment. J'estime que, poussés par le courant, nous faisions deux milles à l'heure.

Un peu avant le coucher du soleil, nous passâmes devant Kéra, joli petit village situé sur la rive droite, qui peut contenir trois cents habitans. Il est à-peu-près à sept milles de Cougalia : devant cet endroit, le fleuve tourne au N. E.; un peu sur la gauche, il y a une petite île couverte d'eau lors de l'inondation. Il

---

(1) Voyez page 183 ci-dessus.

est beaucoup plus large dans cet endroit qu'il ne l'est devant Cougalia ; il est aussi profond. Je vis dans la plaine plusieurs esclaves occupés à labourer la terre ; ils avaient des pioches comme celles des Bambaras. Nous continuâmes notre route jusque vers minuit. Ne pouvant me servir de boussole, je me guidais la nuit sur l'étoile polaire, pour la direction de la route. Le soir nous fîmes route au N. E., parcourant toujours à-peu-près deux milles à l'heure.

Au moment de la halte, les nègres, chefs à bord, me cherchèrent querelle ; ils ne voulaient pas me permettre de coucher dans l'embarcation. Ils me dirent que je ne leur avais rien donné ; qu'il fallait que je les payasse, qu'autrement ils me mettraient à terre. Je connus bien qu'ils n'avaient d'autre but que de me faire peur, et par ce moyen d'obtenir quelque chose de moi ; je les laissai dire, et je fis en sorte d'y loger malgré eux ; car la grande fraîcheur des nuits, jointe à l'humidité, m'incommodait beaucoup : je m'arrangeai le mieux que je pus sur un tas de bagages, où je demeurai plié en deux, sans pouvoir remuer. Je ne pus fermer l'œil de toute la nuit ; les nègres ne cessèrent de me tourmenter pour me faire sortir ; ils me dirent même des injures, ajoutant qu'ils me mettraient à terre dès le lendemain, si je ne satisfaisais pas à leur demande. J'eus beaucoup à souffrir de ces vexations ; mais, en définitive, ils ne gagnèrent rien sur moi. Telles sont les mœurs des gens du peuple de ces contrées : lorsqu'ils voient un étranger qui ne parle pas leur langue, ils s'imaginent qu'ils peuvent impunément l'insulter ; mais il suffit de leur montrer de la fermeté pour les rendre plus traitables. On me donna pour mon souper un peu de riz cuit à l'eau, même nourriture que celle des esclaves ; je n'avais rien pris de toute la journée, car on n'avait pas fait de cuisine, à cause de l'encombrement de la pirogue.

Le 24 mars, à quatre heures du matin, nous nous portâmes au N. E. Les matelots poussèrent notre embarcation avec une grande perche ; ils se servaient de pagaies dans les endroits trop profonds, et tiraient quelquefois à la cordelle en suivant le rivage.

Le fleuve est, dans cet endroit, large d'un demi-mille ; il est très-profond : ses rives, quoique très-basses, sont garnies d'une espèce de mimosa qui ne croît qu'en buisson rabougri. Vers sept heures du matin, nous fîmes halte devant le village de Soufara, situé à la rive droite sur une éminence qui le préserve de l'inondation. Il y a à côté de ce village un petit marigot qui coule à l'E. Nous descendîmes à terre pour acheter quelques maumies et des pistaches pour notre déjeûner : il n'existe pas dans ce lieu de marché établi ; mais il y a quelques marchands qui promènent dans les rues des pistaches et diverses petites productions du pays. Ce village peut contenir deux cent cinquante habitans : on n'y voit que de mauvaises cahutes en terre, construites comme celles des Bambaras ; elles n'approchent pas de la perfection des maisons de Jenné. Ils sont pêcheurs, et prennent beaucoup de poisson, avec des filets faits en coton ; ils font aussi usage de la ligne. Lorsque je fus revenu à bord de la pirogue, le nègre conducteur des esclaves et chargé de surveiller la cargaison me donna une moitié de galette pour mon déjeûner ; heureusement que j'en avais acheté étant à terre, sans cela j'aurais fait un triste repas. Les nègres m'importunèrent de nouveau pour avoir des cauris ; mais je persistai à ne rien leur donner. A sept heures et demie, nous continuâmes notre route : le fleuve, dans cet endroit, coule au N.; il continue d'être large, et profond de dix à douze pieds ; je pus juger de sa profondeur par le moyen de la grande perche avec laquelle les matelots poussent l'embarcation. Il était à-peu-près onze heures, lorsque nous passâmes à Cabia ; en face de ce village, il y a trois petites îles. Ici le fleuve tourne au N. E. et se rétrécit un peu. Vers deux heures, il se dirige au N.; à trois heures et demie, au N. E. : du reste, sa largeur et sa profondeur ne varient pas ; ses rives sont très-découvertes et basses ; de tous côtés s'offrent des plaines immenses dont l'uniformité n'est rompue que par quelques ronniers qui s'élèvent majestueusement à plus de quatre-vingts pieds dans les airs, et servent de bornes à l'horizon. Vers cinq heures du soir, nous aperçûmes le village de Taco, situé sur la rive gauche.

Au coucher du soleil, j'aperçus, dans la direction de l'E., deux mamelons à environ six milles des bords du fleuve, qui dans cet endroit coule au N. Nous fîmes halte, vers sept heures du soir, devant le village de Couna, habité par des Foulahs qui ne possèdent que des cases en paille. Il y avait dans le port sept embarcations allant toutes à Temboctou; de cet endroit on aperçoit très-bien les deux mamelons dont je viens de parler, et un peu au N. E. on en voit trois autres de la même hauteur. Nous passâmes la nuit dans ce village, également situé sur la rive gauche.

Le 25 mars, on m'apprit que la grande pirogue qui devait nous conduire à Temboctou était dans le port, et que nous allions nous y embarquer. Elle était couverte de nattes, et chargée de riz, de mil, de coton, d'étoffe, de miel, de beurre végétal, et d'une infinité d'autres productions du pays. Cette embarcation me parut très-fragile; elle était, comme les petites, jointe avec des cordes; elle avait bien soixante tonneaux de jaugeage.

Nous employâmes toute la journée à porter à bord les marchandises contenues dans la petite pirogue. Il y avait sur le rivage un grand concours de personnes, qui toutes étaient occupées à un genre d'industrie. Comme la chaleur était très-forte, on dressa des tentes; les nègres nous apportèrent leurs denrées à acheter; je m'imaginai, en les voyant, être dans un marché des bords du Sénégal. Le village est situé sur une petite élévation; il est ombragé par quelques ronniers et un mimosa, qui procurent peu d'ombrage ; aussi la chaleur y est-elle suffocante. J'allai visiter le marché, que je trouvai assez mal fourni, sans doute parce que nous étions dans le ramadan. Il y avait un peu de lait, des pistaches, du poisson sec et frais, des maumies, et d'autres menues denrées. Tout le monde me regarda avec indifférence; les jeunes filles parurent fort aimables en m'offrant leurs marchandises; cependant je n'achetai rien, à cause de la présence des Foulahs, qui sont plus fanatiques encore que les Maures, et qui, s'ils m'eussent vu manger quelque chose, m'auraient peut-être traité d'infidèle. Cependant mes hôtes de Jenné m'avaient engagé à ne pas jeûner en route, disant que je remplacerais à Temboctou le même nombre de jours où j'aurais manqué à ce devoir religieux. Je m'assis un instant sous l'arbre situé sur le bord du fleuve, et je m'amusai un instant à regarder une réunion de jeunes nègres et de jeunes négresses qui, tout en se baignant, dansaient et sautaient, se livrant à la plus naïve gaieté.

Un peu au N. du village, le fleuve est barré par un banc de sable qui se trouve au milieu : je le vis couvert d'une multitude d'oiseaux aquatiques de toute espèce, dont les plumages blancs faisaient l'effet d'une nappe de neige au milieu du fleuve. Le canal pour le passage des embarcations se trouve un peu rapproché de la rive droite. La campagne dans tous les environs est très-unie ; elle n'offre pas un seul petit arbuste ; ce sont des marais immenses inondés lors de la crue des eaux. Les rives du fleuve sont tellement basses, qu'il semble être toujours prêt à déborder. Je fis rencontre, dans ce village, d'un marchand maure venant de Temboctou dans une pirogue ordinaire chargée de sel ; il avait, me dit-il, mis un mois pour venir de Cabra à Couna ; je l'engageai à venir à bord de notre embarcation, pour se rafraîchir d'un peu de dokhnou et d'eau. Le dokhnou est, comme je l'ai dit plus haut, un mélange de farine de mil et de miel que l'on délaie pour ensuite le boire : il m'engagea à attendre le coucher du soleil, à cause des Foulahs, qui, s'ils nous voyaient boire, auraient de nous une mauvaise opinion ; il alla en attendant faire un tour dans le village, et je ne le revis plus.

Il y avait dans le port beaucoup de pirogues de pêcheurs ; quand ils prennent du poisson, soit au filet, soit à la ligne, ils le font sécher au soleil, et le vendent aux embarcations qui continuellement s'arrêtent chez eux; ils vont aussi en vendre à Jenné. A deux heures du soir, on vint me dire que le dîner était prêt, et me demander si je voulais en prendre ma part; car on ne faisait pas jeûner les esclaves, et l'on m'assimilait à eux. Pour n'être vu de personne, je me rendis dans l'embarcation pour prendre ce repas à mon aise; il consistait en un peu de bouillie de farine de mil, sans aucun assaisonnement. Après ce frugal repas, on ôta les fers aux esclaves : je jouis un moment du plaisir que ces malheureux éprouvèrent de se voir dégagés, pour quelques instans, de leurs détestables chaînes; ils paraissaient contens; ils essayèrent de marcher; mais ce ne fut pas sans beaucoup de peine qu'ils firent quelques pas ; les fers qu'ils avaient depuis Jenné leur avaient blessé les pieds.

N'ayant plus rien qui nous retînt dans le village, nous fîmes route vers deux heures du soir, par un temps calme, notre direction étant le N. La grosse embarcation n'allait pas aussi vîte que la petite que nous avions laissée; aussi nous ne faisions à-peu-près que deux milles à l'heure.

Vers cinq heures du soir, nous passâmes devant Taguetia, situé sur la rive gauche. Il y a, en face de ce village, un marigot qui coule à l'O.; il peut avoir vingt-cinq à trente brasses de large; le village de Sangouno se trouve sur une de ses rives : à l'embouchure de cette branche, il y a deux petites îles d'un quart de mille de tour environ, sur lesquelles sont situées quelques cases de pêcheurs. Le fleuve est toujours de la même largeur, et continue au N.; il est très-profond; les rives en sont basses et dégarnies.

A dix heures du soir, nous fîmes halte devant Sankha-guibila. Le fleuve fait, dans cet endroit, un petit coude à l'O., et tourne encore au N. Les habitans établirent un petit marché; ils apportèrent du lait et du poisson sec, que les nègres des embarcations achetèrent et payèrent en cauris, seule monnaie en usage sur les bords du fleuve jusqu'à Temboctou: bientôt il arriva de tous côtés des gens avec des pots en terre, des calebasses, des nattes, et diverses autres marchandises. Il peut y avoir dans ce village quatre cents habitans, Foulahs, Mandingues et Bambaras de Jenné.

Le 26, à trois heures du matin, nous quittâmes le village de Sankha-guibila, dont les cahutes sont toutes en paille, mais mal construites. Nous fîmes route assez lentement à l'O. Au lever du soleil, nous vîmes le fleuve tourner au N.; ses rives sont ornées de quelques buissons rabougris.

A quatre heures du soir, nous passâmes devant Diébé, situé sur la rive droite, en face duquel il y a un banc de sable. Tous ces villages sont en général petits et se ressemblent à-peu-près. La population varie peu. Nous fîmes halte pendant près de deux heures, pour n'avoir pas à lutter contre le vent de N. qui soufflait avec force, et qui probablement aurait brisé notre frêle embarcation. Quand il eut cessé, nous continuâmes notre route, et fîmes halte à neuf heures à Isaca, où nous passâmes la nuit et le jour suivant; car le vent, ayant dans la nuit passé au N. E., soufflait bon frais. Les rives du fleuve sont si basses que le moindre vent empêche les embarcations de faire route : pour peu que l'eau fût agitée, les lames embarqueraient à bord des pirogues, et les feraient couler, ce qui arrive quelquefois. La population d'Isaca peut monter à sept ou huit cents habitans, tous Foulahs. Leurs maisons sont construites en briques cuites au soleil; elles ressemblent à celles des Bambaras.

Les habitans nous apportèrent des poissons frais, du lait aigre et du beurre, que nous achetâmes; le beurre frais était en petites boules de la grosseur d'une pomme d'api, qui coûtaient six cauris pièce. Je vis, dans ce village, une infinité de poisson sec : les habitans en font un grand commerce; ils le portent à Jenné, et dans d'autres marchés des environs de chez eux. Le grand bras que les nègres me dirent partir de Ségo, et formant une île immense, rejoint le fleuve à un quart de mille d'Isaca. Ce bras, qui vient de l'O., est très-large et paraît navigable pour de grandes embarcations; son cours n'est pas rapide, car ses eaux paraissent dormantes. Le village est situé sur la rive droite du fleuve; il est habité par des Foulahs semblables à ceux du Fouta-Dhialon; ils sont sujets de Ségo-Ahmadou, dont la capitale, al-Lamdou Lillahi, est située à un jour à l'E. d'Isaca. Ils nourrissent beaucoup de troupeaux, qui sont leur principale richesse, et cultivent du riz dans les plaines inondées par les débordemens des eaux. Ils pêchent beaucoup avec des filets faits en corde de coton. Les femmes font de belles poteries, qu'elles vendent à Jenné et aux embarcations qui vont à Temboctou. Le village est situé sur une petite élévation ; il s'y tient un grand marché de comestibles.

Avant d'aller plus loin, je vais donner la description des pirogues sur lesquelles on fait le trajet de Jenné à Temboctou, et qui servent à entretenir un commerce tellement actif sur tout le fleuve, que souvent les flottilles sont composées de soixante à quatre-vingts embarcations, toutes richement chargées de divers produits.

Une embarcation du port de soixante à quatre-vingts tonneaux a environ quatre-vingt-dix à cent pieds de long, douze à quatorze de large au milieu, et six à sept pieds de cale; ces pirogues, grandes ou petites, sont généralement peu solides, et je suis encore étonné qu'elles puissent porter d'aussi fortes cargaisons que celles dont on les charge, et qui consistent en riz, mil, beurre, miel, ognons, pistaches, noix de colats, étoffes, et divers objets confectionnés; indépendamment de cette cargaison, elles portent encore quarante ou cinquante esclaves, dont la moitié reste sur le pont.

Leur équipage se compose de seize à dix-huit mariniers, deux hommes pour gouverner, et un patron qui tient lieu de capitaine. La manière dont ces embarcations sont construites démontre leur peu de solidité. De grandes planches de cinq pieds de long sur huit pouces de large et un pouce d'épaisseur à-peu-près[1], sont bien ajustées et attachées ensemble, au moyen de cordes faites avec le chanvre du pays et avec des feuilles de ronnier; ces cordes ont la propriété de se conserver assez long-temps dans l'eau, avantage bien précieux, puisque, dans le pays, les hommes n'ont pas l'habitude de se servir de fer dans leurs constructions.

Les ouvriers joignent d'abord les planches par une première couture, qui laisse toujours beaucoup de jour, parce que les planches ne se rapprochent jamais complètement; on les calfate avec de la paille pilée, réduite en étoupe, et mêlée avec de la vase argileuse

---

(1) Ces planches sont faites à la scie; du moins je crois en avoir la certitude : ils doivent aux Maures la connaissance de cet outil; le bois est trop rare dans cette contrée pour ne tirer d'un arbre qu'une seule planche.

qu'ils se procurent dans les marais et sur les bords du fleuve. Quand les trous sont ainsi bouchés avec ce mastic, ils mettent par-dessus la couture une quantité suffisante de paille fraîche, qu'ils ajustent fortement par une seconde couture, et, par ce moyen, parviennent à la consolider assez pour faire la navigation du fleuve. Ils posent dans le fond, de distance à autre, des tringles pour consolider cette masse ; on en met de même dans le haut, à la place où devrait être le pont. L'embarcation finie, on la couvre avec de petits morceaux de bois flexible, tournés en forme de berceau, auxquels ils attachent en travers d'autres morceaux de bois plus minces ; c'est ce qui forme le pont, qui est élevé de trois pieds et demi au-dessus des bords, et recouvert de nattes faites dans le pays avec des feuilles de ronnier : on place sur ce pont ou dunette les marchandises les plus légères ; on les attache fortement sur les bords des deux côtés, et elles forment une espèce de bordage qui n'est pas très-élevé, mais suffit toutefois pour empêcher les esclaves qui y couchent de tomber dans l'eau ; on charge l'embarcation à deux pieds et demi ou trois pieds au-dessus de son niveau, jusque sur l'avant.

Comme ils ne connaissent pas l'usage des pompes, ils laissent au milieu de la pirogue un espace découvert, destiné à placer deux hommes qui sont continuellement occupés à jeter l'eau qui filtre à travers les coutures ; malgré la vîtesse avec laquelle ils la versent, il y en a toujours un demi-pied dans l'embarcation. Ces hommes font le quart comme à bord de nos navires ; ils se relèvent de six en six heures. Ils se servent de grandes calebasses pour épuiser l'eau. J'ai vu cet endroit de la pirogue toujours plein de byssus d'une belle couleur verte. C'est aussi dans cet endroit que les femmes allument du feu, pour faire la cuisine de l'équipage : elles ont, à cet effet, des fourneaux en terre qu'elles transportent à volonté ; ce sont de grands réchauds, de forme ronde, évasés, faits en terre glaise, et fabriqués à Jenné ou dans les environs ; ils ont à-peu-près quatre pieds de circonférence ; il y a sur le plateau dans lequel on fait le feu, trois petits supports en forme de trépied qui soutiennent la marmite destinée à cuire le riz de l'équipage. Au moyen de ces fourneaux portatifs, on ne craint pas de mettre le feu à bord de l'embarcation. Avant d'embarquer les marchandises, on garnit la cale de gros morceaux de bois, afin de les préserver des avaries qu'occasionnerait la grande humidité.

Ces embarcations, n'ayant pas de voiles, ne peuvent marcher que par des temps très-calmes ; elles sont si fragiles, que le moindre vent qui soulève les eaux du fleuve, dont les rives sont très-basses, forme des vagues qui, en frappant contre les bords, pourraient les briser ou les submerger : ce danger oblige à relâcher très-souvent, et rend cette navigation lente et périlleuse. Lorsque les rives sont entièrement dégarnies de broussailles, les matelots tirent l'embarcation à la cordelle, et, quand ils peuvent atteindre le fond avec leur perche, ils poussent : cette manière est celle par laquelle on fait le plus de route; c'est par le moyen de ces morceaux de bois, qui ont douze à quinze pieds, que je jugeais de la profondeur du fleuve. Comme les perches de cette longueur sont très-rares dans cette contrée, ils en ajoutent deux ensemble par les bouts. Il arrive quelquefois que les rives étant boisées et le fleuve d'une profondeur à ne pouvoir atteindre le fond avec ces perches, les mariniers naviguent avec des pagaies de trois pieds de long : on laisse, tout-à-fait sur le devant, un espace découvert, n'occupant que douze ou quatorze pieds, pour l'emplacement des rameurs ; ils se tiennent tantôt debout, pressés contre le bord, et d'autres fois assis sur les marchandises; ils ont à peine de la place pour se retourner, tant la pirogue est chargée; ils sont nus, rament très-vîte et en observant la mesure.

Le patron se tient derrière, et gouverne assez difficilement avec une grande perche qui lui tient lieu de gouvernail; il a beaucoup de peine à diriger cette grande machine; aussi se mettent-ils souvent deux pour y parvenir. Un gouvernail dans le genre de ceux des embarcations qui descendent la Seine, leur serait bien nécessaire; mais ils n'en connaissent pas encore l'usage. Chacune des embarcations a un capitaine qui conserve beaucoup d'autorité sur son équipage; je ne me suis jamais aperçu qu'il en ait abusé, comme cela arrive quelquefois chez nous, sur-tout dans la marine marchande. Tous les mariniers nègres qui naviguent sur le fleuve sont esclaves; il y a aussi quelques patrons qui sont de cette classe; leurs maîtres leur donnent la moitié des salaires qu'ils gagnent. Les hommes libres croiraient se dégrader en se livrant à ce métier.

Le 28, à quatre heures du matin, le vent diminua, et nous continuâmes notre route au N.: le fleuve est toujours de même largeur, et ses rives également basses et dégarnies. Vers sept heures du matin, le vent du N. E. souffla de nouveau plus fort que la veille, et nous fûmes obligés de faire halte devant une grande plaine de sable blanc et mouvant, qui, inondée dans la crue des eaux, forme un large banc; la passe se trouve sur la rive gauche. Le vent élevait une quantité de sable qui ajoutait encore à l'incommodité de la grande chaleur.

Pour alléger la pirogue, on mit à terre tous les esclaves, et l'on envoya les pileuses de riz continuer leur ouvrage dans la plaine. Au coucher du soleil, le vent s'apaisa un peu; on aurait pu voguer toute la nuit : mais les nègres, à qui le temps ne coûte rien et qui ne sont jamais pressés d'arriver, jugèrent à propos d'attendre au lendemain.

Les esclaves, hommes et femmes, tous Bambaras, se mirent à sauter, danser et se divertir. Leur gaieté vive et naïve faillit nous occasionner un grand désagrément ; car les Foulahs, s'en étant aperçus, vinrent à bord à la nuit tombante ; ils étaient environ trente, tous armés d'arcs et de piques. Ils blâmèrent sévèrement la liberté qu'on laissait prendre aux esclaves, de danser durant le ramadan, ajoutant qu'ils semblaient se jouer de la religion, et qu'en punition de cette faute, il fallait leur faire payer cinq mille cauris, somme équivalente à vingt-cinq francs. Le patron chargé de la garde des esclaves défendit vivement la cause de son maître ; la discussion fut longue et vive : ils étaient tous assis sur le sable, formant un cercle ; les Foulahs ne voulaient rien céder de leurs prétentions. Enfin, on parvint à leur faire entendre raison, et la querelle se termina aux dépens des pauvres esclaves, qui, pour leur punition d'avoir dansé dans ce saint temps, reçurent chacun cinq coups de corde sur le dos : mais la sentence ne fut pas exécutée rigoureusement, et ne les empêcha pas de recommencer à danser, après le départ des fanatiques et ridicules Foulahs.

La prudence m'avait jusqu'alors tenu éloigné de

cette scène; mais j'étais curieux d'apprendre, avant le départ de ces rigides observateurs de l'islamisme, quel était le sujet de leurs débats : je m'approchai donc, et m'assis auprès d'eux sur le sable. Ils furent étonnés de me voir, car ils ne m'avaient point aperçu, tant ils étaient occupés des cinq mille cauris qu'ils se croyaient le droit d'exiger : ils dirent au patron que j'étais certainement le chef de la pirogue et le propriétaire de la cargaison; que sans doute j'avais de l'or, et qu'il fallait que je leur fisse un beau présent.

On leur assura que j'étais un pauvre Arabe que les chrétiens avaient enlevé à son pays dès sa plus tendre enfance, et que j'allais à la Mecque rejoindre mes parens : satisfaits de cette explication, ils n'en demandèrent pas davantage.

Le propriétaire de la pirogue avait mis à bord de notre embarcation un nègre mandingue pour veiller à la sûreté de la cargaison; cet homme était chargé de pourvoir à mes besoins, et s'en acquittait très-mal, car depuis Jenné il ne m'avait donné que du riz cuit à l'eau comme aux esclaves. Plus exact que les Maures, il jeûnait en route, et ne faisait qu'un repas par jour, que nous prenions ensemble à six heures et demie du soir; c'était pour moi le meilleur de la journée, parce qu'il y faisait ajouter un peu de poisson sec et de beurre végétal, ne croyant pas nécessaire de faire la cuisine exprès pour moi; en conséquence, il me faisait manger avec les esclaves. Je me plaignis de ce traitement; et pour toute réponse à mes réclamations réitérées, il dit qu'il ne prendrait pas la peine de faire allumer du feu pour une seule personne; que je devais me contenter de ce qu'il me donnait. Ne pouvant mieux faire, je pris mon mal en patience; je me trouvais heureux, quand je pouvais me procurer un peu de lait aigre, que je mêlais avec mon dîner pour lui servir d'assaisonnement.

Le 29 mars, à trois heures du matin à-peu-près, nous continuâmes notre route. La nuit, l'étoile polaire me servait de boussole, et la position des étoiles m'aidait à estimer le temps. Vers neuf heures, le vent ayant fraîchi, nous fûmes obligés de faire halte jusqu'à midi que nous continuâmes; à deux heures nous arrêtâmes de nouveau : la chaleur était si forte, qu'elle m'occasionna un accès de fièvre, qui heureusement n'eut pas de suite. A cinq heures du soir, le vent cessa, et nous pûmes nous remettre en route. Au coucher du soleil, nous passâmes devant Ouandacora, village situé sur la rive gauche; tout près de là coule à l'ouest un bras du fleuve, ou un marigot. A huit heures du soir, nous nous trouvâmes en face d'Ouanza, la route toujours au nord. Nous fîmes halte, vers une heure du matin, dans un endroit où il n'y avait pas de village; le fleuve peut avoir là trois quarts de mille de largeur et huit à neuf pieds de profondeur; ses rives sont toujours basses et très-découvertes.

Le 30 mars, à six heures du matin, nous nous mîmes en route, toujours dans la même direction. Vers neuf heures du matin, le vent N. E. soufflait avec violence, et nous obligea de faire halte devant le village de Sançan : le fleuve est toujours aussi large, mais les rives sont garnies de quelques mimosas, qui réjouissent la vue fatiguée par l'absence si longue de toute végétation. Vers cinq heures du soir, le vent étant un peu tombé, nous fîmes route au N. E. : les campagnes des deux côtés du fleuve étaient couvertes de nombreux troupeaux de bœufs, dont les sourds mugissemens retentissaient au loin; ils appartiennent aux Foulahs qui habitent les villages situés à quelque distance du rivage, et composent leur unique fortune. A six heures du soir, nous passâmes sur un banc de sable qui barre le fleuve, et lui donne en cet endroit un grand mille de large; l'embarcation toucha plusieurs fois, et les matelots furent obligés de se jeter à l'eau pour mettre à flot la pirogue, qui pouvait tirer quatre pieds et demi d'eau : à force d'efforts, nous gagnâmes la passe qui se trouve un peu sur la rive droite. Je vis des milliers d'oiseaux trompettes qui s'abattaient en troupes serrées sur les bancs de sable presque à sec, et qui, comme leur nom l'indique, semblaient, par leurs cris perçans, sonner la charge sur les poissons destinés par la nature à leur servir de pâture : il y avait aussi beaucoup de canards, de sarcelles, de plongeons, de pélicans, d'aigrettes, et une infinité d'autres oiseaux aquatiques qui habitent ces immenses marais et s'y multiplient dans une parfaite sécurité, car les peuples de ces contrées ne troublent jamais la paix dont ils jouissent; la poudre est un objet trop rare, et le plomb leur est inconnu ; ils n'ont d'autres armes que des piques.

Nous continuâmes notre route jusqu'à minuit : les forces épuisées de nos rameurs demandaient du repos; on amarra l'embarcation au moyen de deux piquets plantés sur le rivage, et nous nous livrâmes au sommeil.

Le 31 mars, à six heures du matin, nous nous remîmes en route au N.; à sept heures nous passâmes devant le village de Corocoïla, situé sur la rive droite, et qui peut contenir cinq à six cents habitans Foulahs; il y en a aussi qui sont originaires de Jenné. Dans tous les villages sur les bords du fleuve, on parle la même langue qu'à Jenné et à Temboctou; on la nomme *kissour;* on y parle aussi celle des Foulahs. On voyait encore sur le bord du fleuve de nombreux troupeaux de bœufs.

A dix heures, nous fîmes halte à deux milles au N. de Cobi. Entre ce petit village et Corocoïla, se trouve une jolie petite île d'environ deux milles de tour, couverte de la plus belle végétation, et que je fus étonné de voir déserte. Dans la soirée, nous fîmes environ trois milles au N. pour atteindre Cona, premier village du pays de Banan, que les nègres nomment *Banan-dougou* (*terre de Banan*) : ce village peut contenir environ huit cents habitans, tous nègres; il y a dans le pays quelques Mandingues et Foulahs qui y font le commerce; il est situé sur la rive droite du fleuve; ses environs sont marécageux.

Les gens de notre bord achetèrent beaucoup de tamarin, des pots en terre, des cuirs de bœuf non tannés, destinés aux emballages. Les habitans nous apportèrent du lait, des giraumons et autres articles.

Je fis rencontre, dans cet endroit, de deux Maures d'Adrar, qui étaient propriétaires d'une très-grande pirogue qui portait au moins quatre-vingts tonneaux de marchandises ; ils allaient à Temboctou trafiquer de celles qu'ils avaient achetées à Jenné ; une autre petite embarcation, de sept à huit tonneaux, leur servait de bâtiment de transport pour leur personne et leurs provisions particulières, et elle suivait la grande à des distances variables, car cette dernière, encombrée de marchandises, marchait lentement.

Après avoir fait connaissance avec moi, ils m'engagèrent à partager leur bouillie de riz et à boire un peu de lait, en attendant le souper. Vers sept heures du même soir, ils se mirent en route; mais nous restâmes jusqu'au lendemain. Plusieurs des gens de notre bord allèrent au village faire de petits achats pour pacotilles. Le pays de Banan est indépendant de celui de Ségo-Ahmadou; il est situé sur la rive droite du fleuve, et s'étend très-loin à l'E.; ses habitans sont tous mahométans; ils ont beaucoup d'esclaves qu'ils occupent dans leurs cultures. Ils s'adonnent aussi au commerce, construisent des pirogues, font des voyages de Jenné à Temboctou. Ils sont très-riches en troupeaux de bœufs, de moutons, de chèvres, et nourissent beaucoup de volailles. Ils sont assez industrieux, et fabriquent des étoffes de coton qu'ils vendent à leurs voisins. Le cotonnier, qu'ils cultivent, croît très-bien dans leurs terres. Ils fabriquent aussi des étoffes avec la laine de leurs moutons; ils en font un article de commerce.

J'ai vu les habitans, qui ne sortent qu'armés de piques, d'arcs et de flèches. Ils ont les cheveux crépus, le teint très-noir, et, du reste, tous les traits des Mandingues, dont ils sont une famille; seulement ils parlent une autre langue.

Vers dix heures de la nuit, nous quittâmes le village de Cona, par un temps calme et un très-beau clair de lune, qui aurait favorisé notre navigation; mais les nègres jugèrent à propos de faire halte vers onze heures de la nuit : lorsque les embarcations sont une fois arrêtées, ils se livrent tous au sommeil;

personne ne monte la garde à bord, car ils n'ont pas l'habitude de veiller.

Le 1.er avril, à six heures du matin, nous nous disposâmes à partir : le vent soufflait légèrement ; mais vers dix heures du matin, il souffla avec tant de violence, qu'il fut impossible de continuer la route : les vagues agitées eussent infailliblement brisé notre barque, qui, par ce mauvais temps, faisait de l'eau plus qu'à l'ordinaire.

Les fréquentes haltes que nous étions obligés de faire, me contrariaient beaucoup, car j'étais forcé de rester à bord, à l'ardeur du soleil : si encore les campagnes eussent été garnies de beaux sites, comme les bords rians du Sénégal ! mais par-tout ici des plaines immenses et monotones fatiguent l'œil du voyageur.

La direction du fleuve est toujours N., en faisant quelques petites sinuosités. Depuis le 31 mars au matin jusqu'au 1.er avril, je vis une grande côte d'environ deux cent cinquante pieds d'élévation, qui suit le cours du fleuve, à trois ou quatre milles de sa rive gauche. Cette côte est aride, sans aucune végétation ; elle paraît être composée de sable rouge.

Nous attendions chaque jour le propriétaire de la pirogue, qui, en partant de Jenné, avait promis de ne pas tarder plus de deux jours à nous rejoindre ; il m'avait assuré que, même en son absence, je serais bien traité à bord. Il en arriva tout autrement ; aussi l'attendais-je avec la plus vive impatience, croyant que sa présence apporterait quelque amélioration à ma position.

Depuis mon départ de Jenné, je souffrais horriblement de me trouver seul de blanc avec des nègres dont je n'entendais pas la langue : cette circonstance, jointe à ma qualité d'étranger presque dépourvu de tout, semblait les autoriser à m'insulter grossièrement ; ils me mettaient absolument au rang des esclaves.

Le jour, la chaleur était très-forte ; j'avais une peine infinie à trouver une place pour me mettre à l'abri de l'ardeur d'un soleil brûlant, qui devient presque insupportable lorsqu'on est obligé de rester dans l'inaction. La nuit je couchais sur le pont, car il n'y avait pas de place pour moi dans l'embarcation ; j'étais exposé au serein et à toutes les intempéries de la nuit : j'avais cependant le soin de m'envelopper d'une peau de mouton ; mais cette précaution ne m'empêcha pas d'être atteint, le 31 mars, d'une forte indisposition ; j'eus de violens étourdissemens, suivis d'une grande faiblesse : mon estomac ne pouvait plus supporter aucun aliment.

Depuis cette indisposition, on me permit d'habiter l'intérieur de la pirogue : mais la place qui me fut assignée était fort incommode ; j'étais avec un nègre mandingue et son esclave, qui était une femme ; ils me laissaient si peu d'espace, que je ne pouvais m'étendre ; ma tête touchait à mes genoux. J'avais précisément été recommandé aux soins de ce nègre par le chérif Oulad-Marmou ; mais il n'en tint aucun compte, et fut aussi impitoyable pour moi que tout ce qui composait notre embarcation. Je dois cependant excepter un jeune Foulah de Massina, employé à l'équipage : le chérif m'avait aussi recommandé à lui ; ce fut le seul dans lequel je trouvai de l'obligeance. Il descendait à terre quand je l'en priais, m'achetait du lait, me rendait service toutes les fois qu'il en trouvait l'occasion ; je puis même dire qu'il me consolait lorsque je m'affligeais du peu d'égards qu'on avait pour moi ; il réprimait souvent l'insolence des esclaves, qui, suivant l'exemple des autres, se permettaient aussi de me manquer grossièrement ; enfin, j'aurais été bien plus malheureux sans les soins que ce bon jeune homme me donnait.

Dans le cours de mon voyage, j'ai souvent été en relation avec des Mandingues ; à la seule exception de ceux de Cambaya, dans le Fouta, j'ai toujours trouvé ces hommes arrogans, lorsqu'ils ont un peu d'autorité ; flatteurs, mendians, souples et rampans envers leurs supérieurs, et lâches quand on leur résiste. Je les voyais, dans le trajet de Timé à Jenné, insulter les pauvres Bambaras en leur vendant leurs marchandises, leur parler durement, même leur dire des injures dans leur langage; mais quand les Bambaras leur tenaient tête, ils se taisaient et devenaient humbles. Les femmes ont les mêmes défauts, auxquels elles joignent un ton criard insupportable.

Le 1.er avril, le vent continua de souffler jusque vers quatre heures du soir, qu'il se calma un peu. Nous voguâmes dans la direction du N. Vers six heures et demie du soir, nous fîmes halte à Toï. Le fleuve est toujours le même; ses rives sont basses et découvertes; dans bien des endroits, on ne voit pas un seul petit arbrisseau. A neuf heures du soir, nous nous mîmes en route, suivant toute la nuit la direction du N. Le fleuve fait quelques petites sinuosités à l'E.

Le 2 avril, le temps continua d'être calme; nous passâmes vers huit heures du matin parmi de grandes îles qui se trouvent non loin de l'embouchure du lac Débo. Le fleuve, dans cet endroit, est divisé par plusieurs îles qui le partagent en différentes branches étroites, mais très-profondes. Il y en a deux plus grandes que les autres qui seraient susceptibles d'être habitées; car, lors du débordement, elles ne sont inondées que dans quelques parties. Sur l'une des deux, il y a des cases de pêcheurs, et de bergers qui soignent de nombreux troupeaux qui paissent dans les marais, où ils trouvent de gras pâturages. Ces immenses marais sont couverts d'une quantité d'oiseaux aquatiques de toute espèce. Il y a une infinité d'autres petites îles, couvertes de grandes herbes, et inondées dans toutes les saisons : lors du débordement de ce fleuve immense, les herbes sont couvertes par les eaux; alors le lac paraît beaucoup plus grand, on n'aperçoit plus ses rives; on le prendrait alors pour une mer intérieure.

Vers trois heures du soir, après une marche très-lente et plusieurs stations, nous atteignîmes l'embouchure de ce grand lac. Environ à six milles au S. O. de cette embouchure, se trouve un rocher qui s'élève en pain de sucre tronqué; il est situé dans un marais inondé, couvert d'herbe toujours verte. Ce rocher énorme, dénué de toute végétation, fait un contraste singulier avec la fraîcheur de ces lieux. Comme les naturels ne lui ont point assigné de nom, et que ce point est très-remarquable, je crus pouvoir lui en donner un : je nommai cet îlot *Saint-Charles*. Au N. E., environ à neuf ou dix milles de celui-là, est une petite île, située dans le lac; j'y ai remarqué quelques arbres presque démunis de feuilles; elle est susceptible d'être habitée; on pourrait y construire un très-beau port : je lui donnai le nom d'*île Henri*, en l'honneur de S. A. R. Mgr le duc de Bordeaux. Une troisième, formant également un rocher, se trouve au milieu des deux premières, un peu à l'E. de la ligne qui les joint; je la nommai *Marie-Thérèse*, en l'honneur de S. A. R. Madame la Dauphine. Deux de ces îles paraissent dominer l'embouchure du lac; si l'on construisait un fort sur l'une des trois, il commanderait tous les environs, et l'on se rendrait maître de la navigation.

Au N. N. E. de l'île Marie-Thérèse, on voit une côte ou montagne de cinquante à soixante brasses d'élévation : elle est composée de terre rouge et de grosses roches poreuses de même couleur; quelques pêcheurs se sont établis sur le penchant de cette montagne, qui est extrêmement aride.

On voit la terre de tous les côtés du lac, excepté à l'O., où il se déploie comme une mer intérieure. En suivant sa côte N., dirigée à-peu-près O. N. O., dans une longueur de quinze milles, on laisse à gauche une langue de terre plate, qui avance dans le S. de plusieurs milles; elle semble fermer le passage du lac, et forme une espèce de détroit. Au-delà de cette barrière, le lac se prolonge, comme je l'ai dit, dans l'O. à perte de vue.

La barrière que je viens de décrire divise ainsi le lac Débo en deux, l'un supérieur, l'autre inférieur. Celui où les embarcations passent, et où se trouvent les trois îles dont j'ai fait mention, est très-grand; il se prolonge un peu à l'E., et est entouré d'une infinité de grands marais; on aperçoit la terre de tous côtés.

Lorsque nous fûmes entrés dans le premier, jusqu'au milieu, trois des grandes embarcations tirèrent des coups de fusil, pour saluer ce lac majestueux, et l'équipage de chaque embarcation criait de toutes ses forces, *Salam! Salam!* en répétant ce cri plusieurs fois. Nous nous tenions éloignés des rives de l'E., et l'on naviguait avec beaucoup de précaution. Les eaux étaient claires et paisibles; le courant n'était presque pas sensible; il y avait, dans l'endroit où nous passions, douze à treize pieds d'eau : les pirogues n'allaient qu'à la rame, et très-lentement. Je ne pouvais revenir de ma surprise, de voir dans l'intérieur du pays un aussi grand volume d'eau; il avait quelque chose de majestueux.

Vers cinq heures du soir, nous arrivâmes devant Gabibi, petit village de pêcheurs, situé sur la rive droite du lac. Les cases de ce village sont en paille, et de forme ronde. Depuis l'embouchure, nous avions fait route au N. E. ; nous passâmes très-près de l'île Marie-Thérèse, sur laquelle je remarquai de très-beau granit de couleur marron-clair; nous quittâmes Gabibi. Au coucher du soleil, je vis, pour la première fois depuis mon départ de la côte, cet astre disparaître dans une sorte d'océan.

Nous suivîmes ensuite la côte, à quelque distance, dans la direction de l'O. N. O.; les mariniers poussaient, en chantant, la pirogue à la perche. On aperçoit de gros blocs de granit. Vers onze heures du soir, nous fîmes halte devant Didhiover, grand village habité par des Foulahs, qui n'ont que des cases en paille, de la forme de celles des Foulahs pasteurs. Quelques nègres allèrent au village acheter des giraumons. Nous ne pûmes nous procurer une seule goutte de lait.

CHAPITRE XX.

Tongom, village du pays des Dirimans. — Co. — Do. — Sa, port commerçant. — Flottilles marchandes. — Les Sorgous ou Touariks, peuple errant et pillard. — Baraconga. — Lelel. — Garfola. — Filinça. — Baracondié. — Tircy. — Boisson tirée du kondou. — Alcodia, chef-lieu des Dirimans. — Usages des habitans. — Salacoïla. — Cora. — Coratou. — Séparation du fleuve en deux branches. — Arrivée à Cabra, port de Temboctou. — Description du lieu.

Le 3 avril, nous quittâmes le village de Didhiover, qui se trouve près de l'embouchure septentrionale du lac. Le fleuve peut avoir, en sortant du lac, environ six milles de largeur. Au lever du soleil, nous fîmes route au N., laissant celui-ci se prolonger à l'O. Dans le cours de la matinée, nous passâmes devant le village de Tongom, de la dépendance du pays des Dirimans; il peut contenir quatre à cinq cents habitans.

Vers une heure du soir, nous fîmes halte dans un endroit où il y avait quelques buissons, pour y faire du bois à brûler. Le fleuve, en cet endroit, peut avoir trois quarts de mille. Je descendis à terre avec les esclaves; la campagne, sujette aux inondations, est couverte de quelque végétation, de mimosas de douze pieds d'élévation et de nancléas. Dans le cours de la journée, le patron de la pirogue me pria de lui prêter cinq mille cauris jusqu'à l'arrivée du Maure propriétaire, que nous attendions de jour en jour. Ce nègre m'avait déjà trompé plusieurs fois; et comme je craignais de n'être jamais remboursé, ce qui me fût infailliblement arrivé, je refusai de lui prêter cette somme. Il me fit solliciter par plusieurs personnes; je résistai toujours. Voyant que je paraissais décidé à ne lui rien prêter, il me fit beaucoup de menaces, et alla jusqu'à me tirer par les jambes pour m'obliger à sortir de l'embarcation; il prit mes effets, et les jeta sur le pont, en proférant des paroles grossières; il voulait me faire sortir pour me mettre avec les esclaves; et mille autres insultes de ce genre.

Lorsque je descendis à terre, il ne voulut pas que j'entrasse dans la petite embarcation; je ne savais à qui me plaindre de toutes ces tracasseries, car il n'y avait point de chef à bord qui pût me protéger. Le jeune Foulah obtint de lui de me laisser embarquer dans la petite pirogue, avec plusieurs esclaves, pour me mettre à terre. Je m'assis à l'ombre d'un mimosa; et réfléchissant assez tristement aux désagrémens toujours nouveaux auxquels je serais en butte durant le cours de la navigation, si je ne lui prêtais pas les cauris qu'il me demandait, je me décidai à faire ce sacrifice. Il vint me trouver à terre, et m'adressa de nouveaux reproches, m'assurant que bien certainement je devais avoir confiance en lui; qu'il me rembourserait aussitôt après l'arrivée de son maître. Quoique mes ressources diminuassent beaucoup, et que la moindre prodigalité me fût nuisible, je lui promis, pour avoir la paix, de lui en prêter mille; dès ce moment la querelle fut terminée. Son exemple fut suivi par un de ses camarades. Ces deux nègres abusèrent entièrement du délaissement dans lequel j'étais; et lorsque nous fûmes arrivés à Temboctou, je ne pus me faire rembourser.

Vers trois heures du soir, nous nous disposions à partir, lorsque la petite pirogue qui était venue à terre prendre les esclaves pour les transporter à bord, coula à fond, parce qu'elle était trop chargée, et qu'elle faisait eau. Les pauvres femmes, embarrassées par la pagne qu'elles avaient autour des reins, coururent le plus grand danger; on alla promptement à leur secours, et tout le monde arriva à bord sans autre accident. On a pour habitude de mouiller l'embarcation assez près du rivage; mais lorsque l'événement arriva, on avait déjà pris le large.

Le fleuve fait à l'E. un coude d'environ six milles; puis il tourne au N. : il est toujours large et profond; ses rives sont basses et arides.

Vers sept heures du soir, nous fîmes halte auprès de Moujo, village du pays de Diriman, de trois cents cinquante à quatre cents habitans. Les cases sont toutes en paille et en forme de pain de sucre. Dans la soirée, on vint m'avertir de l'arrivée de Sidi-Mbark (1), propriétaire de notre embarcation. J'allai aussitôt le voir à son bord, et l'instruire de la conduite que ses gens tenaient envers moi; mais il fit peu d'attention à mes réclamations: il était avec un Maure de ses amis, dans une petite pirogue de six tonneaux de port; il devait prendre les devans pour arriver avant nous à Temboctou. Je lui témoignai le desir de faire route avec lui dans sa pirogue, qui marchait très-vîte: il me représenta vivement qu'elle était trop petite, qu'il n'y avait pas de place pour me coucher, que d'ailleurs elle était trop chargée; il me recommanda de nouveau au Mandingue chargé de pourvoir à ma nourriture pendant le trajet, et l'engagea à mieux me traiter. Sidi-Mbark ensuite chercha à me consoler, m'invita à prendre patience, m'assurant que nous n'avions plus beaucoup de chemin à faire pour nous rendre à Cabra, terme de notre navigation.

Les Maures d'Adrar que j'avais vus au pays de Banan s'étaient arrêtés dans le même endroit que nous; ils envoyèrent à Sidi-Mbark un copieux souper

---

(1) Abréviation de Moubarek.

de riz, et de viande séchée au soleil, assaisonnée avec un peu de giraumons et quelques petits ognons du pays : il m'invita à venir en prendre ma part; ce que j'acceptai avec plaisir, car il était tard, et je n'avais pas encore soupé. Les Maures ont une adresse toute particulière à manger avec les doigts ; moi, bien que je prisse les mets à pleines mains depuis longtemps, j'étais loin de le faire aussi adroitement qu'eux ; je laissais tomber par terre une partie du couscous, ce qui les contrariait beaucoup, et les faisait médire des chrétiens, qui ne m'avoient pas même, disaient-ils, appris à manger décemment. C'étoit le premier bon repas que je faisais depuis mon départ de Jenné. Sidi-Mbark donna des noix de colats à ses gens, pour acheter des provisions. Je retournai à bord de notre pirogue, où je m'aperçus bientôt du peu d'égards que l'on avait aux recommandations du chef, en son absence.

Au lever du soleil, nous nous mîmes en route au N.; nous faisions deux milles à l'heure, laissant Mbark endormi dans sa petite embarcation; il nous eut bientôt dépassés, car il avait six bons nageurs. Il accosta notre pirogue, mit à bord quelques marchandises qui le gênaient, donna ses ordres, et nous quitta en engageant tout le monde à faire son devoir. Le fleuve tourne à l'O.; ses rives sont toujours aussi basses; dans cet endroit, la rive droite est un peu boisée; à dix heures il fait un coude au N. E., puis il tourne au N. Il était environ dix heures et demie, lorsque nous passâmes à Co, grand village aux environs duquel on voit quelques arbres, des tamarins et des rouniers. La rive gauche se compose de dunes de sable. Nous vîmes une petite île située au milieu du fleuve, en face du village de Co, contenant de cinq à six cents habitans Foulahs, qui ont de nombreux troupeaux. A midi, le fleuve tourne au N. E. jusqu'à quatre heures et demie, qu'il fait coude au N.; à cette heure-là, nous passâmes devant Do; puis il coule à l'O.; il est toujours large et si profond, que les mariniers se servirent de leurs pagaies pour naviguer. A six heures et demie du soir, nous fîmes halte à Sa, gros village entouré d'un mur et ombragé de quelques tamariniers (*tamarindus indica*). C'est, depuis Isaca, le seul village des bords du fleuve que j'aie vu entouré d'un mur. Nous joignîmes dans ce port trente à quarante grandes embarcations, devant toutes faire route pour Temboctou; il y avait beaucoup de ces pirogues qui portaient près de quatre-vingts tonneaux en capacité. Sa est un point de ralliement pour toutes les embarcations qui font ces voyages; elles ont l'habitude de faire route toutes ensemble, à cause du voisinage d'un peuple qui se trouve assez près de cette ville, et qui souvent vient à bord des pirogues exercer des actes de violence et de brigandage. Les naturels nomment cette nation les *Sourgous*, et les Maures les appellent *Touariks*. Il y avait, sur le port de Sa, quatre à cinq cents personnes, marins et habitans du village; ils regardaient la flottille. Le port était couvert de marchandises emballées, prêtes à être transportées à bord des embarcations. Le commerce me parut d'une activité étonnante ; la flottille avait quelque chose d'imposant que je ne m'attendais pas à trouver dans l'intérieur de l'Afrique. Le mouvement qui régnait de tous côtés, me faisait croire que j'étais dans un port marchand d'Europe. Les plus grosses des embarcations appartiennent à des propriétaires Maures : ce sont eux qui font le principal commerce dans tout le pays; ils forment des associations, et prennent des marchandises à fret pour les transporter à Temboctou, où ils reçoivent leur paiement en sel ou en cauris.

Le 5 avril, au lever du soleil, la flottille se mit en route au N., jusqu'à onze heures que le fleuve tourne au N. E. On entendait de tous côtés les cris joyeux des mariniers, qui, pour mieux célébrer leur joie, tiraient des coups de fusil. Nous passâmes devant le village de Baraconga, situé sur la rive gauche. Vers une heure du soir, nous fîmes halte devant Tantala, joli village, où l'on acheta du poisson sec, du lait, et de belles nattes faites en feuilles de ronnier; elles ont une forme longue; on s'en sert pour coucher et pour faire des sacs; elles ont une couleur jaune.

Nous continuâmes au N. E. : au coucher du soleil, nous passâmes devant un grand marigot qui coule à l'O.; et vers sept heures du soir, nous fîmes halte à Couma, où nous passâmes la nuit. Le fleuve et ses rives conservent toujours la même uniformité.

Le 6 avril, à cinq heures du matin, nous fîmes route à l'E.; le fleuve suit cette direction avec beaucoup de petites sinuosités N. et S. Vers trois heures du soir, nous passâmes à Lelel, gros village de cinq à six cents habitans, qui se trouve sur la rive gauche. Un peu avant, le fleuve fait un coude d'un mille et demi au N., puis retourne à l'E. A quatre heures et demie du soir, nous passâmes devant Garfola, village non muré, à-peu-près comme le précédent. Je vis autour une infinité de canards de Barbarie et autres oiseaux aquatiques. Les environs de ce village sont un peu élevés; quelques baobabs, bombax, tamariniers, somps, mimosas et naucléas, ornent ses environs. Le fleuve peut avoir un demi-mille de large dans cet endroit. Vers sept heures du soir, nous fîmes halte à Dobou, où nous passâmes la nuit.

Le 7 avril, nous attendîmes les grosses embarcations restées en arrière; et vers huit heures du matin, nous fîmes route au N. E. par un petit vent venant de cette direction; ayant augmenté, il nous obligea de faire halte, vers neuf heures du matin, à Filinça, village qui peut contenir cinq cents habitans. Il y

avait sur le port beaucoup de pirogues en réparation :
je vis travailler les charpentiers ; ils n'avaient pas
d'autres outils qu'une petite hache, faite en forme
d'herminette, avec laquelle ils façonnaient assez mal
de petits morceaux de planches, dont la plupart me
parurent détériorés ; c'étaient de vieux morceaux de
pirogue qu'ils faisaient resservir. Ces ouvriers pla-
çaient un morceau de planche sur le trou de la pirogue, et le cousaient avec des cordes faites en écorce
d'arbre. Ces morceaux sont toujours très-mal ajustés ;
mais pour boucher le jour qu'ils laissent, ils mettent
de l'étoupe faite de paille bien écrasée, qu'ils mêlent
avec un mastic de terre glaise, puis recouvrent ce
torchis avec de la paille neuve, qu'ils ajustent par
une seconde couture. Je m'étonne que ces embarcations ne coulent pas, quand elles sont à flot : il y
a toujours un homme occupé à rejeter l'eau, qui
filtre au travers des coutures. Ces pirogues sont celles
des pêcheurs. Beaucoup de nègres des villages vinrent nous vendre leurs denrées ; de jeunes filles demi-
nues nous apportèrent du lait et du beurre frais.

Le vent du N. E. continua à souffler jusque vers
trois heures ; ce ne fut qu'à cinq heures du soir que
nous nous disposâmes à repartir. A peine avions-nous
fait un mille, que nous aperçûmes deux grandes embarcations qui étaient en retard derrière ; nous ju-
geâmes à propos de les attendre : nous étions alors

en face de Baracondié, village devant lequel se trouve une grande île inondée lors de la crue des eaux. Tous les villages depuis le lac Débo font partie du pays de Diriman, qui s'étend très-loin à l'E.; il y a aussi beaucoup de Foulahs pasteurs, qui habitent les bords du fleuve, et qui s'éloignent avec leurs troupeaux lors des débordemens.

Le 8 avril, à cinq heures du matin, nous quittâmes Baracondié, et fîmes route à l'O. Vers onze heures du matin, nous fîmes halte devant le village de Tircy; le vent du N. E., qui soufflait avec violence, nous ayant forcés de nous arrêter : dans cet endroit le fleuve tourne au N. Le village de Tircy peut contenir six cents habitans ; il est composé de cases toutes en paille, de même forme que celles des Foulahs pasteurs qui habitent les environs du Sénégal.

Je vis, dans les marais environnans, beaucoup de nègres occupés à récolter une grande herbe qui ne croît que dans les lieux marécageux : ils nomment cette plante *kondou;* ils la font sécher au soleil, puis la passent légèrement à la flamme pour brûler les feuilles; ils ne réservent que les tiges; ils en font de gros paquets qu'ils emportent sur leur tête jusque dans leurs habitations; je vis aussi plusieurs ânes qui en étaient chargés. Je demandai à mes compagnons quel usage on faisait de cette herbe : ils me dirent qu'étant bien lavée par les femmes, et séchée, on la réduit en poudre aussi fine que possible; ainsi réduite, on la met dans un grand vase en terre fait exprès, avec de petits trous au fond; on jette par-dessus de l'eau chaude : en filtrant, l'eau emporte tout le suc de la plante; ce suc est très-sucré; l'eau prend une couleur violette un peu claire. Cette boisson est très-estimée des naturels qui la savourent avec plaisir; mais elle produit l'effet d'un purgatif pour les personnes qui n'y sont pas habituées, et elle conserve presque toujours un petit goût de fumée qui la rend désagréable à boire. Les mahométans se permettent sans scrupule d'en faire usage : les Maures en boivent aussi; mais ils la coupent toujours avec du lait aigre.

La tige du kondou est grosse comme un roseau, longue de huit à dix pieds, et rampante; les feuilles sont étroites et longues de six à sept pouces; elles ont les bords dentelés en scie. Les rives du Dhioliba en sont couvertes. Les Dirimans et quelques Foulahs habitans de Tircy vinrent nous vendre de cette boisson, du lait aigre, du beurre frais, du poisson sec, et des nattes; pour une valeur de cinq cauris, on avait environ un verre de lait : je crois que les vivres étaient rares dans ce village, car ils promenaient leurs marchandises sur le rivage, et ne voulaient, pour la plupart, que du mil en paiement. Il est vrai que dans le nombre il y avait beaucoup de

Foulahs pasteurs, qui ne s'occupent nullement de culture, et dont l'unique ressource consiste dans leurs bestiaux. Ne voyageant pas. et étant éloignés de tous marchés, les cauris leur sont inutiles, et le mil leur offre une nourriture toujours prête. Un vase quelconque, plein de mil, se donne pour deux fois le même vase rempli de lait; c'est le taux fixé dans le pays. Les jeunes filles de douze à quatorze ans venaient se promener le long du rivage, nous vendre leurs marchandises ; elles étaient presque nues, n'ayant qu'une pagne autour des reins.

Peu après notre arrivée au village de Tircy, nous apprîmes que deux des grosses embarcations, poussées par le vent, s'étaient accrochées, et que l'une d'elles avait été bientôt submergée par les lames : cet accident imprévu occasionna beaucoup de retard dans la marche de la flottille, qui fut obligée de faire halte pour secourir l'embarcation coulée. Les équipages des pirogues allèrent à son secours. La plupart des marchandises allaient au gré des vagues ; et malgré l'activité que chacun y apporta, on ne put en sauver qu'une très-petite partie ; on ne put tirer de la coque que quelques planches. Cette perte fut considérable pour les propriétaires ; car quoique le commerce soit très-actif, ils ne connaissent pas l'usage de faire assurer leurs marchandises. Malgré cet événement, le Maure qui avait fait cette perte ne parut pas très-affecté.

Le 9 et le 10 avril furent employés à tirer de l'eau quelques sacs de riz et de mil. Les nègres plongèrent; il y en eut un qui perdit la vie. Tous les nègres de la flottille s'empressèrent de venir au secours de l'embarcation naufragée : ordinairement ils y sont intéressés, car on leur donne une portion des marchandises qu'ils sauvent, excepté les étoffes, qui sont réservées ; on les paie en mil et en riz.

Je vis à Tircy les deux Maures d'Adrar que j'avais vus à Banan. Ils me firent bon accueil, et m'engagèrent plusieurs fois à partager leur souper. Comme je sais que ces sortes de gens sont sensibles aux présens, je leur donnai une partie de mon dokhnou, un peu de pain seché au four, et une feuille de papier : ils reçurent ce cadeau avec reconnaissance. L'un d'eux me demanda si j'avais besoin de quelques cauris pour acheter du lait : comme j'en avais encore cinq à six mille, je les remerciai, et je refusai leurs offres obligeantes.

Les femmes des Dirimans, comme toutes celles qui habitent les bords du fleuve depuis Jenné jusqu'à Temboctou, portent leurs cheveux tressés avec quelques grains de verre ; elles se mettent des boucles en verroterie au nez ; ces boucles sont quelquefois en métal. Mes compagnons me dirent que ces peuples sont voleurs, et quelquefois cruels ou méchans ; ce que je serais assez porté à croire ; car, pendant deux jours et demi que je restai chez eux, je les vis souvent se disputer et même se battre. Leur costume est le même que ceux des habitans de Jenné; ils ont comme eux les cheveux crépus et le teint noir, de beaux traits, le nez aquilin, les lèvres minces et de grands yeux; ils sont armés de deux ou trois piques et d'un poignard, duquel ils seraient toujours portés à faire usage, si on ne les en empêchait. En sortant de se disputer, ils vont gravement faire leurs prières; car ils sont musulmans, et souvent ils ne quittent leurs pratiques religieuses que pour se quereller de nouveau. Ils font usage de l'arc et des flèches pour se défendre contre leurs ennemis; quelques-uns d'entre eux sont armés d'un fusil et même d'un sabre; ils tirent ces armes de chez les Européens. Je vis un homme se promener sur le rivage, avec une calebasse pleine de salpêtre qu'il cherchait à vendre : je desirais savoir de quelle manière il se l'était procuré; les Maures me dirent que ce salpêtre était fait dans le pays, et qu'il servait à la fabrication de la poudre à canon.

Le village d'Alcodia, résidence du chef des Dirimans, est situé à l'est de Tircy, et à un jour et demi de distance. L'équipage ayant arraché aux flots le plus de marchandises possible, on se disposa à partir le lendemain.

Le 11 avril, à six heures du matin, nous quittâmes le village de Tircy. Le fleuve suit la direction du N.

A sept heures du matin, nous passâmes devant Talbocoïla. Et vers neuf heures, nous fîmes halte pour faire notre provision de bois à brûler. Le vent de N. E. soufflait un peu. Deux heures après notre départ, je remarquai que le fleuve, qui jusque-là avait toujours été à-peu-près de la même largeur, devenait très-étroit et très-profond : ses rives sont toujours basses et découvertes; dans plusieurs endroits, on voit, sur la rive droite, quelques dunes de sable mouvant de couleur jaune clair. J'aperçus de nombreux troupeaux de bœufs qui paissaient dans les marais environnans.

A cinq heures du soir, le fleuve se dirigeait au N., jusqu'à sept heures que nous fîmes halte. Nous aperçûmes beaucoup d'hippopotames qui se tenaient un peu éloignés de nous; je ne pus leur voir que la tête : les nègres me dirent qu'ils en voyaient souvent, et que, s'ils passaient près des embarcations, ils pourraient les briser, seulement en les touchant. Le fleuve, dans cet endroit, est un peu plus large; nous le repassâmes pendant la nuit.

Depuis deux jours, j'avais donné au capitaine de la pirogue, qui, depuis que je lui avais prêté des cauris, était devenu plus traitable, un morceau d'étoffe de couleur, pour lui faire un bonnet, à condition qu'il pourvoirait à ma nourriture pendant le reste du voyage, jusqu'à notre arrivée à Cabra. Depuis ce moment, je fus beaucoup mieux nourri que je ne l'avais été jusqu'alors ; car le capitaine, peu scrupuleux, ne tenait aucun compte du ramadan ; il faisait même assez bonne chère pour le pays.

Dans le cours de la nuit, nous fûmes réveillés par les rugissemens de bêtes féroces.

Le 12 avril, à cinq heures du matin, nous fîmes route à l'E. Le fleuve continue d'être étroit, mais profond, et cependant il est encore presque aussi large que le Sénégal l'est à Podor. Vers huit heures du matin, il fait un coude au S., et se rétrécit davantage; on pourrait nommer cet endroit du fleuve *le cachot*, comme on le fait d'une certaine étendue du cours du Sénégal, qui est extrêmement étroite. La campagne, toujours très-découverte, consiste en terrains bas et humides. Sur ce point du cachot, il y a plusieurs îles marécageuses et même inondées dans toutes les saisons; on voit aussi quatre grands marigots, deux sur chaque rive. Le fleuve semble se perdre dans les marais; les rives en sont si basses, qu'on dirait que, dans cette saison même, il est tout près de déborder.

Ces marais s'étendent à perte de vue, sont couverts de pâturages, et peuplés d'une infinité d'oiseaux aquatiques de toute espèce; de nombreux troupeaux de bœufs, de moutons, et quelques chevaux, interrompent, par leurs cris divers, le silence de ces solitudes. Ces troupeaux appartiennent à des Foulahs pasteurs qui vinrent sur le bord du rivage pour nous vendre du lait : ils ne voulaient en échange que du tabac, marchandise que nous n'avions pas ; en sorte que nous fûmes privés de lait, car ils refusèrent nos cauris.

Lors du débordement du fleuve, tous les marais sont couverts de huit à dix pieds d'eau, et même davantage, au-dessus des herbes ; alors cette immense plaine ne forme plus qu'un grand lac. Toutes les peuplades de Foulahs pasteurs qui ont leurs cases dans les environs, sont obligées de se retirer dans l'intérieur des terres, où les pâturages sont abondans pendant la saison des pluies. En continuant notre route jusque vers dix heures du matin, le fleuve tourne au N. Dans cet endroit, un bras très-large, sortant du fleuve, se prolonge à l'E.

Vers onze heures du matin, nous passâmes devant Salacoïla, village de Foulahs nomades, situé sur la rive droite : ils ont construit leurs cases sur des dunes de sable mouvant. J'allai à terre avec un nègre, pour acheter un peu de lait, et je vis beaucoup de femmes assez proprement vêtues, mais qui ne voulurent pas de nos cauris ; elles nous demandaient en échange du mil ou du riz : ces femmes me parurent très-douces, et point sauvages. Je visitai leurs petites habitations : ce sont des cases de forme ronde, construites en très-jolies nattes fabriquées dans le pays : elles sont supportées par des piquets flexibles, mis en terre, et repliés en berceau. Sept à huit de ces cases sont entourées d'une petite haie vive de la plante appelée *célane*, euphorbiacée qui croît spontanément dans les endroits sablonneux du Sénégal. Les cases que j'ai vues étaient très-propres et bien tenues, l'intérieur et la cour bien balayés : aucune n'était meublée ; je remarquai cependant quelques nattes tendues par terre, pour servir de lit ; plusieurs calebasses ou plats en bois, et quelques outres en cuir pour contenir le lait de leurs troupeaux, composaient leur vaisselle. Ces Foulahs ont les mêmes traits et la même ressemblance entre eux que ceux des environs du Sénégal ; mais ils parlent une autre langue que les Foulahs ; ils entendent parfaitement celle que l'on parle à Temboctou. Les femmes avaient pour tout vêtement une pagne d'environ cinq pieds, qu'elles se passent autour des reins ; elles étaient toutes très-propres, et je ne crois pas que leurs cheveux fussent graissés de beurre. Elles vinrent en foule me voir ; elles parurent très-curieuses, et sur-tout d'une très-grande dévotion ; car, au moment de mon départ, elles s'empressèrent de prendre un peu de sable dans leurs mains, en m'engageant à faire quelques prières dessus[1]. Je me prêtai avec grâce à leur desir, et je marmottai sérieusement quelques versets du Coran ; puis elles serrèrent avec précaution ce sable

---

(1) Cet usage est commun au Sénégal.

dans un coin de leur pagne pour le garder comme un précieux talisman. Le nénufar (*nymphæa cærulea*) croît en abondance dans les immenses marais qui entourent Salacoïla : la plus grande partie de ces plantes ont une jolie fleur bleue, simple ; les habitans en récoltent la graine, qu'ils font sécher, et qui leur est d'une très-grande ressource, car ils cultivent peu. Ils se procurent du grain par les embarcations qui viennent de Jenné.

Le fleuve s'élargit sensiblement ; il continue de couler au N. Vers deux heures, nous fîmes halte pour attendre quelques embarcations restées en arrière. A quatre heures du soir, nous continuâmes notre navigation, en nous dirigeant au N. E.; le fleuve s'élargit beaucoup. Vers dix heures, nous fîmes halte pour passer le reste de la nuit. Nous vîmes encore ici beaucoup d'hippopotames qui se jouaient dans le fleuve. Les nègres font la chasse à cet animal; ils font le commerce de sa chair, qu'ils estiment beaucoup.

Le 13 avril, au matin, nous fîmes route au N. De temps en temps, le long du fleuve, je voyais quelques caïmans élever fièrement la tête à fleur d'eau ; ils semblaient menacer celui qui serait assez hardi pour les attaquer. A peine avions-nous fait trois ou quatre milles, qu'il nous fallut faire halte pour secourir une pirogue qui avait coulé bas. Chaque embarcation envoya son équipage au secours du bâtiment naufragé ; on sauva toute la cargaison, non sans beaucoup de peine. Chacun se prêta avec empressement pour faire sécher les effets mouillés et pour les remettre en place. Dans ces momens de désordre, où toutes les marchandises sont en évidence sur le rivage, on craint les vols que peuvent commettre les mariniers, qui ne se feraient aucun scrupule de s'approprier une culotte ou un coussabe; pour éviter ces larcins, on a soin de mettre des gardes de distance en distance, qui surveillent les pillards.

Lorsque toute la cargaison fut rangée, on paya en mil les gens qui avaient travaillé ; puis on se disposa à continuer la route, laissant les propriétaires naufragés, avec leur équipage, attendre une nouvelle embarcation de Temboctou. Heureusement pour eux, il ne se trouvait pas de village auprès ; car une partie de la cargaison aurait bien pu être enlevée.

Vers midi, nous fîmes route à l'E.; le fleuve continue d'être très-large ; ses rives sont basses et garnies de quelques buissons. Je vis à terre, assez près du fleuve, beaucoup de traces d'éléphans, qui se tiennent dans les bois voisins. Me trouvant dans le voisinage de ces animaux, je desirais vivement d'en voir un ; mais je ne pus satisfaire ma curiosité. Il est remarquable que, durant mes longues excursions dans l'intérieur de l'Afrique, qui, suivant le rapport de plusieurs voyageurs, est peuplée d'une infinité d'animaux sauvages, je n'en aie rencontré aucun. Au coucher du soleil, le fleuve tourne dans la direction du N. Nous fîmes halte, vers neuf heures du soir, pour reposer le reste de la nuit. La chaleur avait été très-forte.

Le 14 avril, à cinq heures du matin, nous fîmes route : une demi-heure après le lever du soleil, nous passâmes devant deux petites îles peu éloignées l'une de l'autre. En cet endroit, je vis un grand marigot qui coule à l'O. S. O. Dans la direction du N., un peu dans l'éloignement, on aperçoit deux montagnes qui paraissent peu élevées.

A sept heures du matin, le fleuve tourne au N. E. Vers neuf heures, il tourne à l'E., l'espace de quatre ou cinq milles; puis il continue au N. E.; et vers deux heures du soir, nous arrivons en face du petit village de Diré, de la dépendance de Temboctou. Il peut contenir, autant que j'ai pu en juger, cent cinquante à deux cents habitans. Les cabanes sont construites en terre et surmontées de terrasses. Il y avait dans un marigot, près de ce village, six embarcations de soixante tonneaux, venant de Jenné; elles nous attendaient depuis seize jours. Les Sourgous ou Touariks, peuples vagabonds, ne voulaient pas les laisser passer sans leur faire payer une rançon. Ces pillards venaient tous les jours à bord des pirogues, se faire nourrir et mettre les chefs à contribution. Les Sourgous sont un peuple nomade qui habite les bords du Dhioliba ; ils ont le talent de se faire craindre, et vivent aux dépens des malheureux nègres, qu'ils rendent tributaires : j'en parlerai plus amplement par la suite Les embarcations retenues depuis si long-temps vinrent nous joindre en tirant nombre de coups de fusil, pour manifester leur joie. Les nègres de Diré, tributaires des Sourgous, nous apprirent que ces derniers étaient absens et que nous n'aurions pas le désagrément de les avoir à bord. Réunis aux embarcations que nous avions rejointes, nous fîmes au N. E. environ quatre milles; puis nous tournâmes au levant. Au coucher du soleil, nous fûmes surpris par un violent orage venant de l'E. ; on gagna au plus vîte la rive droite, puis on amarra les embarcations à terre, avec des piquets faits exprès pour cette opération. Du N. E. au S. O., l'atmosphère était toute couverte de nuages poussés par un grand vent, qui souffla une partie de la nuit : il n'élevait pas de sable, mais il était très-chaud.

Le 15 avril, à six heures du matin, nous fîmes route à l'E.; peu après, le fleuve tourna au S. E. Ici, il est toujours aussi large et profond ; ses rives sont très-basses. On aperçoit dans les plaines quelques petits arbustes rabougris. J'étais émerveillé de voir une masse d'eau aussi considérable, malgré l'idée que je m'étais faite de la grandeur de ce fleuve, avant mon départ de la côte. Le Sénégal n'est qu'une rivière très-ordinaire, en comparaison de ce fleuve immense, qui a, dans cette saison, neuf à dix pieds de profondeur : le courant est peu sensible ; je l'évaluai à-peu-près à un nœud et demi à l'heure. Vers huit heures du matin, nous passâmes auprès d'une île, sur laquelle il croît quelques petits arbrisseaux. Notre marche était très-lente, car nous attendions les grosses embarcations, qui ne marchaient pas aussi bien que la nôtre.

Vers huit heures et demie du matin, nous fîmes une halte d'environ demi-heure en face de l'île. Nous vîmes le petit village de Khokhoula, situé sur la rive droite, et, comme Diré, de la dépendance de Temboctou. Nous fîmes ici rencontre d'une petite embarcation partie de cette ville la veille au matin ; elle avait à bord plusieurs de ces Sourgous, qui se font nourrir jusqu'à Salacoïla, où ils s'arrêtent, et profitent d'autres embarcations pour retourner chez eux : quand ce moyen leur manque, ils reviennent par terre. Le fleuve fait à Khokhoula un petit détour au N. E., puis il tourne au N. Les Sourgous étaient dans ce village à nous attendre ; car ils avaient entendu parler de nous.

Ils vinrent à bord des embarcations, dans de petites pirogues qui leur appartiennent, et que des esclaves conduisent : on s'empressa de leur donner à manger du riz, et on leur fit boire de l'eau et du miel, boisson qu'ils aiment beaucoup ; ils la nomment *jenné-hari* (eau de Jenné). Ces vagabonds, fiers de leur supériorité, sont toujours très-exigeans : on ne leur permit pas de monter à notre bord; pour se débarrasser d'eux, on leur donna bien vîte un sac de riz, et ils s'en allèrent ailleurs. Lorsqu'ils sont sur les embarcations, et que les nègres veulent s'en débarrasser, ils tirent à leurs oreilles quelques coups de fusil ; on est bien sûr qu'ils n'y restent pas long-temps sans demander qu'on les mette à terre, car ils craignent beaucoup la poudre à canon. Ils ne font jamais usage d'armes à feu.

On me fit descendre dans la pirogue, pour éviter d'être aperçu de ces sauvages pillards, qui, lorsqu'ils voient un Maure à bord, sur-tout d'une couleur un peu claire, prétendent qu'il est plus riche que les autres ; comme si sa couleur lui donnait de la fortune : alors ils deviennent d'une exigence extrême, et ne laissent pas partir les embarcations avant d'avoir fait contribuer l'homme blanc, qu'ils nomment *almankoye* (homme riche).

Les jours suivans, on m'apprit que ces sauvages avaient retenu à terre un Maure d'une couleur un peu foncée, qui avait eu l'imprudence de ne pas se soustraire à leurs yeux ; ils le firent contribuer impitoyablement. Tous les Maures, instruits de ce danger, ont soin de se cacher dans les embarcations, et ne sortent que la nuit.

Il n'y a que les nègres qui aient la prérogative de rester sur le pont; ils sont considérés comme étant d'une classe très-inférieure, et n'ayant que peu de ressources, ou plutôt comme employés des Maures négocians.

Je fis plusieurs trous aux nattes qui tapissaient l'endroit de la pirogue où je fus obligé de me tenir caché, pour pouvoir examiner sans être aperçu. J'éprouvai, dans ce réduit, une chaleur étouffante qui m'occasionna un grand mal de tête. Les négocians maures de Temboctou n'ont sur ces peuples aucune influence; pas un d'eux n'eût osé venir chez ces Touariks réclamer les six embarcations retenues depuis si long-temps; ils auraient été bien sûrs d'être mis eux-mêmes à contribution par les Sourgous; cependant ils leur font de fréquens cadeaux.

Chaque flottille qui navigue sur le fleuve reconnaît un chef qu'elle nomme *amirou :* ce chef est respecté; c'est lui qui règle la marche et les momens des haltes. C'est toujours un vieillard, le plus ancien de l'équipage : il est chargé de régler les droits de passe avec les Sourgous qui vont souvent encombrer son bord ; quoiqu'il ait quelque influence sur eux, il ne peut rien en faveur des Maures ; et si les Sourgous en aperçoivent à son bord, ils deviennent intraitables; souvent même ces pillards musulmans en viennent aux plus fâcheuses extrémités pour obtenir

ce qu'ils desirent. « N'aurais-tu pas un seul cauris,
« me dirent les nègres de la pirogue où j'étais, ils
« diront que tu es très-riche, et il faudra que tu leur
« donnes quelque chose, ou les embarcations ne parti-
« ront pas. »

Le fleuve, après avoir couru trois à quatre milles au N., tourne à l'E., puis au N. E. jusque vers quatre heures du soir, toujours avec la même largeur; ses rives sont basses et arides.

A huit heures du soir, nous fîmes halte devant le petit village de Cora, qui peut contenir deux cents habitans. Nous eûmes une nouvelle visite des Sourgous; ils allèrent aussitôt sur le bord du chef de la flottille pour réclamer les droits. Chaque pirogue eut ordre de mettre à terre un sac de mil pour leur souper; toutes s'empressèrent d'obéir : on me dit que le chef était convenu avec eux de leur payer à Cabra, dont nous étions très-près, les droits de passe; on leur paie ce droit en mil, riz, miel, beurre, étoffe du pays et effets confectionnés.

Toute la soirée, il fit des éclairs dans la direction de l'E.; la chaleur fut forte; nous n'eûmes pas de pluie.

Le 16 avril, nous fûmes retenus à Cora jusqu'à dix heures du matin. Les habitans nègres de ce village vinrent nous vendre du lait; on leur donna en échange du mil, car ils manquent souvent de provisions.

quoiqu'ils cultivent beaucoup de riz ; mais ils sont continuellement volés et harcelés par les Sourgous, qui les rendent tributaires et se font nourrir par ces malheureux. A dix heures du matin, nous fîmes route au N. E. Il y avait quelques pillards à bord des embarcations ; d'autres nous suivaient à cheval, le long du rivage. Nous fîmes halte vers une heure du soir, près de quelques arbrisseaux et arbustes : nous fîmes un peu de bois à brûler. A deux heures, nous continuâmes notre route. Au coucher du soleil, le fleuve tourne au N. ; il est d'une très-grande largeur et très-profond. Les mariniers, ne pouvant se servir de leurs perches, firent usage de pagaies. A huit heures du soir, on fit halte en face d'un camp de Sourgous. Les discussions que l'exigeance de ces hommes occasionnait, rendaient notre navigation très-lente et ennuyeuse, sur-tout pour moi, qui étais retenu dans mon cachot, suffoqué par une chaleur excessive, et ne voyant ce qui se passait au dehors que par les trous que j'avais pratiqués aux nattes de ma prison. Nous étions continuellement harcelés par une troupe de ces brigands : les uns étaient dans de petites pirogues ; les autres, montés sur de beaux chevaux, poussaient des cris perçans pour appeler les petites pirogues, et exciter ceux qui les dirigeaient à monter à bord des nôtres : c'était un tumulte insupportable. Nous ne fûmes entièrement débarrassés d'eux qu'à

Cabra. Tous les soirs, chaque embarcation délivrait du mil et du riz pour leur souper : en reconnaissance, ils firent cadeau au chef de la flottille d'un petit bœuf, qui fut tué et distribué entre tous les chefs des embarcations. Les nombreux coups de fusil que les nègres tirèrent devant le camp, effrayèrent singulièrement les chevaux des cavaliers qui étaient venus de l'intérieur pour partager les provisions qu'on leur donnait.

Le 17 avril, à six heures du matin, la flottille se mit en route au N. A peine avions-nous marché l'espace de quatre à cinq milles, qu'il nous fallut faire halte pour attendre l'une des grandes embarcations qui faisait beaucoup d'eau, et qui, à chaque instant, risquait de couler : les mariniers de son bord se mirent à la réparer ; ils plongèrent avec beaucoup d'adresse et d'agilité, pour mettre de l'étoupe dans les coutures le long de la carène ; enfin, vers trois heures du soir, elle fut en état de naviguer, et nous continuâmes notre route. Le fleuve est toujours large et profond ; ses rives sont découvertes et marécageuses ; il fait un petit détour à l'E., puis il tourne au N. ; il est d'une largeur immense. Dans toutes les directions, on ne voit que des marais à perte de vue ; le pays est démuni de toute espèce d'arbres. Au coucher du soleil, on salua la nouvelle lune de plusieurs décharges de mousqueterie : les Sourgous furent tellement effrayés par l'explosion, qu'ils s'enfuirent tous à terre, et j'en entendis plusieurs crier de leurs petites pirogues : « Que Dieu me préserve de la poudre à fusil ! » Ces peuples ne sont armés que de lances et de poignards. Vers sept heures du soir, nous passâmes en face de Coratou, petit village situé sur la rive droite ; et vers neuf heures, nous fîmes halte dans un endroit non habité.

Le 18 avril, à cinq heures du matin, nous continuâmes notre route. Le fleuve fait un détour à l'E. jusqu'à sept heures qu'il tourne au N. E., et se rétrécit un peu ; ses rives sont toujours très-basses et dépourvues de végétation. Les immenses marais situés sur les deux rives, sont couverts par une grande quantité de troupeaux appartenant aux Sourgous ; c'est, comme je l'ai déjà dit, leur principale richesse.

Vers huit heures du matin, nous fîmes halte pour faire la prière du salam, jour où finit le ramadan, et que les Mandingues nomment *sali*. Nous étions en vue de Cabra ; les nègres apercevaient les dattiers de ce village : ils en manifestèrent leur satisfaction ; ils mirent ce jour-là tout ce qu'ils avaient de plus beau, se réunirent dans une grande plaine, et se prosternèrent pieusement pour adorer l'Éternel. Quant à moi, j'étais retenu dans la pirogue ; je les regardais par les trous que j'avais pratiqués aux nattes de ma prison, où j'étouffais toujours de chaleur. Je me félicitais d'être dispensé de me trouver à leurs cérémonies, et j'adressais en secret des prières à Dieu, pour qu'il continuât de protéger mon entreprise. Après la prière, les nègres se mirent à déjeûner; on fit ce jour-là assez bonne chère, pour compenser les rigueurs bien ou mal observées du temps d'abstinence. Le vent brûlant de l'E. nous obligea de passer une partie de la journée dans cet endroit.

Vers quatre heures du soir, le vent se calma un peu; et l'on se disposait à continuer la navigation, lorsque les Sourgous s'y opposèrent, jusqu'à ce que chaque embarcation leur eût délivré quatre sacs de mil, indépendamment des droits qu'on serait obligé de leur payer en arrivant à Cabra. Cette exigence de leur part amena une grande discussion : tous les patrons se rassemblèrent chez le chef de la flottille, avec les chefs des Sourgous, et chacun discuta ses intérêts et ceux des propriétaires avec beaucoup de chaleur. Les Sourgous ne voulaient rien retrancher de leurs premières demandes; mais à force de prières et de résistance, on parvint à réduire cette contribution à moitié de ce qu'ils avaient exigé d'abord.

Vers neuf heures du soir, les embarcations reçurent l'ordre de mettre à terre deux sacs de mil, et l'on s'empressa bien vîte de l'exécuter. Ces sacs étaient de la hauteur d'un homme, et aussi gros que nos sacs ordinaires; j'estime qu'ils pouvaient bien contenir près de deux cents livres de grain. Jamais journée ne m'avait paru plus longue ni plus ennuyeuse; je me voyais à la porte de Temboctou, et je n'osais me montrer; j'étais obligé de rester tout le jour caché; si quelquefois nous avions à bord des Sourgous, on exigeait que je m'enveloppasse dans une grande couverture de laine, et que je fisse semblant de dormir. A la nuit tombante, je sortais de ma prison; car alors les Sourgous ne pouvaient plus distinguer ma couleur de celle des nègres; je pouvais respirer librement jusqu'au jour.

Le 19 avril, à cinq heures du matin, nous fîmes route au N. E., et au lever du soleil nous passâmes vis-à-vis d'un grand marigot, qui coule pendant un petit espace à l'O. S. O. Vers sept heures, nous nous trouvâmes auprès d'un camp de Touariks. L'aspect en était triste et dégoûtant; les tentes des Maures qui habitent la rive droite du Sénégal, sont des palais en comparaison de celles de ces sauvages : des peaux de bœuf non tannées, supportées sur plusieurs piquets mis en terre à trois ou quatre pieds d'élévation; une ou plusieurs nattes tournées autour en forme de palissades, composent le logement du chef, comme celui du dernier de ses sujets. L'intérieur m'a paru être en désordre, et répondre parfaitement à l'idée qu'en donne l'extérieur.

Comme nous étions très-près de terre, je remarquai une femme dont le teint cuivré clair ressemblait parfaitement à celui des femmes mauresses; elle en avait le costume et l'embonpoint; celle-ci était d'une grosseur énorme : assise par terre sur une peau de mouton, elle s'amusait sans doute à voir passer les embarcations. Dans mon voyage chez les Braknas, je n'avais jamais vu de femme qui eût atteint à une telle corpulence, quoique l'obésité soit chez eux le principal caractère de la beauté du sexe féminin. Il fallait bien à cette Vénus des Touariks quatre esclaves pour l'aider à marcher. Le fleuve tourne un peu à l'E.; après avoir longé le camp, nous passâmes auprès d'une grande île, en face de laquelle nous fîmes halte jusqu'à huit heures, pour attendre quelques embarcations qui ne marchaient pas aussi vîte que la nôtre. Cette île est très-plate et sablonneuse; j'y aperçus cependant quelques mimosas, des *balanites ægyptiaca* et d'autres arbustes rabougris.

Vers neuf heures, nous continuâmes à naviguer, et à dix heures nous arrivâmes à l'endroit où le fleuve se divise en deux branches : la plus forte peut avoir trois quarts de mille de large; elle coule lentement à l'E. S. E. : l'autre prend son cours à l'E. 1/4 N. E.; elle est profonde et a trente-cinq à quarante pas de largeur.

Vers une heure de l'après-midi, nous arrivâmes

au port de Cabra. On vint m'avertir que je pouvais sortir de ma prison, les Sourgous étant restés derrière : je m'empressai de monter sur le pont. Je n'aperçus autour de moi que des marais inondés et couverts d'oiseaux aquatiques. Le bras est très-étroit sur ce point, et le courant est plus fort que dans le grand bras ; je supposai qu'il pouvait bien aller rejoindre le Dhioliba à peu de distance, car en cet endroit la branche incline à l'E. S'il en est ainsi, le fleuve formerait une grande île marécageuse, et toute inondée lors des débordemens.

De ces immenses marais, la vue se porte sur le village de Cabra, situé sur une petite montagne qui le préserve de l'inondation : on m'assura que, dans la saison des pluies, ces marais étaient couverts de dix pieds d'eau, ce qui me parut une hauteur énorme pour un espace aussi grand, et qu'alors les grosses embarcations allaient mouiller devant Cabra. Un petit canal conduit à ce village ; mais il n'y a que des embarcations moyennes qui puissent entrer dans le port. Si le canal était nettoyé des herbes et des nénufars qui l'encombrent, les embarcations de vingt-cinq tonneaux pourraient y remonter dans toutes les saisons ; mais c'est un travail trop pénible pour des nègres.

Je m'embarquai sur une petite pirogue, avec les Maures d'Adrar, pour aller à Cabra : les nègres esclaves tirèrent l'embarcation avec une corde ; la perche aurait été insuffisante. Nous rencontrâmes beaucoup de petites embarcations que les propriétaires envoyaient pour prendre ce qu'il y avait de plus précieux à bord des bâtimens venant de Jenné. Vers trois heures du soir, nous étions enfin à Cabra, petite ville située à trois milles au N. du grand port. En y entrant, je vis quantité de cases en paille, semblables à celles des Foulahs; elles sont habitées par des esclaves marchandes. Il y avait auprès de ces cases beaucoup de fruits de nénufar; une partie des esclaves et des pauvres s'en nourrissent.

Je remarquai dans les rues un assez grand concours de peuple et de marchands; les uns se promenaient, les autres cherchaient à vendre leurs marchandises, consistant en poisson, lait, noix de colats, pistaches, etc. La petite ville de Cabra est étroite, et s'étend un peu à l'E. et à l'O.; les maisons sont construites en terre et à terrasses; elles n'ont que le rez-de-chaussée. Il y en a peu de bien bâties; ce sont en partie des cahutes, car les personnes riches habitent de préférence Temboctou, centre du commerce. Les habitans de Cabra, à-peu-près au nombre de mille à douze cents, sont tous occupés à travailler, soit pour débarquer les nombreuses marchandises qui viennent de Jenné, soit pour les conduire à Temboctou; ils se servent, pour cet usage, d'ânes et de chameaux. Les esclaves ne portent pas les marchandises sur leur tête; ce serait une mauvaise spéculation des maîtres, car ils auraient bientôt réduit ces malheureux au dernier degré d'épuisement, vu que le chemin qui conduit à cette ville est un sable mouvant qui rend la marche très-pénible. Il y a journellement à Cabra un marché approvisionné de toute sorte de marchandises venant du Soudan. On y voit une petite mosquée, surmontée d'une tour ou minaret. A l'O. du village, il y a quelques *balanites œgyptiaca*, et de petits jardins de tabac, plante qui y réussit assez mal, et parvient à peine à la hauteur de six à sept pouces. Du côté de l'E., il y a quelques dattiers que l'on aperçoit de très-loin sur la route.

L'inondation continuelle des marais qui avoisinent le village de Cabra, ne permet pas aux habitans de cultiver le riz; le sol sablonneux dont ils sont entourés dans toute la partie du N., s'oppose à la culture du mil; il est d'une trop grande aridité. Les Maures d'Adrar, sur l'embarcation desquels j'étais venu du grand port à Cabra, firent décharger leur pirogue; ils mirent leurs bagages dans une maison de dépôt, jusqu'à ce qu'on pût les transporter à la ville. Les habitans de Cabra louent leurs magasins aux négocians pour recevoir leurs marchandises; ils louent aussi leurs ânes pour transporter les ballots jusqu'à Temboctou.

J'allai me promener dans l'intérieur de la ville,

pour la visiter. Les rues en sont étroites, mais assez bien tenues. Je vis beaucoup de marchandes, et j'achetai à l'une d'elles un peu de lait et un pain fait en farine de froment, qui me coûta vingt cauris; je fis avec cela un assez bon déjeûner, car je n'avais rien pris de tout le jour. La marchande de lait ne me parut pas d'une très-grande probité; car elle voulut me faire payer sa marchandise deux fois : j'avais eu la maladresse de la payer d'avance; et il est d'usage dans le pays de mettre la valeur de ce que l'on achète sur la corbeille où sont posées les marchandises, et la marchande ne ramasse sa monnaie qu'après avoir délivré ce qu'elle vend. Cette précaution ne prouve la bonne foi ni des vendeurs ni des acheteurs habituels.

Je remarquai sur le port beaucoup de grandes pirogues en réparation. Les propriétaires ont l'habitude, aussitôt qu'elles sont déchargées, de les faire mettre sur le rivage, supportées par de gros morceaux de bois ronds, qui les tiennent un peu élevées au-dessus du sol : sans cette sage précaution, les cordes avec lesquelles ces embarcations sont cousues, pourriraient bien vîte. Le petit port de Cabra s'étend à l'E. et à l'O. l'espace d'un demi-mille, sur une largeur de soixante-dix pas ordinaires environ : il serait très-commode, s'il était un peu mieux tenu; mais il est d'une très-grande malpropreté et plein de vase. Il y a toujours sur le port un grand concours d'hommes et de femmes, pour charger et décharger les marchandises. Les habitans célébraient ce jour-là la fête de la clôture du ramadan; ils dansaient et se livraient à une joie naïve qui m'enchanta; ils étaient tous vêtus très-proprement. Je demandai à boire à une esclave qui était assise devant sa case; elle s'empressa aussitôt de laver un petit plat de bois dans lequel elle m'apporta de l'eau; elle y mit beaucoup de complaisance.

Les Sourgous ou Touariks reçoivent à Cabra les droits qu'ils exigent des embarcations; ils rôdent souvent autour de ce village, où ils commettent des actes arbitraires, en se faisant donner des provisions, des effets, et tout ce qu'ils peuvent attraper. Les habitans de Cabra ne firent nulle attention à moi. Les Maures d'Adrar m'engagèrent à partager leur souper de riz, que je trouvai délicieux; et je passai la nuit dehors, couché sur une natte, auprès d'eux. Je fus un peu tourmenté par les moustiques, insectes bien moins communs cependant sur les bords du Dhioliba que sur ceux du Sénégal.

Le 20 avril, les négocians de Temboctou vinrent à Cabra, pour faire débarquer leurs marchandises; ils étaient montés sur de très-beaux chevaux. Sidi-Abdallahi Chebir, auquel le chérif de Jenné m'avait adressé, ne vint pas; mais il envoya ses esclaves, tous bien habillés et armés de fusils simples fabriqués à Tunis. Sidi-Mbark, propriétaire de la pirogue qui m'avait conduit à Cabra, était arrivé à Temboctou plusieurs jours avant nous; il avait parlé de moi à Sidi-Abdallahi Chebir: ce dernier, ne consultant que son devoir religieux (car il n'avait pas encore reçu la lettre que son correspondant lui écrivait pour moi), avait chargé ses esclaves de me complimenter sur mon heureuse arrivée, et de m'engager à me rendre de suite auprès de lui; ce qui me donna l'espoir d'y être bien reçu.

CHAPITRE XXI.

Route de Cabra à Temboctou. — Premier aspect de la ville; impression qu'il produit. — Nation des Kissours. — Le roi; audience qu'il donne au voyageur. — Condition des esclaves. — Description de la ville, son étendue, sa construction, son commerce. — Nourriture, costume, parure des habitans. — Bousbéhey, ville des Zaouâts. — Toudeyni. — Tribu de Salah. — Terreur qu'inspirent les Touariks; portrait de cette tribu. — Nation des Ginbalas. — Détails sur la catastrophe du major Laing. — Réflexions sur les moyens de pénétrer au centre de l'Afrique.

Le 20 avril, à trois heures et demie, les gens de Sidi-Abdallahi Chebir et moi, nous nous mîmes en route pour Temboctou, en nous dirigeant au N. Les esclaves qui étaient à bord de l'embarcation vinrent aussi; de sorte que nous formions une caravane nombreuse : on mit sur des ânes les esclaves les plus jeunes, car la route est très-sablonneuse et très-fatigante. Près de Cabra, nous trouvâmes deux grandes mares, dont les bords sont couverts de quelques mimosas de cinq à six pieds de hauteur : à une certaine distance, on retrouve avec plaisir quelques traces de végétation. La moitié du chemin offre le même aspect; l'autre partie de la route est plus découverte et le sable plus mouvant, ce qui rend la marche très-pénible. Pendant le chemin, nous fûmes suivis par un Touarik monté sur un superbe cheval : ce pillard, âgé d'environ cinquante ans, voulut s'emparer d'un jeune esclave nègre; les gens de Sidi-Abdallahi Chebir lui firent des représentations, en l'assurant que cet esclave appartenait à leur maître, et que si, en arrivant dans la ville, il allait le voir, il lui donnerait quelque chose : l'espoir d'un cadeau l'apaisa, et il cessa ses importunités. Cet homme me regardait beaucoup; il demanda plusieurs fois aux gens qui m'accompagnaient, qui j'étais et d'où je venais. Lorsqu'on lui dit que j'étais pauvre, il renonça à l'espoir de rien obtenir de moi.

Enfin nous arrivâmes heureusement à Temboctou, au moment où le soleil touchait à l'horizon. Je voyais donc cette capitale du Soudan, qui depuis si long-temps était le but de tous mes desirs. En entrant dans cette cité mystérieuse, objet des recherches des nations civilisées de l'Europe, je fus saisi d'un sentiment inexprimable de satisfaction; je n'avais jamais éprouvé une sensation pareille et ma joie était extrême. Mais il fallut en comprimer les élans : ce fut au sein de Dieu que je confiai mes transports; avec quelle ardeur je le remerciai de l'heureux succès dont il avait couronné mon entreprise! que d'actions de grâces j'avais à lui rendre pour la protection éclatante qu'il m'avait accordée, au milieu de tant d'obstacles et de périls, qui paraissaient insurmontables ! Revenu de mon enthousiasme, je trouvai que le spectacle que j'avais sous les yeux ne répondait pas à mon attente ; je m'étais fait de la grandeur et de la richesse de cette ville une toute autre idée : elle n'offre, au premier aspect, qu'un amas de maisons en terre, mal construites ; dans toutes les directions, on ne voit que des plaines immenses de sable mouvant, d'un blanc tirant sur le jaune, et de la plus grande aridité. Le ciel, à l'horizon, est d'un rouge pâle ; tout est triste dans la nature ; le plus grand silence y règne ; on n'entend pas le chant d'un seul oiseau. Cependant il y a je ne sais quoi d'imposant à voir une grande ville élevée au milieu des sables, et l'on admire les efforts qu'ont eus à faire ses fondateurs. En ce qui regarde Temboctou, je conjecture qu'antérieurement le fleuve passait près de la ville ; il en est maintenant éloigné de huit milles au N. et à cinq milles de Cabra, dans la même direction.

J'allai loger chez Sidi-Abdallahi ; je puis dire qu'il me reçut d'une manière toute paternelle. Il était déjà prévenu indirectement des prétendus événemens qui avaient occasionné mon voyage au travers du Soudan : il me fit appeler pour souper avec lui. On nous servit un très-bon couscous de mil à la viande de mouton. Nous étions six autour du plat : on mangeait avec les mains, mais aussi proprement qu'il était possible. Sidi-Abdallahi ne me questionna pas, suivant la mauvaise habitude de ses compatriotes. Il me parut doux, tranquille, et très-réservé : c'était un homme de quarante à quarante-cinq ans; haut de cinq pieds environ, gros, et marqué de petite vérole; sa physionomie était respectable, son maintien grave et ayant quelque chose d'imposant. Il parlait peu et avec calme. On ne pouvait lui reprocher que son fanatisme religieux.

Après m'être séparé de mon hôte, j'allai me reposer sur une natte que l'on avait tendue par terre dans mon nouveau logement. A Temboctou, les nuits sont aussi chaudes que les jours : je ne pus rester dans la chambre que l'on m'avait préparée; je m'établis dans la cour, où il me fut de même impossible de reposer. La chaleur était accablante; pas un souffle d'air ne venait rafraîchir l'atmosphère : dans tout le cours de mon voyage, je ne m'étais pas encore trouvé aussi mal à mon aise.

Le 21 avril, au matin, j'allai saluer mon hôte, qui m'accueillit avec bonté; ensuite j'allai me promener dans la ville pour l'examiner. Je ne la trouvai ni aussi grande ni aussi peuplée que je m'y étais attendu ; son commerce est bien moins considérable que ne le publie la renommée; on n'y voit pas, comme à Jenné, ce grand concours d'étrangers venant de toutes les parties du Soudan. Je ne rencontrai dans les rues de Temboctou que les chameaux qui arrivaient de Cabra, chargés des marchandises apportées par la flottille ; quelques réunions d'habitans assis par terre sur des nattes, faisant la conversation ; et beaucoup de Maures couchés devant leur porte, dormant à l'ombre. En un mot, tout respirait la plus grande tristesse.

J'étais surpris du peu d'activité, je dirais même de l'inertie qui régnait dans la ville. Quelques marchands de noix de colats criaient leur marchandise, comme à Jenné.

Vers quatre heures du soir, lorsque la chaleur fut tombée, je vis partir pour la promenade plusieurs nègres négocians, tous bien habillés, montés sur de beaux chevaux richement harnachés : la prudence les obligea de s'éloigner peu de la ville, dans la crainte de rencontrer les Touariks, qui leur eussent fait un mauvais parti.

La chaleur étant excessive, le marché ne se tient que le soir, vers trois heures : on y voit peu d'étrangers ; cependant les Maures de la tribu de Zaouât, qui avoisine Temboctou, y viennent souvent ; mais ce marché est presque désert, en comparaison de celui de Jenné.

On ne trouve guère à Temboctou que les marchandises apportées par les embarcations, et quelques-unes venant d'Europe, telles que verroteries, ambre, corail, soufre, papier, et divers autres objets. Je vis trois boutiques tenues dans de petites chambres, assez bien fournies en étoffes des manufactures européennes : les marchands ont à leur porte des briques de sel en évidence; ils ne les étalent pas au marché. Tous ceux qui se tiennent sur la place ont de petites cabanes faites avec quelques piquets recouverts de nattes, pour se préserver de l'ardeur du soleil. Mon hôte Sidi-Abdallahi eut la complaisance de me faire voir un de ses magasins où il mettait ses marchandises d'Europe : j'y remarquai beaucoup de fusils doubles français, à la marque de Saint-Étienne et d'autres fabriques ; en général nos fusils sont très-estimés et se vendent toujours plus cher que ceux des autres nations. Je vis encore quelques belles dents d'éléphant; mon hôte me dit qu'il en tirait de Jenné, mais qu'il en achetait davantage à Temboctou; elles y sont apportées par quelques Touariks ou Sourgous, les Kissours et les Dirimans qui habitent les bords du fleuve. Ils ne font pas la chasse aux éléphans avec des armes à feu; ils leur tendent des piéges : j'ai le regret de n'en avoir jamais vu prendre.

Le 22 avril, Sidi-Mbark, auquel j'avais fait cadeau d'un morceau d'étoffe pour me le rendre favorable, me dit qu'il y avait une caravane partant dans deux jours pour Tafilet, et qu'il fallait que je me tinsse prêt à l'accompagner dans le grand désert. Cette offre me contrariait beaucoup, car je n'étais pas disposé à quitter Temboctou aussi promptement ; mais je ne perdis pas l'espoir de prolonger mon séjour dans cette ville.

Dans la soirée, j'allai voir mon hôte, à qui je racontai la proposition de Mbark : j'ajoutai que j'étais très-fatigué de la longue route que j'avais faite à pied, pour traverser le Soudan ; que je desirais me reposer environ quinze jours à Temboctou, et qu'ensuite je serais prêt à profiter de la première caravane qui partirait. A peine avais-je témoigné ce desir, qu'il m'interrompit en me disant de l'air le plus gracieux : « Tu « peux rester ici plus long-temps si tu le veux ; tu me « feras plaisir, et tu ne manqueras de rien. » Je le remerciai sincèrement, car je savais apprécier sa généreuse hospitalité. Peu après il eut encore pour moi une nouvelle complaisance à laquelle je fus très-sensible. Il m'avait d'abord donné une chambre que je devais habiter seul : le nègre mandingue par lequel j'avais été maltraité en route, vint à son arrivée s'y loger avec sa femme ; j'aurais pu patienter quelques jours, mais leur présence me gênait extrêmement pour prendre mes notes, que je n'osais écrire qu'en cachette. Je témoignai à Sidi-Abdallahi le desir d'être seul : il blâma le nègre de s'être établi dans ma chambre, et me logea dans une autre maison aussi à lui, placée assez près du marché, et vis à vis de celle qu'avait habitée le major Laing ; il n'y avait qu'une rue à traverser pour aller de l'une à l'autre.

Souvent, assis sur le devant de ma porte, je pensais tristement au sort de l'infortuné voyageur qui, après avoir surmonté tant de dangers, éprouvé de si nombreuses privations, et sur le point de retourner triomphant dans sa patrie, fut assassiné lâchement. En réfléchissant ainsi, je ne pus m'empêcher d'un mouvement de crainte en pensant que, si j'étais découvert, je subirais un sort mille fois plus horrible que la perte de la vie, l'esclavage! Mais je me promis bien d'agir avec tant de prudence, que je ne donnerais prise à aucun soupçon.

Je me trouvais beaucoup mieux dans ce nouveau logement; mon hôte m'avait fait mettre une natte dans une chambre dont il me donna la clef. Les esclaves qui habitaient cette maison avaient ordre de me servir : deux fois par jour, on m'apportait de chez Sidi-Abdallahi du couscous et du riz très-bien assaisonnés avec de la viande de bœuf ou de mouton.

La ville de Temboctou est habitée par des nègres, de la nation Kissour; ils en font la principale population. Beaucoup de Maures se sont établis dans cette ville, et s'y adonnent au commerce; je les compare aux Européens qui vont dans les colonies dans l'espoir d'y faire fortune: ces Maures retournent ensuite dans leur pays, pour y vivre tranquilles. Ils ont beaucoup d'influence sur les indigènes : cependant le roi ou gouverneur est un nègre. Ce prince se nomme Osman ; il est très-respecté de ses sujets, et très-simple dans ses habitudes : rien ne le distingue des autres ; son costume est semblable à celui des Maures de Maroc ; il n'y a pas plus de luxe dans son logement que dans celui des Maures commerçans. Il est marchand lui-même, et ses enfans font le commerce de Jenné : il est très-riche ; ses ancêtres lui ont laissé une fortune considérable. Il a quatre femmes, et une infinité d'esclaves ; il est mahométan zélé.

Sa dignité est héréditaire ; son fils aîné doit lui succéder. Le roi ne perçoit aucun tribut sur le peuple ni sur les marchands étrangers ; cependant il reçoit des cadeaux. Il n'y a pas non plus d'administration ; c'est un père de famille qui gouverne ses enfans : il est juste et bon, et n'a rien à craindre de ses sujets ; ce sont absolument les mœurs douces et simples des anciens patriarches. En cas de guerre, tous sont prêts à servir. En général, ces peuples m'ont paru très-doux: ils ont peu de contestations ; et lorsqu'il s'en élève, les parties se rendent auprès du chef, qui assemble le conseil des anciens, toujours composé de noirs. Les Maures ne sont pas admis à prendre part au gouvernement. Sidi-Abdallahi, mon hôte, ami d'Osman, assistait quelquefois à ses conseils. Les Maures reconnaissent parmi eux un supérieur; mais ils n'en sont pas moins justiciables des autorités du pays. Je priai mon hôte de me conduire chez le roi; il y mit sa complaisance ordinaire.

Ce prince nous reçut au milieu de sa cour; il était assis sur une belle natte avec un riche coussin : nous nous tînmes assis un instant à une petite distance de sa personne. Mon hôte lui dit que je venais lui présenter mon hommage : il lui raconta mes aventures. Je ne pus comprendre leur conversation, car ils parlaient la langue des Kissours. Le roi m'adressa ensuite la parole en arabe, me fit quelques questions sur les chrétiens, sur la manière dont ils m'avaient traité. Notre visite fut courte, et nous nous retirâmes : j'aurais désiré voir l'intérieur de la maison, mais je n'eus pas cette satisfaction. Ce prince me parut d'un caractère affable : il pouvait avoir cinquante-cinq ans; ses cheveux étaient blancs et crépus; il était de taille ordinaire, avait une belle physionomie, le teint noir foncé, le nez aquilin, les lèvres minces, une barbe grise et de grands yeux; ses habits, comme ceux des Maures, étaient faits en étoffes d'Europe; il portait un bonnet rouge avec un grand morceau de mousseline autour, en forme de turban; il avait des souliers en maroquin semblables à nos pantoufles de chambre, et faits dans le pays. Il se rendait souvent à la mosquée.

Il y a, comme je l'ai dit, beaucoup de Maures établis à Temboctou; ils ont les plus belles maisons de la ville. Le commerce les enrichit tous très-promptement : on leur envoie en consignation des marchandises d'Adrar et de Tafilet ; il leur en vient aussi de Taouat, Ardamas, Tripoli, Tunis, Alger; ils reçoivent beaucoup de tabac et diverses marchandises d'Europe, qu'ils expédient sur des embarcations pour la ville de Jenné et ailleurs. Temboctou peut être considéré comme le principal entrepôt de cette partie de l'Afrique. On y dépose tout le sel provenant des mines de Toudeyni ; ce sel est apporté par des caravanes à dos de chameaux. Les Maures de Maroc et ceux des autres pays qui font les voyages du Soudan, restent six à huit mois à Temboctou pour faire le commerce et attendre un nouveau chargement pour leurs chameaux.

Les planches de sel sont liées ensemble avec de mauvaises cordes faites d'une herbe qui croît dans les environs de Tandaye : cette herbe est déjà sèche quand on la cueille; pour l'employer, on la mouille, puis on l'enterre pour la défendre du soleil et du vent d'Est, qui la sécheraient trop promptement ; quand elle est imprégnée d'humidité, on la retire et l'on tresse les cordes à la main ; les Maures les emploient à différens usages. Souvent les chameaux jettent leur charge à terre ; et quand les planches de sel arrivent à la ville, elles sont en partie cassées, ce qui nuirait à la vente, si les marchands ne prenaient la précaution de les faire réparer par leurs esclaves : ceux-ci rajustent les morceaux, et les emballent de nouveau avec des cordages plus solides, faits en cuir de bœuf; ils tracent sur ces planches des dessins en noir, soit des rayures, soit des lozanges, etc. Les esclaves aiment beaucoup à faire cet ouvrage, parce qu'il les met à même de ramasser une petite provision de sel pour leur consommation. En général, les hommes de cette classe sont moins malheureux à Temboctou que dans d'autres contrées; ils sont bien vêtus, bien nourris, rarement battus; on les oblige à pratiquer les cérémonies religieuses, ce qu'ils font très-exactement : mais ils n'en sont pas moins regardés comme une marchandise; on les exporte à Tripoli, à Maroc, et sur d'autres parties de la côte, où ils ne sont pas aussi heureux qu'à Temboctou; c'est toujours avec regret qu'ils partent de cette ville, quoiqu'ils ignorent le sort qui leur est destiné.

Au moment où je la quittai, je vis plusieurs esclaves, quoique ne se connaissant pas, se faire réciproquement des adieux touchans : la conformité de leur triste condition excite entre eux un sentiment de sympathie et d'intérêt mutuel; ils se font, de part et d'autre, des recommandations de bonne conduite. Mais les Maures chargés de les emmener pressent sou-

vent le départ, et les arrachent à ces doux épanche-
mens, si bien faits pour apitoyer sur leur sort.

Étant à la mosquée, un Maure d'un certain âge s'ap-
procha de moi gravement et, sans me parler, mit
dans la poche de mon coussabe une poignée de cauris,
monnaie du pays : il s'éloigna si promptement qu'il
ne me donna pas le temps de le remercier. Je fus
très-surpris de cette manière délicate de faire l'aumône.

La ville de Temboctou peut avoir trois milles de
tour; elle forme une espèce de triangle : les maisons
sont grandes, peu élevées, et n'ont qu'un rez-de-
chaussée; dans quelques-unes, on a élevé un cabinet
au-dessus de la porte d'entrée. Elles sont construites
en briques de forme ronde, roulées dans les mains et
séchées au soleil ; les murs ressemblent, à la hauteur
près, à ceux de Jenné.

Les rues de Temboctou sont propres et assez larges
pour y passer trois cavaliers de front; en dedans et en
dehors, on voit beaucoup de cases en paille, de forme
presque ronde, comme celles des Foulahs pasteurs ;
elles servent de logement aux pauvres et aux esclaves
qui vendent des marchandises pour le compte de leurs
maîtres.

Temboctou renferme sept mosquées, dont deux
grandes, qui sont surmontées chacune d'une tour
en brique, dans laquelle on monte par un escalier
intérieur.

Cette ville mystérieuse, qui, depuis des siècles, occupait les savans, et sur la population de laquelle on se formait des idées si exagérées, comme sur sa civilisation et son commerce avec tout l'intérieur du Soudan, est située dans une immense plaine de sable blanc et mouvant, sur lequel il ne croît que de frêles arbrisseaux rabougris, tels que le *mimosa ferruginea*, qui ne vient qu'à la hauteur de trois à quatre pieds. Elle n'est fermée par aucune clôture; on peut y entrer de tous côtés. On remarque dans son enceinte et autour quelques *balanites ægyptiaca*, et un palmier doum situé au centre.

Temboctou peut contenir au plus dix ou douze mille habitans, tous commerçans, en y comprenant les Maures établis. Il y vient souvent beaucoup d'Arabes, amenés par les caravanes, qui séjournent dans la ville et augmentent momentanément la population. Au loin dans la plaine, il croît quelques graminées, mêlées de chardons, dont les chameaux se nourrissent. Le bois à brûler est d'une grande rareté aux environs; on va très-près de Cabra pour s'en procurer; on en fait un objet de commerce, et les femmes le vendent au marché. Les riches seuls en brûlent; les pauvres font usage de fiente de chameau. L'eau se vend également sur le marché; les femmes en donnent une mesure d'environ un demi-litre pour un cauris.

Temboctou, quoique l'une des plus grandes villes que j'aie vues en Afrique, n'a d'autres ressources que son commerce de sel, son sol n'étant aucunement propre à la culture. C'est de Jenné qu'elle tire tout ce qui est nécessaire à son approvisionnement, le mil, le riz, le beurre végétal, le miel, le coton, les étoffes du Soudan, les effets confectionnés, les bougies, le savon, le piment, les ognons, le poisson sec, les pistaches, etc.

Si les flottilles venant à Cabra étaient arrêtées en route par les Touariks, les habitans de Temboctou seraient dans la plus affreuse disette. Pour éviter ce malheur, ils ont soin que leurs magasins soient toujours amplement fournis de toute espèce de comestibles. J'ai trouvé ceux de Sidi-Abdallahi pleins de grands sacs de riz, grain qui se conserve beaucoup plus long-temps que le mil.

Cette considération empêche les flottilles qui descendent le fleuve jusqu'à Cabra, de lutter avec les Touariks, malgré tout ce qu'ils ont à souffrir de leur exigence. On m'a assuré que, si l'on osait frapper un de ces sauvages, ils feraient aussitôt la guerre à Temboctou, et intercepteraient toute communication avec son port; alors elle ne recevrait de secours d'aucun endroit.

A l'O. N. O. de la ville, il s'est formé de larges excavations, ayant trente-cinq à quarante pieds de profondeur ; elles ont de l'eau à une grande hauteur que les pluies alimentent. Les esclaves vont y puiser pour leur boisson et pour la cuisine ; cette eau est assez claire, mais elle conserve un goût désagréable, et est très-chaude.

Ces espèces de citernes étant entièrement à ciel ouvert, l'eau y reçoit l'impression du soleil et d'un vent brûlant. Ces excavations se sont formées dans un sable presque mouvant : je suis descendu dans la plus grande par une pente assez douce ; le fond du trou, qui n'est pas entièrement rempli d'eau, laisse encore assez d'espace pour se promener. Je remarquai quelques veines de sable rouge et dur ; le reste est un sable gris d'un grain un peu gros.

Il y a, autour de ces trous, quelques petits champs de tabac : cette plante ne croît qu'à la hauteur de cinq à six pouces, et ne vient qu'à force d'être arrosée : c'est la seule culture que j'aie vue dans le pays. Les nègres étaient occupés à le récolter ; je remarquai qu'il était déjà en grains ; ils font sécher les feuilles, et les pilent au mortier. Ils le prennent ainsi en poudre, sans autre préparation ; ce n'est qu'une poussière verte qui n'a pas même l'odeur du tabac. On le vend au marché ; mais les personnes riches ne prennent que celui qui vient de Maroc, qui est de bien meilleure qualité.

Les habitans de Temboctou ne fument pas ; mais

les Maures nomades, qui habitent aux environs, font usage de la pipe.

Les esclaves puisent l'eau avec des calebasses ; ils remplissent des sacs de cuir, qu'ils mettent sur le dos de leurs ânes. Mais avant de faire leur ouvrage, ils se divertissent toujours un peu à la danse ; car malgré leur esclavage, ils conservent toujours une grande gaieté. Rendus chez le maître, ils mettent l'eau dans des jarres où elle se rafraîchit et perd une partie de son mauvais goût. Quelques femmes esclaves savonnaient dans de grandes calebasses, auprès des excavations.

A deux jours de marche au N. E. de Temboctou, on trouve la ville de Bousbéhey, bâtie en briques de sable argileux; elle appartient à la tribu de Zaouât, qui erre dans le désert de ce nom. Les habitans de Bousbéhey font le commerce du sel, qu'ils vont chercher à la petite ville de Toudeyni. Ils ont beaucoup de chameaux, qui font leur principale richesse ; ils en boivent le lait, dont ils font aussi du beurre. Ils n'ont que quelques moutons et quelques bœufs.

Les marchands de Temboctou achètent d'eux quelques bestiaux pour leurs provisions journalières, et donnent en échange du mil et du riz; car ces malheureux habitent un sol entièrement stérile, qui fournit à peine un peu de fourrage pour leurs chameaux. Les mêmes marchands achètent leur sel à Toudeyni, avec du mil, du riz, des étoffes et de l'or qu'ils donnent en échange.

On conçoit que Bousbéhey et Toudeyni, n'étant approvisionnés que par les grains que les marchands de Temboctou reçoivent de Jenné, se trouveraient aussi réduits à la famine, si le commerce entre ces deux dernières villes était intercepté.

Le pays de Salah, tribu errante comme celle du Zaouât, est situé à l'E. et à dix jours de chemin : ses habitans viennent fréquemment à Temboctou faire le commerce ; ils ont de nombreux troupeaux de chameaux, avec le lait desquels ils se nourrissent ; ils tirent aussi un peu de grains du commerce qu'ils font avec cette ville. Il n'existe, suivant le récit que m'a fait mon hôte, aucun rapport ni communication par eau de cette ville avec le pays de Haoussa, parce que, disait-il, la navigation du fleuve s'arrête à Cabra.

Les nègres et les Maures ne s'occupent absolument que de leur commerce : ils n'ont que des connaissances bien bornées sur la géographie ; tous ceux à qui j'ai demandé des renseignemens sur le cours du fleuve, à l'E. et à l'E. S. E. de leur ville, se sont accordés à dire qu'il passe à Haoussa, et qu'il va se perdre dans le Nil [1]. Je n'ai pu obtenir de renseignemens plus

---

(1) Le mot *Nil* est générique, ainsi que ceux de *Bahr'Râ*, *Kouara*, et plusieurs autres semblables.

certains; et la question du grand problème de l'issue du Dhioliba dans l'Océan sera résolue par un voyageur plus heureux : cependant, s'il m'est permis d'énoncer mon opinion sur le cours de ce fleuve, je suis aussi porté à croire qu'il va se perdre dans le golfe de Bénin, par plusieurs embouchures.

Les Maures de Tripoli et ceux d'Ardamas vont faire le commerce à Haoussa; ils y conduisent des marchandises d'Europe, et ils en exportent en échange beaucoup d'or, qui vient du riche pays du Ouangara. Ils viennent ensuite à Temboctou avec des pacotilles de jolies étoffes de ce pays; elles sont tissées à petites laizes, teintes en belle couleur bleue, et bien lustrées avec de la gomme. Mon hôte m'en fit voir une pièce que je trouvai très-belle ; elle ressemblait à celles qui sont fabriquées chez les nègres situés plus au N. ; j'en ai vu à Galam, en 1819, de semblables qui venaient de Ségo, et qui avaient été fabriquées par les Bambaras; elles étaient aussi bien lustrées que celles que j'ai vues à Temboctou. En général, les nègres du Sénégal attachent un grand prix à ces étoffes.

Comme les environs de Temboctou sont tous dépourvus de pâturages (puisque les chameaux y trouvent à peine de quoi paître), on tire de Cabra beaucoup de fourrage, que les habitans de ce village récoltent dans les marais, et qu'ils font sécher pour le vendre aux personnes de la ville qui ont des bestiaux à nourrir, tels que chevaux, bœufs, moutons ou cabris; ce fourrage est serré sur le toit des maisons. Temboctou et ses environs offrent l'aspect le plus monotone, le plus aride que j'aie jamais vu : cependant j'aperçus, à peu de distance hors de la ville, un troupeau de chameaux dispersé dans la campagne, paissant çà et là quelques chardons desséchés par le vent brûlant de l'est, et de jeunes branches de *mimosa ferruginea*, dont les longues épines, ressemblant à celles de l'aubépine, n'empêchaient pas ces animaux de les dévorer. On me dit qu'ils appartenaient aux Maures qui font les voyages à travers le grand désert.

Tous les habitans natifs de Temboctou sont zélés mahométans. Leur costume est le même que celui des Maures, et ils ont quatre femmes comme les Arabes; mais ils n'ont pas, comme les Mandingues, la cruauté de les battre : elles sont cependant chargées de même des soins du ménage. Il est vrai que les habitans de Temboctou, qui ont continuellement des relations avec les peuples demi-civilisés de la Méditerranée, ont quelques idées de la dignité de l'homme. J'ai toujours vu, dans mes voyages, que c'était chez les peuples les moins civilisés que la femme était le plus asservie. Ainsi, le beau sexe d'Afrique devrait donc faire des vœux pour les progrès de la civilisation. A Temboctou, les femmes ne sont pas voilées comme dans l'empire de Maroc; elles sortent quand elles le veulent, et sont libres de voir tout le monde. Les habitans sont doux et affables envers les étrangers ; ils sont industrieux et intelligens dans le commerce, qui est leur seule ressource : la plupart des négocians sont riches et ont beaucoup d'esclaves. Les hommes sont de taille ordinaire, bien faits, se tenant très-droits, ayant une démarche assurée ; leur teint est d'un beau noir foncé ; ils ont le nez un peu plus aquilin que chez les Mandingues, et, comme eux, les lèvres minces et de beaux yeux. J'ai vu des femmes qui pouvaient passer pour très-jolies. Tous se nourrissent bien, mangent du riz et du couscous fait de petit mil cuit avec de la viande ou du poisson sec ; ils font par jour deux repas. Les nègres qui ont de l'aisance, ainsi que les Maures, font leur déjeûner avec du pain de froment, du thé et du beurre de vache ; il n'y a que les nègres d'une classe inférieure qui mangent du beurre végétal. En général, les nègres ne sont pas aussi bien logés que les Maures : ceux-ci ont sur eux un grand ascendant, et se croient eux-mêmes bien supérieurs.

Les habitans de Temboctou sont d'une propreté recherchée pour leurs vêtemens et l'intérieur de leurs maisons. Leurs ustensiles de ménage consistent en quelques calebasses et quelques plats de bois ; ils ne connaissent pas l'usage des cuillers ni des fourchettes, et ils croient qu'à leur exemple tous les peuples de la terre prennent les mets avec les doigts ; ils n'ont d'autres meubles que quelques nattes pour s'asseoir ; leur lit se compose de quatre piquets fichés en terre à une extrémité de la chambre, sur lesquels ils tendent des nattes ou une peau de bœuf. Les riches ont un matelas en coton, et une couverture fabriquée chez les Maures des environs, avec le poil des chameaux et la laine de leurs moutons. J'ai vu une femme de Cabra occupée à tisser de ces couvertures.

Ils ont, comme je l'ai dit, plusieurs femmes ; mais beaucoup y adjoignent leurs esclaves. Les Maures ne prennent pas d'autres femmes que celles-ci : ils les occupent à promener les marchandises dans les rues, comme colats, piment, etc.; elles vont aussi au marché étaler une petite boutique, pendant que la favorite reste à la maison, afin de surveiller celles qui sont chargées de faire la cuisine pour tout le monde : elle-même prépare seule les repas de son mari. Ces femmes sont vêtues très-proprement ; leur costume consiste en un coussabe comme celui des hommes, excepté qu'il n'a pas de grandes manches ; elles portent aussi des souliers en maroquin. La mode varie quelquefois pour la coiffure, qui consiste principalement en un *fatara* de belle mousseline ou autre étoffe de coton d'Europe. Leurs cheveux sont tressés avec beaucoup d'art : la tresse ou natte principale est grosse comme le pouce ; elle part de derrière la tête, vient incliner sur le devant, et est terminée par un morceau de cornaline rond, creusé au milieu; elles mettent sous cette natte un petit coussin pour la soutenir, et joignent à cet ornement beaucoup d'autres colifichets, tels que du faux ambre, du faux corail, et des morceaux de cornaline taillés comme celui-ci. Elles ont aussi l'habitude de se graisser de beurre la tête et le corps, mais moins profusément que les Bambaras et les Mandingues. La grande chaleur, augmentée par le vent brûlant de l'E., leur rend cette habitude nécessaire. Les femmes riches ont une grande quantité de verroteries au cou et aux oreilles: elles portent, comme à Jenné, un anneau aux narines; celles qui ne sont pas assez riches, remplacent cet anneau par un morceau de soie rouge: elles mettent des bracelets en argent, et des cercles en fer argenté aux chevilles: ceux-ci sont fabriqués dans le pays; au lieu d'avoir une forme arrondie, comme ceux des bras, ils sont plats et ont quatre pouces de large; ils y gravent quelques jolis dessins.

Les esclaves femelles des gens riches ont quelques parures en or au cou; au lieu de boucles d'oreille, comme aux environs du Sénégal, elles ont de petites plaques en forme de collier. Quelques jours après mon arrivée à Temboctou, je rencontrai un nègre qui en promenait deux dans les rues, que je reconnus pour avoir passé avec moi sur la même pirogue: ces femmes étaient un peu âgées; mais leur maître, pour leur donner un air de jeunesse favorable à la vente, les avait très-bien habillées; elles portaient de belles pagnes blanches, avaient de grosses boucles en or aux oreilles, et chacune deux ou trois colliers de même métal. Je passai auprès d'elles; elles me regardèrent en souriant, et ne parurent nullement fâchées de se voir promenées dans les rues pour être vendues; indifférence que j'attribuai à l'état d'abrutissement dans lequel les tient l'esclavage, et à l'ignorance absolue des droits naturels de l'espèce humaine. Elles croient simplement que les choses doivent être ainsi, et qu'elles sont faites pour ce trafic.

Les nègres des villages de Dirimans, Malakas et Kissours, situés sur les rives du fleuve, viennent à Temboctou dans leurs pirogues; ils apportent au marché des esclaves, de l'ivoire, des poissons secs, des pots en terre, et diverses autres choses qu'ils vendent pour avoir des verroteries, de l'ambre, du corail et du sel. Dans la partie du S. de Temboctou, il y a un pays que l'on nomme *Ginbala*; il se prolonge très-avant dans l'intérieur : ses habitans sont tous musulmans, me dit-on; ils ne viennent que peu à Temboctou, à cause du voisinage des Touariks qu'ils redoutent. Ils sont très-industrieux, cultivent beaucoup de mil et un peu de riz, sont très-hospitaliers envers les étrangers, et ont beaucoup de troupeaux de bœufs, de moutons et de cabris; ils cultivent du coton, avec lequel ils fabriquent des étoffes pour se vêtir. Ils vont de préférence faire le commerce à Jenné, où ils n'ont rien à craindre.

Les Foulahs qui habitent les environs du fleuve viennent aussi à Temboctou ; ceux que j'y ai vus avaient toute la physionomie et la couleur de ceux du Fouta-Dhialon ; ils étaient armés de plusieurs piques. J'en ai vu très-peu.

Le commerce de Temboctou est considérablement gêné par le voisinage des Touariks, nation belliqueuse qui rend les habitans de cette ville tributaires. Ces derniers, pour avoir leur commerce libre, leur donnent, pour ainsi dire, ce qu'ils demandent, indépendamment des droits que paient les flottilles à leur arrivée à Cabra: s'ils se refusaient à les satisfaire, il en résulterait des inconvéniens fâcheux, parce que les Touariks sont très-nombreux, et assez forts pour interdire toutes les communications entre Temboctou et Cabra : alors cette ville, qui n'a par elle-même aucune ressource en agriculture, se trouverait réduite à la plus affreuse disette, ainsi que les pays qui l'avoisinent. Les Maures ont pour les Touariks un profond mépris ; et quand ils voulaient m'exprimer toute la haine qu'ils avaient pour ces peuples, ils les comparaient aux chrétiens, qu'ils croient aussi vagabonds qu'eux. Je m'empressai de détruire cette erreur, qui chez eux est très-accréditée: je leur dis que les Européens n'étaient pas à comparer à ces pillards ; qu'ils ne volaient jamais, et qu'ils étaient toujours prêts à rendre service à leurs semblables « Mais puisqu'ils « sont si bons, répliquèrent-ils, pourquoi n'es-tu pas « resté avec eux ? » Cette question m'embarrassa un peu ; mais je répondis que Dieu ne l'avait pas permis, puisqu'il m'avait donné l'idée de retourner dans mon pays pour y reprendre la religion de mes pères.

La maison de mon hôte Sidi ne désemplissait pas de Touariks et d'Arabes qui demandaient sans cesse : ces gens ne viennent à Temboctou que pour arracher aux habitans ce qu'ils appellent des présens, et que l'on pourrait appeler plus justement des contributions forcées. J'en ai vu souvent rester assis dans la cour, et se faire nourrir jusqu'à ce que le maître leur eût envoyé son tribut. Ils viennent toujours à cheval, et se font donner du fourrage.

Quand le chef de cette peuplade arrive avec sa suite à Temboctou, c'est une calamité générale ; et cependant chacun le comble de soins et de présens pour lui et les siens ; il demeure quelquefois deux mois, toujours nourri aux frais des habitans et du roi, qui y joint des présens d'une plus grande valeur ; ils ne retournent chez eux que chargés de mil, de riz, de miel, et de quelques effets confectionnés.

Les Touariks ou Sourgous ne sont qu'un même peuple : le premier nom leur est donné par les Maures et le second par les nègres : ils sont nomades, et habitent les bords du Dhioliba, depuis le village de Diré jusqu'aux environs de Haoussa, que mon hôte m'a dit être à vingt jours à l'E. S. E. de Temboctou, dans une vaste contrée du même nom que le fleuve arrose.

Les Touariks, par la terreur de leurs armes, ont rendu tributaires tous les nègres leurs voisins; ils exercent envers eux le plus affreux brigandage. Ils ont, comme les Arabes, de beaux chevaux qui les facilitent dans leurs incursions vagabondes : les peuplades qui y sont exposées ont tellement peur d'eux, qu'il suffit de trois ou quatre Touariks pour donner l'épouvante à cinq ou six villages. A Temboctou, on ne laisse plus sortir les esclaves hors de la ville après le coucher du soleil, de peur qu'ils ne soient enlevés par les Touariks, qui s'emparent de vive force de ceux qui leur tombent sous la main, et rendent bien plus déplorable la condition de ces malheureux. J'en ai vu dans leurs petites embarcations, presque tout nus, et à chaque instant menacés par leurs maîtres d'être frappés.

Les Touariks sont riches en bestiaux; ils ont de nombreux troupeaux de moutons, bœufs et chèvres; le lait et la viande suffisent à leur nourriture. Leurs esclaves recueillent la graine du nénufar, qui est très-commun dans tous les marais environnans; ils la font sécher et la vannent : elle est si fine, qu'elle n'a pas besoin d'être pilée; ils la font cuire avec leur poisson. Ces peuples nomades ne cultivent point; leurs esclaves ne sont occupés qu'à soigner leurs troupeaux; ils n'ont pour leur consommation d'autre grain que celui qu'ils tirent des flottilles venant de Jenné à Temboctou. Au moment de la crue des eaux, les Touariks se retirent un peu dans l'intérieur, où ils trouvent de bons pâturages; ils ont de nombreux troupeaux de chameaux, dont le lait est une ressource toujours certaine.

Les Foulahs qui habitent aux environs du fleuve, ne sont pas soumis à ces barbares : cette race, bien supérieure à la race purement nègre, est pleine d'énergie; elle est trop belliqueuse pour subir un joug aussi honteux. Ces Foulahs ne parlent pas la langue poulh du Fouta-Dhialon; je leur ai adressé quelques mots de cet idiome, et ils ne les ont pas compris. Ils parlent la langue de Temboctou, et ils ont en outre un idiome particulier qu'ils parlent entre eux. Tous ceux que j'ai vus sur les bords du fleuve sont aussi nomades.

J'ai quelquefois vu les chameaux des Touariks employés à transporter les marchandises de Cabra à Temboctou. Ce sont les plus pauvres d'entre eux qui font ces corvées; ils y trouvent leur bénéfice. Les autres sont trop fiers pour se décider à travailler; ils vendent à Temboctou quelques bœufs et quelques moutons pour la consommation ordinaire de la ville. Le lait y est très-cher, et pas aussi bon que sur les bords du fleuve.

Les Touariks, comme tous les musulmans, ont plusieurs femmes : celles qui sont grosses et grasses sont les plus recherchées; pour être une véritable beauté à leurs yeux, il faut qu'une femme soit parvenue à un tel degré d'embonpoint, qu'elle ait perdu la faculté de marcher sans le secours de deux personnes.

Elles sont vêtues comme les Mauresses des bords du Sénégal; mais, au lieu de guinée bleue, elles mettent des pagnes bleues qui viennent de Jenné, et que les négocians de Temboctou leur procurent : celles que j'ai vues en passant auprès du camp du chef, m'ont paru être de la plus grande malpropreté. Les hommes n'ont pas une mise plus soignée : ils ont, comme les nègres de Temboctou, un coussabe blanc ou bleu, un pantalon qui descend jusqu'à la cheville, comme on en porte à Jenné et à Temboctou. Les esclaves ont des culottes pareilles à celles des Maures qui habitent les bords du Sénégal. Le costume des Touariks ne diffère de celui des Maures que par la coiffure; ils ont l'habitude de porter, jour et nuit, une bande de toile de coton qui leur passe sur le front, descend sur les yeux, et même avance jusque sur le nez, car ils sont obligés de lever un peu la tête pour y voir; la même bande, après avoir fait un ou deux tours sur la tête, vient passer sous le nez, et descend un peu plus bas que le menton, en sorte qu'on ne leur voit que le bout du nez : ils ne l'ôtent ni pour manger, ni pour boire, ni pour fumer; ils ne font que soulever cette bande de toile, que les nègres nomment *fatara*.

Les Touariks fument beaucoup. Ils ont tous de beaux chevaux et sont bons cavaliers : belliqueux, mais cruels, ils sont tous armés de trois ou quatre piques, et d'un poignard qu'ils portent au bras gauche; la lame est en haut et la poignée touche sur le dessus de la main; il y a au fourreau de ces poignards un *manchon* dans lequel on passe la main; ils sont droits, assez bien faits; on les apporte des bords de la Méditerranée. Ces hommes ont en outre des boucliers en cuir de bœuf tanné, qui sont travaillés avec beaucoup de goût, et ont la forme de ceux des anciens chevaliers, excepté qu'ils sont carrés du bout[1]; ils sont couverts de jolis dessins : ces boucliers sont assez larges pour les couvrir tout entiers. Quelques nègres de Temboctou en ont aussi de la même forme, mais bien plus petits. Les Touariks ne se battent qu'avec la lance et le poignard; ils sont toujours à cheval : ils ne font point usage de l'arc; l'embarras de leurs

---

[1] Comme ceux des anciens Égyptiens.

boucliers les empêcherait de s'en servir utilement.
Ces peuples nomades portent les cheveux longs, ont
le teint très-brun, comme les Maures, le nez aquilin,
de grands yeux, une belle bouche, la figure longue
et le front un peu élevé ; l'expression de leur physionomie est sauvage et barbare : on les regarde comme
une race d'Arabes, et ils ont en effet une partie des
habitudes de ceux-ci ; mais ils parlent un idiome particulier. Ce sont eux qui se réunissent en nombre
pour attaquer les caravanes venant de Tripoli : celles
de Maroc sont moins exposées à leurs brigandages,
parce qu'ils s'étendent plus dans la partie du N. Ils
ont beaucoup d'esclaves qu'ils occupent en partie à
la récolte des gommes venant des bords du fleuve ;
ils les vendent aux négocians de Temboctou, avec
beaucoup d'ivoire.

Il est étonnant qu'un si grand nombre de peuplades
restent paisiblement sous le joug avilissant et ruineux
de ces Touariks, lorsque, si elles voulaient se réunir
et s'entendre, elles pourraient les écraser si facilement. Les Dirimans, les Ginbalas, les Kissours, et
les Maures des tribus de Zaouât et de Salah, réunis,
seraient bien supérieurs aux Touariks, et ils s'en délivreraient pour toujours. Les Touariks craignent les
armes à feu et n'en font pas usage ; tandis que tous
les nègres de Temboctou et les Maures des tribus
sont armés de fusils doubles.

Les Foulahs des environs de Jenné, conduits par Ségo-Ahmadou, leur chef, vinrent attaquer les Touariks : les Foulahs étaient en petit nombre, à cause de l'éloignement de leur pays et de la difficulté d'avoir des vivres en réserve; cela n'empêcha pas qu'ils ne remportassent la victoire; ils firent beaucoup de prisonniers Touariks, qu'ils livrèrent au supplice, et emmenèrent avec eux une foule d'esclaves et de bœufs, qui enrichirent les vainqueurs. Cette défaite prouve qu'ils ne sont pas aussi à redouter qu'ils le paraissent, et qu'ils ne sont hardis que contre ceux qui les craignent. Si leurs tributaires, soutenus par les Maures leurs voisins, entreprenaient de secouer le joug, ils réussiraient bien vîte; mais les nègres, en général, sont indolens, et les Maures, adonnés au commerce, n'ont pas le caractère martial. Ségo-Ahmadou, indigné de voir ces Touariks, qui sont musulmans, peu zélés à la vérité, imposer des droits aux embarcations qui viennent de son pays, s'est décidé à leur faire la guerre; mais il est trop éloigné pour la soutenir longtemps. J'ai présumé que le voyageur Mungo-Park pouvait bien avoir été massacré par ces hommes barbares.

Après quatre ans de séjour, soit à Jenné, soit à Temboctou, les Maures retournent dans leur patrie, avec leur petite fortune; ils emmènent beaucoup d'esclaves : cependant la plupart préfèrent le commerce de Sansanding et Yamina, à cause du voisinage des mines d'or de Bouré, d'où ils tirent beaucoup de ce métal. Temboctou et Jenné ne profitent pas de cet avantage, car la guerre de Ségo-Ahmadou avec les Bambaras, qui continue presque toujours, intercepte les communications commerciales. Les Arabes qui viennent de Tafilet, d'Adrar, de Tripoli et d'autres pays, apportent à Temboctou du froment dont on fait de petits pains avec du levain : ils sont de forme ronde et pèsent une demi-livre ; ils ont très-bon goût, et, pour une valeur de quarante cauris (quatre sous de notre monnaie), on peut s'en procurer un : les négocians riches, ainsi que je crois l'avoir déjà dit, en mangent à leur déjeûner, en prenant du thé. Ils ont des théyères qu'on leur apporte de Maroc ; celles que j'ai vues étaient en étain, avec de petites tasses, comme celles de Sidi-Oulad-Marmou, à Jenné. Tous les nègres de Temboctou sont en état de lire le Coran et même le savent par cœur ; ils le font apprendre de bonne heure à leurs enfans, soit qu'ils se chargent de les instruire eux-mêmes, soit qu'ils confient leur éducation aux Maures, qu'ils croient plus instruits. Ils font aussi usage de l'écriture pour leur correspondance avec Jenné.

Les vivres sont très-chers à Temboctou, et je me serais trouvé très-embarrassé, si, comme à Timé, j'avais été obligé de pourvoir à ma nourriture ; mes moyens eussent été bientôt épuisés: c'est donc au bon et généreux Sidi-Abdallahi-Chebir que j'ai l'obligation de mon retour par le grand désert. Je n'avais qu'une valeur réelle de trente-cinq piastres en marchandises, que je réservais pour me procurer un chameau, afin de me rendre sur les bords de la mer, soit en passant par le grand désert, soit en retournant à l'O. J'avoue que la traversée du Sahara, dans une saison aussi sèche, m'effrayait beaucoup; je craignais de ne pouvoir supporter, avec aussi peu de moyens, les privations et les fatigues, augmentées par un vent brûlant qui règne continuellement et rend la chaleur accablante : cependant, après de mûres réflexions, je me décidai définitivement à surmonter les dangers auxquels la grande sécheresse m'exposerait, et à m'aventurer avec une caravane dans les sables mouvans du désert. En effet, je pensais que, si j'effectuais mon retour par Ségo, Sansanding et nos établissemens de Galam, les envieux du succès d'un voyage dont l'entreprise m'avait fait déjà tant d'ennemis, révoqueraient en doute mon arrivée et mon séjour à Temboctou; au lieu qu'en revenant par les états barbaresques, le point de mon arrivée imposerait silence à l'envie.

Sidi-Abdallahi me donnait tous les jours de nouvelles marques de son bon cœur; il alla même jusqu'à m'engager à rester à Temboctou : il me donnerait, disait-il, des marchandises pour faire le commerce à mon compte ; et quand j'aurais fait des bénéfices, je pourrais retourner dans mon pays sans le secours de personne. Les craintes que j'avais d'être découvert, jointes au desir de revoir ma patrie, m'engagèrent à refuser ses généreuses propositions. D'ailleurs, mon départ pour l'intérieur de l'Afrique, n'étant point connu authentiquement, tomberait dans l'oubli si je venais à périr, et les observations que j'avais pu faire seraient perdues pour mon pays. Ces considérations m'engagèrent à effectuer mon retour le plus tôt possible. Comme l'occasion sur laquelle je comptais ne devait pas tarder à se présenter, je tâchai de mettre à profit le peu d'instans qui me restaient. J'allai visiter la grande mosquée de l'ouest : elle est plus vaste que celle de l'est ; mais elle est construite dans le même genre ; les murs en sont mal entretenus ; les enduits sont dégradés par les pluies qui tombent pendant les mois d'août, septembre et octobre, pluies qui sont toujours amenées par des vents d'est et accompagnées d'orages violens. Plusieurs contre-forts sont élevés contre les murs pour en prévenir l'écroulement. Je montai sur la tour, dont l'escalier placé intérieurement est presque démoli ; j'y revins même plusieurs fois pour écrire mes notes ; ce lieu peu fréquenté me mettait en position de n'être pas aperçu. Dans le cours de mon voyage, j'ai toujours eu soin de me cacher pour écrire, afin de ne pas éveiller l'attention soupçonneuse des musulmans; c'était toujours dans les bois, à l'abri d'un buisson ou d'un rocher, que je mettais par écrit tout ce qui m'avait paru digne de remarque[1].

Du haut de la tour, je découvrais, à une très-grande distance, une plaine immense de sable blanc, où il ne croît que des arbrisseaux rabougris, *mimosa ferruginea;* quelques dunes ou buttes de sable, s'élevant çà et là, rompaient un peu l'uniformité du tableau Je regardais avec étonnement cette ville, que le besoin du commerce a fait élever dans un affreux désert, sans autres ressources que celles qu'elle se procure par les échanges. La partie O. de la mosquée me parut d'une construction très-ancienne; toute la façade de ce côté est tombée en ruine; on y remarque encore des arcades voûtées, dont le crépi est entièrement détaché. Cet édifice est construit en briques séchées au soleil, à-peu-près de la forme des nôtres. Les murs sont enduits d'un sable gros, semblable à celui dont sont faites les briques, mêlé avec de la glume de riz. Dans

(1) En plaine, dans le désert, pour écrire mes notes, je m'asseyais tenant sur les genoux des feuillets du Coran, que j'étais censé copier et étudier. Voyez la planche 3.

quelques parties du désert, on trouve une terre couleur de cendre, très-dure, où domine le sable ; c'est avec cette terre que les briques de la mosquée sont faites. Les autres parties de l'édifice paraissent avoir été bâties bien postérieurement aux ruines de l'ouest ; quoique l'ouvrage en soit fait assez bien pour un peuple qui ignore les règles de l'architecture, il est bien inférieur à la partie la plus ancienne.

Ce ne fut pas sans étonnement que je remarquai dans celle-ci trois galeries soutenues par dix arcades chacune, aussi bien bâties que si elles avaient été construites par un homme de l'art : ces arcades ont six pieds de large et dix de hauteur ; leur enduit, en assez bon état, paraît avoir été blanchi à la chaux, à en juger par la couleur blanchâtre qu'il conserve encore. Cette construction se rattache aux ruines, soit par le style, soit par la position. J'ai été porté à croire qu'anciennement la mosquée ne contenait que cette partie, et que, depuis, on y a ajouté de nouvelles constructions ; cette circonstance m'a paru remarquable.

La partie de l'E. est composée de six galeries ; celles de l'O. sont soutenues par dix-neuf piliers ; les ouvertures ont chacune six pieds et demi de large sur dix à onze de hauteur. Le travail, quoique assez correct, est loin de ressembler à celui de l'autre partie, comme je l'ai déjà fait observer. Les trois premières galeries du côté de l'E. ont cent quatre pas ordinaires de long[1] et deux et demi de large; les trois suivantes n'en ont que soixante-quatre; celles de la partie O. n'ont que trente-neuf pas : dans leur prolongement est la grande tour, qui fait face à une cour intérieure, fermée à l'O. par les ruines; elle est de forme carrée et terminée par une petite pyramide tronquée, aussi en briques, surmontée d'un pot en terre cuite. Elle peut avoir, à prendre de sa base jusqu'au sommet, de cinquante à cinquante-cinq pieds d'élévation. Les marches de l'escalier pratiqué intérieurement sont soutenues par des morceaux de bois scellés dans les murs, et recouverts de terre : le mauvais état des marches ne m'a pas permis de les compter exactement ; tous les angles en étaient usés ; cependant j'ai reconnu l'empreinte de trente-deux.

Les murs de la mosquée ont quinze pieds de hauteur et vingt-cinq à vingt-six pouces d'épaisseur. Celui de la façade de l'E. est dentelé au sommet en forme de créneaux, dont les parties saillantes sont surmontées de pots en terre cuite, semblables à celui qui est placé sur le dôme de la tour.

Une autre tour massive, de forme conique, est située sur cette façade ; sa hauteur est d'environ trente pieds : on voit sur le dôme saillir des morceaux de bois

---

(1) De deux pieds environ.

qui paraissent y avoir été mis pour lier la maçonnerie.

Le toit de la mosquée est en terrasse, ainsi que le haut de la tour, qui de plus est environné d'un parapet de dix-huit pouces de haut.

Des troncs de ronnier fendus en quatre soutiennent le toit de l'édifice ; ces poutres sont à un pied de distance les unes des autres : des morceaux de bois de *salvadora*, qu'on apporte de Cabra, où ce végétal croît en quantité, coupés à la longueur de la distance des poutres, sont posés obliquement à double rang et en croix ; des nattes de feuilles de ronnier sont placées dessus et recouvertes de terre.

Cette mosquée a cinq portes de différentes grandeurs à l'E., trois au S. et deux au N. Du côté de l'O., ce sont les ruines qui forment les limites de la mosquée, en même temps que celles de la ville. A l'E. et au N., le terrain est de niveau ; mais du côté du S., on y entre en montant quatre marches.

Sur le mur de l'E., à l'intérieur, il y a des ornemens appliqués et faits de terre jaune ; ils sont en forme de chevron ou de feston triangulaire, d'un pied et demi d'ouverture, et de deux pieds de haut ; ils commencent à un pied et demi au-dessus du sol. Les piliers qui soutiennent les arcades, en face, ont aussi quelques dessins faits de même matière et qui sont assez corrects ; il y en a beaucoup d'effacés. Une espèce de niche creusée au milieu du mur de l'E., est destinée au marabout qui fait la prière ; dans un autre enfoncement de ce genre, on voit une grande chaire en bois, dans laquelle ce ministre du culte monte par deux ou trois gradins, les jours qu'il donne lecture de quelques passages du Coran. Le sol de la mosquée est couvert de nattes sur lesquelles on se prosterne pour prier.

Ayant pensé que la description seule ne donnerait pas une idée juste de la construction de cette mosquée, je me suis hasardé à en prendre un croquis, ainsi qu'une vue de la ville : l'un et l'autre rendront peut-être mieux que des paroles les objets que je desire faire connaître au lecteur[1].

Pour faire l'esquisse de la mosquée, je m'assis dans la rue, en face, et je m'entourai avec ma grande couverture, que je repliai sur mes genoux ; je tenais à la main une feuille de papier blanc, à laquelle je joignais une page du Coran ; et lorsque je voyais venir quelqu'un de mon côté, je cachais mon dessin dans ma couverture, et je gardais la feuille du Coran à la main, comme si j'étudiais la prière. Les passans, loin de me soupçonner, me regardaient comme un prédestiné, et louaient mon zèle (2).

La mosquée de l'E. est beaucoup plus petite que

---

(1) Voyez les planches 4, 5.   (2) Voy. la planche 3.

celle de l'O. Elle est également surmontée d'une tour carrée, de même forme et de même dimension que celles de la grande; les murs sont entièrement dépouillés de leur crépissage : on a mis beaucoup de contre-forts, pour soutenir l'édifice : il y a trois avenues d'arcades; les galeries ont six pieds de large, et trente pas de long.

La mosquée elle-même a trente pas de long sur vingt-cinq de large; les arcades, qui ont trois pieds et demi d'ouverture et sept et demi de hauteur, sont construites en mêmes briques que celles de l'O. : il y a une cour intérieure dans laquelle on entre pour monter dans la tour. Cette mosquée n'a aucune de ses parties en ruine ; mais elle paraît très-ancienne : la construction en est peu régulière. J'y ai remarqué deux portes au S. et une au N. Les côtés de l'O. et de l'E. n'ont pas d'ouvertures. Auprès de la mosquée, à l'orient, on voit une petite dune de sable peu élevée, et quelques maisons couvertes par les sables mouvans poussés par le vent de l'Est.

Au milieu de la ville, on voit une espèce de place entourée de cases rondes; on y trouve quelques *palma christi* et un palmier doum, le seul que j'aie vu dans le pays : au centre de cette place, on a pratiqué un grand trou pour recevoir les immondices. Deux énormes buttes élevées hors de la ville, au S. de la mosquée, m'ont paru aussi n'être qu'un amas d'ordures ou de décombres; je suis monté plusieurs fois dessus pour examiner la ville dans son ensemble et en faire l'esquisse (1).

Une troisième mosquée, un peu remarquable, se trouve à-peu-près au centre de la ville; elle a aussi une tour, mais moins élevée que les autres : il n'y a que des arcades carrées ; les nefs ont sept pieds de large et vingt-cinq de long ; le mur de la façade de cette mosquée est garni de beaucoup d'œufs d'autruche; il y en a au sommet de la tour. Une cour très-grande se trouve dans la partie de l'E. : il y a au milieu un *balanites ægyptiaca* qui en fait l'ornement. Derrière la mosquée, à l'O., il croît quelques pieds de *salvadora*.

On compte encore cinq autres mosquées : mais elles sont petites et faites comme les maisons particulières; seulement elles sont dominées chacune par un minaret : toutes ont une cour intérieure ; on s'y rassemble le soir pour faire les cérémonies religieuses. Les crieurs qui appellent à la prière, ne reçoivent pas de salaire ; mais, à des époques fixes, ils crient du haut des minarets pour rappeler aux fidèles que le moment est venu de les payer de leur peine. Je me suis trouvé à l'une de ces époques à Temboctou : chacun s'empressa de leur faire son offrande, qui consistait en pain, mil, riz, poisson sec, pistaches et cauris; tout fut déposé

---

(1) Voy. la planche 6.

sur une natte étendue par terre, devant la porte de la mosquée.

Je voyais souvent des Maures que ma situation intéressait ; ils me questionnaient sur les usages européens, et sur le traitement que les chrétiens m'avaient fait éprouver. Je tâchais à mon tour d'obtenir de leur part des détails sur les peuples des environs et sur la distance de leurs pays à Temboctou; mais, loin de me répondre, ils faisaient semblant de ne pas m'entendre, et tournaient la tête en adressant la parole à un autre. Malheureusement je ne possédais pas assez de moyens pour leur faire des présens; aussi ne m'appelait-on que *le meskine* (pauvre). Le peu de renseignemens que j'aie obtenus à Temboctou m'ont été fournis par Sidi-Abdallahi-Chébir, mon hôte, et par quelques nègres kissours, qui eurent seuls la complaisance de répondre à mes questions. Ils n'ont aucune notion exacte sur le cours du fleuve à l'E. de cette ville : mon hôte m'a assuré qu'il passe à Haoussa, et se rejoint au Nil[1]. C'est l'opinion générale des Arabes qui habitent le pays. Ce fleuve porte à Temboctou le nom de Bahar-el-Nil (rivière du Nil).

La maison qu'on m'avait donnée pour logement n'étant pas encore finie, j'eus occasion d'observer la

---

(1) On a déjà observé que ce mot est générique, et ne s'applique pas nécessairement au Nil d'Égypte.

manière de construire des maçons du pays. On creuse, dans la ville même, à quelques pieds de profondeur; il s'y trouve un sable gris mêlé d'argile, avec lequel on fait des briques de forme ronde, qu'on met sécher au soleil; ces briques sont semblables à celles de Jenné. De jeunes esclaves les portent sur leur tête, dans de mauvaises calebasses, ainsi que le mortier, fait de la même matière. Les maçons sont des esclaves; ils travaillent avec autant d'intelligence qu'à Jenné; je trouvais même que leurs murs étaient mieux soignés. Les portes sont bien faites et solides; les vantaux sont en planches assemblées par des barres et des clous qui viennent de Tafilet : on les ferme au moyen de serrures fabriquées dans le pays, et où il n'entre pas de fer; la clef même est en bois[1]; cependant quelques Maures font usage de serrures en fer qu'ils tirent des bords de la Méditerranée. Toutes ces serrures ne ferment pas dans l'intérieur; on y supplée par une chaîne ou une barre placée en dedans. Le toit des maisons, qui toutes n'ont qu'un rez-de-chaussée, est, comme celui de la mosquée, soutenu par des poutres : ces pièces de charpente sont en ronnier, arbre qui croît sur les bords du fleuve à une hauteur prodigieuse; j'en ai vu dont l'élévation était de plus de cent vingt-cinq pieds : on fend les troncs en quatre, puis on

---

[1] Cet usage existe, comme on sait, en Égypte et en Nubie.

arrondit chaque partie pour les poser sur les murs, et on les recouvre de morceaux de bois, de nattes et de terre, comme le toit de la mosquée.

Chaque maison forme un carré[1], contenant deux cours intérieures, autour desquelles sont disposées les chambres, qui consistent chacune en un carré long, fort étroit, servant en même temps de magasin et de chambre à coucher : ces pièces ne reçoivent de jour que par la porte d'entrée, et une autre plus petite donnant sur la cour intérieure; elles n'ont ni fenêtres, ni cheminées.

Les habitans de Temboctou n'ont pas adopté l'usage généralement répandu dans le Soudan, d'allumer du feu dans leurs maisons. Quelques-uns construisent dans la cour un petit cabinet en nattes; ils y passent le jour et la nuit dans la belle saison, les chambres étant beaucoup trop chaudes pour y demeurer.

On m'avait donné un de ces magasins, où j'étouffais nuit et jour; j'avais une peine infinie à supporter la chaleur accablante qui y règne, sur-tout la nuit, faute d'air : mais où aller dans un pays où il n'y a pas d'arbres pour se mettre à l'ombre? Je me réfugiais souvent dans une mosquée, comme l'endroit le plus aéré et le plus frais. La chaleur est encore augmentée

---

[1] Voy. le plan d'une maison particulière, planche 5, fig. 4, 5.

par le vent d'E., qui soulève des nuées de sable, obscurcit l'atmosphère, et rend ce séjour très-désagréable. Les habitans se tiennent dans leurs maisons pendant la chaleur du jour, et ne sortent que le matin et le soir. Les nuits sont d'un calme étouffant; et si parfois il fait un peu d'air, il ressemble à une vapeur brûlante, qui dessèche les poumons. J'éprouvais un malaise continuel.

La caravane destinée pour Tafilet était encore à Temboctou pour quelques jours, et j'étais prévenu qu'il n'en partirait pas d'autre avant trois mois; je me décidai à profiter de celle-ci. Je craignais de rester à Temboctou aussi long-temps, malgré les invitations réitérées de mon hôte, qui préférait, disait-il, de me voir prendre la route de Tripoli par Ardamas[1], plutôt que celle de Maroc. Il me prévint qu'il avait le projet de faire une collecte à mon profit; mais que mon départ si prochain ne lui laisserait pas assez de temps pour l'effectuer : enfin il me représenta que, si je voulais rester, mon séjour fût-il de plusieurs mois, je ne dépenserais rien chez lui. Je ne savais comment me défendre de tant d'obligeance, et ne voulais cependant rien changer à mes résolutions. Je lui objectai que je craignais de voyager pendant la saison des

---

(1) Peut-être Aghdamas ou Ghadamis, mot dans lequel *gh* a le son de l'*r* grasseyée.

pluies : Abdallahi, me voyant bien décidé, me dit qu'il allait s'occuper de me trouver un bon guide pour me conduire jusqu'à Tafilet.

Les Maures avec lesquels j'allais voyager étaient bien loin d'être aussi doux et aussi civilisés que ceux qui sont établis dans la ville. J'avais souvent occasion de les voir ; car ils venaient me trouver où j'étais assis ; ils m'importunaient souvent, me réveillaient même. Ce sont ces espèces d'hommes que les Maures d'une classe supérieure nomment *zénagues* (tributaires). Ils sont très-ignorans ; beaucoup ne connaissent pas même les premières prières du Coran ; ils font cependant les cérémonies religieuses. Mais un étranger pauvre et ne connaissant pas leur langue, est à leurs yeux une personne très-peu recommandable, pour laquelle même ils ont une sorte de mépris ; je m'attendis donc à beaucoup souffrir dans la traversée du désert.

Mon hôte me prévint qu'il m'avait loué un chameau pour Tafilet. Les trente mille cauris d'étoffes provenant de la vente de mes marchandises à Jenné, servirent à payer le loyer du chameau. Sidi Abdallahi me dit qu'il garderait mon étoffe, et qu'il donnerait à mon guide dix mitkhals d'or, ou trente piastres.

J'employai les derniers jours que je demeurai dans la ville à recueillir des renseignemens sur la fin malheureuse du major Laing, dont j'avais entendu parler à Jenné, et qui m'avait été confirmée par les habitans de Temboctou, que j'avais interrogés sur ce triste événement. J'appris qu'à quelques journées au N. de cette ville, la caravane dont le major faisait partie avait été arrêtée, sur la route de Tripoli, par les Touariks, et, selon d'autres, par les Berbiches, tribu nomade, voisine du Dhioliba. Laing, reconnu pour chrétien, fut horriblement maltraité; on ne cessa de le frapper avec un bâton que lorsqu'on le crut mort. Je suppose qu'un autre chrétien, qu'on me dit avoir péri sous les coups, était quelque domestique du major.

Les Maures de la caravane de Laing le relevèrent, et parvinrent, à force de soins, à le rappeler à la vie. Dès qu'il eut repris connaissance, on le plaça sur son chameau, où il fallut l'attacher, tant il était faible et incapable de se soutenir. Les brigands ne lui avaient presque rien laissé; la plus grande partie de ses marchandises avait été pillée.

Rendu à Temboctou, Laing guérit de ses blessures, au moyen d'un onguent qu'il avait apporté d'Angleterre. Sa convalescence fut lente, mais fut rarement troublée par de fâcheuses vexations, grâce aux lettres de recommandation que des Tripolitains lui avaient données, et sur-tout grâce à l'appui de son hôte, Tripolitain lui-même, à qui on l'avait confié. La maison de ce Maure est voisine de celle où je demeurais à

Temboctou; j'eus occasion de le voir souvent, et il me parut un homme plein d'humanité; plusieurs fois il me donna des dattes, par esprit de charité; et le jour de mon départ, il me fit même présent, pour ma route, d'une culotte en coton bleu, faite dans le pays. Ce fut lui qui m'apprit que le major avait été recommandé par une maison de Tripoli à un vieillard maure qui, n'ayant pu le loger, le lui avait adressé pour lui donner l'hospitalité. Laing, d'après ce qu'il me dit encore, n'avait pas quitté le costume européen, et se disait envoyé par le roi d'Angleterre, son maître, afin de connaître Temboctou et les merveilles qu'elle renferme[1]. Il paraît que le voyageur en avait tiré le plan devant tout le monde; car le même Maure me raconta, dans son langage naïf et expressif, *qu'il avait écrit la ville et tout ce qu'elle contenait.*

D'autres Maures que je questionnai sur Laing, me rapportèrent seulement que le major mangeait peu, qu'il ne se nourrissait que de pain, d'œufs et de volaille. J'aurais desiré des détails plus intéressans sur l'infortuné voyageur. Souvent, me raconta-t-on encore, on le tourmentait pour le faire convenir qu'il n'y a qu'un seul Dieu et que Mahomet est son prophète; mais il se bornait toujours à répondre, « Il n'y

---

[1] Il est douteux que le voyageur anglais se soit exprimé de cette manière.

a qu'un seul Dieu, » sans rien ajouter. Aussi, le traitait-on de cafir, d'infidèle, sans pourtant l'outrager autrement; on le laissait libre de penser et de prier à sa manière. En effet, Sidi-Abdallahi, mon hôte, à qui je demandai plusieurs fois si l'on avait fait quelque insulte au chrétien pendant son séjour à Temboctou, me répondit négativement, en remuant la tête, de manière à me faire comprendre qu'on eût été bien fâché de lui causer de la peine.

Cette tolérance s'explique, en sachant que les Maures qui résident à Temboctou sont de Tripoli, d'Alger ou de Maroc, et qu'ayant eu occasion de voir des chrétiens dans leur pays, ils sont moins prompts à s'effaroucher de leur culte et de leurs mœurs. Par exemple, mon hôte, qui était de Tatta, ville assez voisine du cap Mogador, n'était pas l'ennemi des chrétiens. On comprendra donc facilement que le major ait pu visiter librement toute la ville, et même entrer dans les mosquées.

Il paraît qu'après avoir pris une connaissance complète de Temboctou, il desira de voir Cabra et le Dhioliba; mais comme, en sortant de la ville le jour, il eût couru les plus grands dangers de la part des Touariks, qui rôdent continuellement dans les environs de Temboctou, et qu'il ne se rappelait que trop leurs mauvais traitemens, il se décida à partir la nuit: il faisait bien; car si dans la ville les Touariks n'osaient rien lui dire, ils se seraient vengés en l'arrêtant, dès qu'ils l'auraient surpris hors de ses limites; je ne sais même pas s'ils ne l'auraient pas tué, après l'avoir pillé.

Laing, profitant donc d'une nuit obscure, monta à cheval, et, sans être accompagné d'aucun homme du pays, parvint à Cabra, et même, dit-on, jusqu'aux bords du Dhioliba : il ne lui arriva rien de fâcheux. De retour à Temboctou, le major eût ardemment souhaité, au lieu de revenir en Europe par le désert, de s'y rendre par Jenné et Ségo, en remontant le Dhioliba; puis il aurait gagné les comptoirs français du Sénégal. Mais à peine eut-il communiqué son projet aux Foulahs établis sur les bords du Dhioliba (et dont un grand nombre étaient accourus à Temboctou, au bruit de l'arrivée d'un chrétien), que tous déclarèrent qu'ils ne souffriraient jamais qu'un *nasarah* mît le pied sur leur territoire, et que, s'il le tentait, ils sauraient bien l'en faire repentir.

Le major, voyant qu'il n'y avait rien à obtenir de ces fanatiques, choisit la route d'el-Araouan, où il espérait se joindre à une caravane de marchands maures qui portaient du sel à Sansanding; mais, hélas! après avoir marché cinq jours au N. de Temboctou, la caravane qu'il avait rejointe, rencontra chéikh Hamet-oul'd-Habib, vieillard fanatique, chef de la tribu de Zaouât, qui erre dans le désert de ce nom. Chéikh Hamet arrêta le major, sous prétexte qu'il était entré sur son territoire sans sa permission; ensuite il voulut l'obliger de reconnaître Mahomet pour le prophète de Dieu; il exigea même qu'il fît le salam. Laing, trop confiant dans la protection du bacha de Tripoli, qui l'avait recommandé à tous les chéikhs du désert, refusa d'obéir à chéikh Hamet, qui n'en réitéra que plus vivement ses instances pour qu'il se fît musulman. Laing fut inébranlable, et préféra mourir plutôt que de se soumettre; résolution qui fit perdre au monde un des plus habiles voyageurs, et fit un martyr de plus pour la science.

Un Maure de la suite du chef des Zaouâts, à qui celui-ci avait donné l'ordre de tuer le chrétien, regarda le chéikh avec horreur, et refusa d'exécuter son ordre : « Quoi, lui dit-il, tu veux que j'assassine
« le premier chrétien qui soit venu ici, et qui ne nous
« a fait aucun mal? Que d'autres s'en chargent, je ne
« veux pas me reprocher sa mort; tue-le toi-même. »
Cette réponse suspendit un moment l'arrêt fatal prononcé contre Laing; on agita quelque temps devant lui, et avec chaleur, la question de sa vie ou de sa mort : celle-ci fut décidée. Des esclaves noirs furent appelés, et on les chargea de l'affreux ministère que le Maure avait généreusement repoussé : aussitôt ils s'emparèrent du patient; l'un d'eux lui jeta son turban autour du cou, et l'étrangla sur-le-champ, en tirant

d'un côté, pendant que son camarade serrait de l'autre. Infortuné Laing !... son corps fut jeté dans le désert, et devint la pâture des corbeaux et des vautours, seuls oiseaux qui habitent ces lieux desolés, où la mort seule se charge de les nourrir.

Le major une fois reconnu pour chrétien et pour Européen, la mort était cent fois préférable pour lui à un changement, même momentané, de religion, puisque dès-lors il eût dû renoncer à l'espoir de revoir jamais l'Europe. Le sort de Laing, devenu musulman par force, eût été le plus fâcheux qu'un homme puisse éprouver. Vil esclave de barbares sans pitié, au milieu de peines et de dangers sans cesse renaissans dans un tel pays, en vain le bacha de Tripoli l'eût-il réclamé ; à cette distance éloignée, le chef des Zaouâts aurait méprisé ses menaces et gardé son prisonnier. La résolution du major Laing fut peut-être à-la-fois une preuve d'intrépidité et de prévoyance.

En partant pour el-Araouan, le major avait emporté quelques instrumens d'astronomie et ses papiers, mais peu de marchandises ; on se rappelle que les Touariks les lui avaient presque toutes prises. Le lâche chéikh Hamet gagna donc peu de chose à l'assassinat du voyageur anglais ; il fut même obligé de partager le peu qu'il trouva, avec les hommes instrumens de son crime. Un Maure de Tafilet, qui appartenait à la caravane, eut pour sa part un sextant, que, d'après ce qu'on m'a dit, on pourrait retrouver dans le pays; quant aux papiers et aux journaux, ils sont dispersés chez les habitans du désert: il en fut de même de tout; car pendant mon séjour à Ghourland, village de Tafilet, j'ai vu une boussole de poche, en cuivre, de fabrique anglaise; on ne put me dire d'où elle venait; j'ai supposé qu'elle avait appartenu à Laing. Sans les précautions que j'étais forcé de prendre sous mon costume arabe, j'aurais mis un grand prix à l'avoir; mais je ne pouvais, sans me compromettre, montrer que j'attachais la moindre valeur à un instrument dont j'étais censé ignorer l'usage.

J'aurai laissé après moi d'immenses découvertes à faire, sur-tout relativement à la partie géographique et à l'histoire naturelle; tout ce que j'ai souffert ne doit pas décourager les explorateurs futurs. Sans doute leurs tentatives seront également pénibles et dangereuses; toutefois une entreprise conduite avec sagesse et prudence triompherait des obstacles. Il faudrait, je crois, pour en assurer le succès, voyager très-simplement, sans aucune espèce de luxe, mais adopter extérieurement le culte de Mahomet, se faire passer dans le pays pour Arabe. Un feint néophyte n'agirait pas avec autant de liberté, et deviendrait suspect chez des peuples aussi méfians : d'ailleurs, je crois encore qu'il ne passerait pas davantage chez les peuplades nègres, en se donnant pour un chrétien converti. Le meilleur moyen, à mon avis, serait donc de traverser, en qualité d'Arabe, le grand désert de Sahara, avec des ressources suffisantes et cachées. Après avoir habité quelque temps la ville musulmane qu'on aurait choisie comme point de départ, et dans laquelle on se serait fait connaître pour négociant, afin de ne donner aucun soupçon, on acheterait dans cette ville quelques marchandises, sous prétexte d'aller faire le commerce un peu plus loin, en évitant avec le plus grand soin de nommer la ville de Temboctou.

Je suppose que le lieu choisi pour le départ soit Tanger ou Arbate; on prétextera, pour s'en absenter, une affaire de commerce à Fez; de là, on ira à Tafilet, toujours pour le même sujet, et de Tafilet à Temboctou. Rendu à Tafilet, il n'y a plus d'inconvénient à parler de cette dernière ville ; car les voyages du Soudan sont si communs, que l'on n'y fait pas attention : il faudrait acheter dans ce pays des marchandises, pour les exporter comme négociant ou même comme marchand ; arrivé dans la ville de Temboctou, s'y établir, y élever une maison de commerce, éviter sur-tout de paraître riche, se familiariser avec les habitudes du pays, et mettre une grande circonspection sur tout ce qui a rapport à la religion.

Après avoir séjourné dans cette ville seize à dix-huit mois, pendant lesquels on aurait dressé quelques esclaves mandingues ou bambaras parlant les langues kissour et touarik, il faudrait se procurer une bonne pirogue de moyenne grandeur, aussi bien construite qu'elle puisse l'être dans le pays, pour mettre à bord les marchandises et provisions convenables; ce parti serait nécessaire, à cause de l'incertitude de pouvoir s'en procurer chez les peuples qui habitent les rives du fleuve, et dans le cas où l'on aurait à craindre leur inimitié. En promettant aux esclaves leur liberté, on les engagerait facilement à faire ce voyage, que l'on entreprendra sous le prétexte de commercer dans le bas du fleuve, pour acheter de la gomme, de l'ivoire, etc. On ne serait pas obligé de prendre autant de précautions, si l'on naviguait au-dessus de Cabra.

Pour ne faire naître aucun soupçon, au moment du départ il faudrait laisser à Temboctou une certaine quantité de marchandises, avec un esclave affidé, chargé de les vendre, sous la direction d'un négociant maure, pendant l'absence du voyageur.

Quand on sera sur le fleuve, dans la pirogue, avec six esclaves bons nageurs, il faudra marcher de préférence la nuit, à cause des peuplades vagabondes, les Touariks ou autres; si on les rencontre le jour, on peut s'en débarrasser en leur faisant quelques cadeaux. Cette conduite, suivie avec discernement, prudence et réflexion, serait, je crois, susceptible d'un plein succès, et me paraît préférable à une grande expédition, qui éveillerait toujours la cupidité ou la méfiance des indigènes.

La rapidité de la marche de la petite pirogue rendrait le voyage beaucoup moins pénible et moins dangereux qu'entrepris avec une grande embarcation. Mon hôte m'a assuré que Haoussa n'est situé qu'à une vingtaine de jours de Temboctou en descendant le fleuve ; mais dans une petite pirogue, on peut faire ce trajet en douze et atteindre ensuite rapidement l'embouchure du fleuve, surtout s'il va se perdre dans l'Océan. Suivre ce plan, serait, je crois, beaucoup moins dangereux que de partir du golfe de Benin, où l'on éprouvera toujours de très-grandes difficultés pour remonter, soit à cause du climat, soit de la part des habitans.

CHAPITRE XXII.

Départ de Temboctou le 4 mai 1828. — Caravane de six cents chameaux. — Entrée dans le désert. — Chaleur étouffante. — Rencontre des Touariks. — Moyen des Arabes pour se diriger dans le désert. — Aspect du Sahara, semblable au fond d'une mer sans eau. — Détails sur les caravanes. — Lieu où a été assassiné le major Laing. — El-Araouan, ville dans le désert; ses puits, sa population, son commerce. — Renseignemens sur Taouàt et Ouâlet. — Caravane de quatorze cents chameaux. — Accablement des esprits à la vue de l'immensité des sables.

Au moment de me séparer de mon hôte, je voulus reconnaître ses soins généreux : quoiqu'il m'eût souvent répété qu'il ne me traitait que pour l'amour de Dieu et du prophète, je lui offris la couverture de laine que j'avais achetée à Kakondy, et qui m'avait été si utile pendant ma longue maladie de Timé; je lui offris aussi le satala ou vase dont je me servais pour les ablutions. Contre mon attente, cet excellent homme refusa, en disant que je pourrais en avoir besoin en route, et qu'il ne fallait pas m'en priver. Enfin, vaincu par mes instances, il se décida à accepter; mais, la veille de mon départ, il me fit à son tour cadeau d'une grande couverture de coton fabriquée dans le Soudan, et qui valait celle que je lui avais donnée. Il joignit encore à ce beau présent un coussabe neuf de même étoffe, pour que je pusse en changer en route. Ce ne fut pas tout : il me fournit des vivres pour atteindre el-Araouan, où il me fit conduire à ses frais, me recommandant avec chaleur à un habitant de cette ville, son correspondant, pendant le séjour que j'y ferais avant d'entrer dans le grand désert; enfin, il n'épargna rien pour rendre mon voyage supportable : je reçus encore de lui deux outres en cuir pour garder ma provision d'eau pendant la route, du dokhnou, du pain de froment cuit au four comme notre biscuit, du beurre animal fondu, et une bonne quantité de riz.

Pendant les quatorze jours que je suis resté à Temboctou, il a fait toujours un temps très-chaud; le vent n'a pas cessé de souffler de la partie de l'E.

La caravane destinée pour el-Araouan et dont je faisais partie, devait se mettre en route le 4 mai au lever du soleil. Mon hôte fut debout de si bonne heure, qu'il eut le temps, avant le départ, de m'emmener déjeûner chez lui avec du thé, du pain frais et du beurre. Pour que rien ne diminuât l'impression agréable que m'avait laissée mon séjour à Temboctou, je rencontrai, en sortant, l'hôte du major Laing, qui me força d'accepter un vêtement neuf pour la route.

Sidi-Abdallahi me conduisit à quelque distance de sa maison ; et avant de me quitter, il me souhaita un bon voyage, en me serrant affectueusement la main. Ces adieux m'avaient retenu assez long-temps ; et je fus obligé, pour rejoindre la caravane, qui était déjà bien loin, de courir environ un mille entier dans le sable, avec trois esclaves restés en arrière : cette course me fatigua tellement, qu'en arrivant près de la caravane, je tombai sur le sable sans connaissance. On me releva, et l'on me plaça sur un chameau chargé ; j'étais assis entre des ballots, et, quoique assez durement cahoté, je me félicitais trop de ne pas avoir à marcher, pour me plaindre de ma monture.

Le 4 mai 1828, à huit heures du matin, nous faisions route au N., sur un sable presque mouvant, très-uni, et entièrement aride. Mais, à deux milles de la ville, nous vîmes quelques arbustes semblables aux genévriers, et des bouquets de *mimosa ferruginea*, assez hauts, donnant un peu de gomme de mauvaise qualité. Les habitans de Temboctou envoient des esclaves jusque là pour couper du bois à brûler. La chaleur était accablante, et la marche des chameaux fort lente, parce qu'ils broutaient, en cheminant, des chardons et quelques herbes flétries éparses çà et là dans ces plaines arides. Durant cette première journée, on donna à boire, aux esclaves comme à moi, à discrétion ; conduite fort humaine, sans doute. Mais je n'en fus pas moins outré d'un acte de barbarie que depuis je ne vis que trop souvent se renouveler; des Maures maltraitant un pauvre esclave bambara de vingt-cinq ans, l'obligeaient de marcher sans lui permettre de s'arrêter et sans lui donner à boire : ce malheureux, qui n'était pas habitué à de si grandes privations, se plaignait de manière à toucher les cœurs les plus durs, en s'appuyant sur la croupe des chameaux ou en se couchant par terre ; vainement demandait-il de l'eau, les mains jointes et en pleurant; ses maîtres cruels ne répondaient à ses prières et à ses larmes qu'à coups de verges et de cordes.

A Temboctou, les marchands donnent aux esclaves des chemises du pays, pour se couvrir décemment; mais en route, les Maures des caravanes, les hommes les plus barbares que je connaisse, leur ôtent leurs bonnes chemises pour leur en mettre d'autres qui tombent en lambeaux.

A cinq heures du soir, la caravane, où l'on comptait près de six cents chameaux, fit halte dans un ravin composé de sable jaune, assez solide, où ces bêtes trouvèrent un peu d'herbe : ce lieu me parut délicieux. Un esclave, à qui on ne donna que le temps de boire un peu d'eau, alla garder les nôtres, et nous ne songeâmes plus qu'à passer tranquillement la nuit ; mais avant de nous endormir, nous soupâmes avec une calebasse d'eau, du dokhnou, et le pain que m'avait donné Sidi-Abdallahi. Ce pain étant très-dur, nous le fîmes tremper dans l'eau, où nous mîmes du beurre et du miel; cette bouillie nous parut délicieuse. Les esclaves eurent pour souper du sanglé accommodé avec du beurre et du sel; ces bonnes gens eurent encore l'attention de m'en offrir.

Le 5 mai, au lever du soleil, nous nous disposâmes à partir; on continua à marcher au N., sur un terrain semblable à celui que nous avions trouvé la veille; seulement, de distance en distance, on apercevait de chétifs buissons tout rabougris, et quelques pieds de *salvadora* que les chameaux dévoraient.

Vers midi, nous entrâmes dans un pays moins plat, couvert de tertres peu élevés et inclinés dans la direction de l'E. à l'O. La chaleur était étouffante, à cause du vent d'E. qui soulevait une grande quantité de sable; nos lèvres en étaient couvertes; notre soif devenait insupportable; nos souffrances augmentaient à mesure que nous pénétrions davantage dans le désert. Nous rencontrâmes deux Touariks qui se rendaient à el-Araouan, et que nous prîmes pour les éclaireurs de quelque troupe de brigands; heureusement ils étaient seuls. Tous deux montaient le même chameau; ils portaient au bras un bouclier en cuir, au côté un poignard, et à la main droite une pique. Sachant qu'ils nous trouveraient en chemin, ils n'avaient eu garde de prendre avec eux aucune provision, et s'étaient reposés sur la caravane du soin de leur nourriture. Ces deux coquins, que la moindre menace sérieuse eût fait trembler, profitant de la terreur qu'inspirent le nom et les crimes de leur nation, obtinrent tout ce qu'ils voulurent ; ce fut à qui leur donnerait de l'eau, quoiqu'on ne dût pas en trouver avant six jours, à qui leur fournirait de quoi manger ; en un mot, ce qu'on avait de meilleur fut pour eux. Enfin, au bout de trois jours, nous eûmes la satisfaction de les voir partir et d'être délivrés de leur fâcheuse compagnie.

A quatre heures du soir, on campa pour passer la nuit, pendant laquelle nous éprouvâmes une chaleur excessive, causée par un calme plat ; le temps était lourd et couvert de quelques nuages qui semblaient fixés dans l'immensité ; la chaleur était intense.

Avant d'aller plus loin, je dois apprendre au lecteur comment je m'y prenais pour estimer la route. Ordinairement nous parcourions environ deux milles, terme moyen, à l'heure ; la nuit, la route était presque constamment dans la direction du N. Dans la crainte qu'on ne vît ma boussole de poche si je la tirais pour la consulter, je me réglais le jour sur le soleil, et la nuit sur l'étoile polaire.

C'est sur cette étoile que les Arabes se dirigent dans toutes leurs courses à travers le désert ; les plus anciens guides des caravanes vont en avant, pour indiquer la route aux autres ; une dune, un rocher, la différence de la couleur du sable, quelques touffes d'herbe, sont pour eux des signes infaillibles et auxquels ils se reconnaissent. Sans boussole, sans aucun autre moyen d'observation, ils ont une telle habitude de remarquer les plus petites choses, qu'ils ne s'égarent jamais, quoiqu'il n'y ait aucune route tracée, et que les pas des chameaux soient en un instant comblés et effacés par les vents.

Le désert n'offre pas toujours le même aspect ni conséquemment les mêmes difficultés; ainsi, dans plusieurs endroits, je l'ai trouvé couvert de rochers et de gravier où l'on voyait empreintes les traces des caravanes qui y avaient passé long-temps auparavant. Du reste, quoique le désert soit une plaine de sable ou de roche, l'Arabe commet peu d'erreurs dans le trajet de la route, et rarement il se trompe d'une demi-heure, lorsqu'il annonce que l'on arrivera aux puits à tel moment de la journée. Je ne dois pas oublier de dire que ces puits sont presque toujours comblés, et que le premier soin, en y arrivant, est de les déblayer.

Le 6 mai, la caravane partit à trois heures du matin, et continua à se diriger au N. : même sol, même aridité, même uniformité que les jours précédens.

La température fut extrêmement pesante toute la journée, la chaleur étouffante ; il semblait qu'il allait pleuvoir; le soleil, caché par les nuages, ne se montrait qu'à de longs intervalles : mais nos vœux ne purent obtenir du ciel une goutte d'eau; en dépit de tous les pronostics, il ne plut pas. A mesure que nous nous éloignions du S., nous trouvions des contrées mille fois plus arides; nous n'apercevions même plus ces chardons et ces salvadores, tristes consolations au milieu d'une nature aussi affreuse. C'était le véritable aspect des ondulations de la mer; peut-être, du fond d'une mer sans eau : les vents creusent en effet les sables du désert, en sillons ondulés, comme la brise fait des vagues de la mer, lorsqu'elle en trouble légèrement la surface. A la vue de ce spectacle, de cette horrible nudité, j'oubliais un instant mes maux, pour songer aux convulsions violentes qui paraissent avoir mis à sec une partie de l'Océan, aux catastrophes subites qui ont bouleversé notre globe.

A onze heures du matin, nous fîmes halte. La chaleur était insupportable : nous nous assîmes auprès de quelques mimosas très-rabougris, sur lesquels nous étendîmes nos couvertures, car ces arbustes dépouillés de feuilles n'offraient aucun ombrage. A l'abri de ces tentes, on nous distribua une calebasse d'eau un peu tiède, à cause du vent d'E.; selon notre habitude, nous y jetâmes quelques poignées de dokhnou; enfin, pour nous débarrasser de tout soin, un esclave fut envoyé pour garder les chameaux qui se délassaient en broutant quelques herbes desséchées ; puis nous nous étendîmes pour dormir sur le sable, qui, en cet endroit, est couvert de petits cailloux. Ce n'était pas par paresse, mais par raison; car nous devions attendre la nuit, pour profiter de la fraîcheur, et marcher plus à notre aise que pendant le jour, où le calme était plus insupportable que le soleil le plus ardent. Aussi, durant celui-ci, me fut-il impossible de fermer l'œil, tandis que les Maures jouirent d'un sommeil profond. Le même calme règne souvent pendant la nuit; mais au moins on en est dédommagé par l'absence du soleil. Dans les contrées habitées, la nuit, ou plutôt la fin de la nuit, est aussi le temps le plus agréable : c'est à l'instant qui précède le lever de l'aurore, que les fleurs exhalent tous leurs parfums; l'air est doucement agité, les oiseaux font entendre leurs chants. Des souvenirs tout-à-la-fois doux et pénibles me portaient à tourner mes regards vers le S.; pouvais-je ne pas regretter une aussi belle nature au milieu du plus affreux désert?

Les caravanes qui traversent le désert n'obéissent point à un commandant absolu; chacun y est maître de la conduite de ses chameaux, quelque peu qu'il en ait; les uns en ont quinze, les autres six ou dix, quelques-uns trois; j'en ai même vu qui n'en avaient que deux; ce sont les plus pauvres; ils se réunissent aux riches, conduisent leurs chameaux, et ceux-ci, en paiement, les nourrissent et leur fournissent de l'eau pendant la route.

Les Maures appliquent toujours le bénéfice de leurs voyages à l'achat de nouveaux chameaux, et aucun d'eux ne ferait celui de Temboctou sans en posséder au moins un. Les chameaux ne marchent pas à la file, comme ils pourraient faire en parcourant nos routes bordées de terres cultivées; au contraire, ils vont dans tous les sens, par groupes ou seuls, mais pourtant toujours (sur cette route) entre le N. N. E. et le N. N. O. Ceux qui appartiennent au même maître ne se quittent pas; j'en ai vu souvent cinquante ensemble, ne se mêlant pas avec les chameaux étrangers. La charge d'un chameau est de cinq cents livres, et le transport coûte, de Temboctou à Tafilet, dix à douze mitkhals d'or[1], que l'on paie d'avance.

Les chameaux qui portent les marchandises d'un foible poids, comme plumes d'autruche, étoffes en pièces ou en habits, reçoivent en outre, pour compléter leur charge, les esclaves, les provisions d'eau et de riz; car le prix de la charge se payant en raison du poids, les propriétaires de chameaux, s'ils ne la complétaient pas, ne gagneraient rien à transporter des effets plus embarrassans que lourds.

Lorsque la caravane s'arrête, les troupes de cha-

---

(1) Le mitkhal en or est évalué 12 francs; en argent, 4 francs.

meaux sont tenues à deux cents pas de distance les unes des autres, pour éviter la confusion, qu'on aurait à redouter si on les mettait ensemble.

Quand les Maures retournent dans leur pays, ils n'emportent pas seulement des plumes d'autruche et de l'ivoire, mais aussi beaucoup d'or, les uns plus, les autres moins; j'en ai vu plusieurs qui en avaient pour une valeur de cent mitkhals. Ces sommes sont ordinairement adressées aux marchands de Tafilet, par leurs correspondans de Temboctou, en retour des marchandises expédiées par les premiers, et que ceux-ci ont vendues pour leur compte. Pendant nos haltes dans le désert, je voyais souvent les Maures occupés à peser leur or dans de petites balances semblables aux nôtres, et qu'on fabrique dans le Maroc. L'or que portent les Maures, commis voyageurs du désert, est renfermé précieusement dans des morceaux de toile, avec une étiquette où est écrit le poids de ce métal, et le nom de la personne à laquelle il appartient.

Lorsque la nuit fut venue, nous fîmes notre souper ordinaire, avec de l'eau, du pain, du beurre et du miel. Plusieurs Maures, que nous ne connaissions pas, vinrent nous demander à souper; puis ils engagèrent les deux Maures avec qui je m'étais associé pour le voyage, à venir manger de leur riz cuit au beurre. Quoiqu'ils n'ignorassent pas que c'était mon pain qu'ils avaient mangé, ils ne daignèrent pas m'inviter; ce qui me prouva qu'en dépit de tous mes efforts, il subsistait généralement de la défiance contre moi. Au soleil couchant, il souffla une brise du N., qui, sans être très-fraîche, ne m'en parut pas moins délicieuse, et contribua beaucoup à me faire dormir.

Vers onze heures du soir, nous nous mîmes en route, toujours pour le N., nous dirigeant sur l'étoile polaire. Les chameaux connaissent si bien le désert, qu'aussitôt qu'ils sont chargés, ils prennent, par instinct, la route du N., comme s'ils étaient conduits par le souvenir des puits qu'on doit y trouver. Je crois qu'un voyageur, étant seul, n'aurait pas besoin d'autre guide pour arriver.

La nuit fut chaude et calme ; le ciel, qui était serein, nous laissait voir sa voûte étoilée; nous avions devant nous le grand et le petit chariot, qui paraissaient très-près de l'horizon. Ne pouvant dormir sur ma monture, j'observai les astres parcourir leur carrière; je remarquais à l'orient le groupe d'étoiles si remarquable, appelé la constellation d'Orion ; je l'observai encore à-peu-près à moitié de sa course, presque à notre zénith; à l'approche du jour il disparaissait et semblait s'ensevelir dans un océan de sable.

Les chameaux ne forcent jamais leur pas, qui est naturellement un peu alongé; lorsqu'ils ont hâte d'arriver, ils avancent le cou, dont les mouvemens suivent ceux des jambes ; des piétons les dirigent, travail très-fatigant, qui les oblige à se relever de deux en deux heures.

Le terrain que nous parcourûmes durant toute la nuit me sembla encore plus aride que celui où nous avions passé les jours précédens ; pendant des heures entières, nous ne trouvâmes pas un seul brin d'herbe.

A onze heures du matin, la chaleur devenant très-forte, nous fîmes halte dans un endroit où nous trouvâmes plusieurs petites dunes de sable : on envoya un esclave à la découverte de quelques buissons pour nous mettre à l'ombre ; mais on n'en trouva pas un seul ; on ne distinguait que la réverbération des rayons du soleil sur ce sable mouvant, qui rendait la chaleur encore plus brûlante ; il était impossible de rester les pieds nus sur le sol, sans éprouver des douleurs insupportables. Tout le reste du jour fut calme et étouffant. Le sol, dans ces parages, est entrecoupé de quelques coteaux ; on y trouve, à des distances très-éloignées, un peu d'herbe pour les chameaux.

Nous étions restés toute la matinée sans boire ; dès que nos tentes furent dressées, nous nous désaltérâmes : notre eau commençait à diminuer à mesure que notre soif augmentait ; aussi ne fîmes-nous pas cuire à souper ; nous ne bûmes qu'un peu de dokhnou. Vers onze heures de la nuit, nous levâmes le camp, et nous nous dirigeâmes au N. jusque vers sept heures du matin, que l'on tourna au N. N. O.

Le 8 mai, à onze heures, nous fîmes halte par une chaleur insupportable, sur un sol uni et aussi aride que celui de la veille. On s'empressa de dresser les tentes, et nous nous réunîmes dessous : on nous donna à boire; notre soif était très-pressante; car nous n'avions pas bu depuis la veille à cinq heures du soir; quoique l'eau eût pris dans les outres un mauvais goût, je la bus avec bien du plaisir. J'aperçus des corbeaux et quelques vautours, seuls habitans de ces immenses déserts, qui font leur pâture des chameaux qui meurent en route et que leurs maîtres sont forcés d'abandonner. A six heures et demie du soir, après nous être rafraîchis avec un verre d'eau et de dokhnou, nous nous mîmes en route; nous marchâmes toute la nuit dans la direction du N. Les chameaux, ne trouvant rien à paître, marchaient sans s'arrêter.

Le 9 mai, vers huit heures du matin, nous fîmes halte dans une plaine sablonneuse, très-unie; nous y trouvâmes un peu d'herbe pour les pauvres chameaux, et nous aperçûmes de loin ceux d'el-Araouan.

Le matin, un peu avant le lever du soleil, les Maures qui m'accompagnaient me montrèrent l'endroit où le major Laing avait été assassiné; j'y remarquai l'emplacement d'un camp: je m'éloignai précipitamment de ce lieu d'horreur, pour pleurer en liberté, seul hommage que je pusse rendre à la mémoire d'un voyageur qu'aucun monument ne pourra éterniser sur le lieu où il a péri.

Plusieurs Maures de notre caravane avaient été témoins de ce funeste événement: ils me dirent que le major n'avait que peu d'objets quand il fut arrêté par le chef des Zaouâts, et qu'il avait offert cinq cents piastres à un Maure pour le conduire à Souyerah (Mogador) : ce Maure avait refusé; on ne me dit pas le motif de son refus, et je n'osai le demander. Ils me parlèrent aussi du sextant dont j'ai fait mention plus haut[1].

Notre halte étant placée près de l'eau, nous bûmes à volonté; on fit même cuire du riz pour notre dîner, et nous fûmes dédommagés des privations que nous avions éprouvées les jours précédens. A six heures du soir, nous fîmes route au N. sur un sol sablonneux, très-uni, et parsemé de quelque triste végétation ; ce sable a de la consistance, mais ne produit pas un seul arbuste. Vers neuf heures du soir, nous arrivâmes à el-Araouan autre entrepôt de commerce. Nous campâmes en dehors de la ville : je remarquai autour beaucoup de tentes dressées; on me dit que c'étaient celles d'une partie de la caravane qui attendait le mo-

---

(1) Voy. p. 352 ci-dessus.

ment du départ. Plusieurs chiens annoncèrent notre arrivée par leurs aboiemens, ce qui me rappela que je n'en avais pas vu à Temboctou.

Peu habitué au train du chameau, je me trouvais très-fatigué de la course que je venais de faire : à peine arrivé, j'étendis ma couverture sur le sable auprès du bagage, et je dormis d'un profond sommeil; je dirai même que, dans cet endroit, je ne trouvai pas la chaleur aussi forte que les jours précédens. Vers minuit, je fus réveillé pour prendre ma part d'un assez bon couscous que l'on nous apportait de la ville.

Le 10 mai au matin, mon guide me conduisit chez son correspondant, nommé Kalif, à qui Sidi-Abdallahi-Chébir me recommandait par une lettre particulière; il me reçut assez bien et me fit loger dans une de ses maisons, où il avait des marchandises et des esclaves.

Dès que je fus installé dans ma nouvelle demeure, mon guide, qui m'avait assez bien soigné en route, voulut user de mon crédit auprès de Kalif pour se faire nourrir chez lui; mais je refusai de faire cette demande à mon hôte, dans la crainte de me rendre importun. Voyant qu'il ne pouvait rien obtenir de ce côté, il me pria de lui prêter ma couverture de coton pour se promener dans la ville et aller voir ses connaissances : j'y consentis pour me débarrasser de lui;

mais le second jour, je crus prudent de la lui redemander. Une autre fois il me dit qu'on lui avait volé le plat de bois dans lequel il buvait en route, et me pria instamment d'en demander un à mon hôte pour le lui donner. Fatigué de toutes ces demandes et ne sachant comment me débarrasser d'un tel importun, je l'éconduisis vertement; ce qui ne l'empêcha pas de venir souvent partager mon repas de riz ou de couscous. Cet homme ne manquait jamais de s'enquérir des esclaves s'ils n'avaient pas des effets ou des denrées à vendre; et c'est ainsi que lui et ses pareils poussaient ces malheureux à voler leurs maîtres.

Mon hôte m'envoya, vers onze heures du matin, un plat de riz à la viande assez bien assaisonné, et, vers huit heures du soir, un plat de couscous pour mon souper; l'eau que l'on me donna à boire était saumâtre et tiède.

Le 11 et les jours suivans, je visitai la ville d'el-Araouan. Elle est située dans un bas-fond, entourée de hautes dunes de sable qui se prolongent à l'O.; les rues en sont plus larges que celles de Temboctou et aussi propres; les maisons, construites dans le même genre, sont beaucoup plus basses et moins solides, car le sable n'y est pas aussi argileux; les toits sont en terrasse, mais les petits morceaux de bois qui entrent dans la construction de ceux de Temboctou, sont remplacés ici par des couvertures faites avec les tiges d'un jonc très-dur et piquant qui croît dans les environs de la ville; de faibles chevrons en bois de ronnier supportent ces tiges, qui sont couvertes légèrement de sable. Les magasins sont très-étroits; il peut y avoir cinq cents maisons, toutes peu solides; elles peuvent contenir chacune six habitans, en y comprenant les esclaves. Les devans des portes sont crépis avec du sable jaune qu'on trouve en creusant à une certaine profondeur.

Cette ville, comme Temboctou, n'a aucune ressource par elle-même; elle est l'entrepôt des sels de Toudeyni, qui s'exportent à Sansanding, sur les bords du Dhioliba : son sol est encore plus aride que celui de Temboctou; à quelque distance que la vue puisse s'étendre, on n'aperçoit pas la moindre trace de végétation; les chameaux des nombreuses caravanes vont très-loin pour trouver du fourrage. Le bois est si rare, qu'on ne brûle que du crottin de chameau; les esclaves le ramassent soigneusement; il n'y a pas d'autre combustible pour faire la cuisine. Les Maures vont à la recherche de leurs chameaux tous les six jours, pour les mener boire aux puits qui sont dans les environs de la ville, et qui ont soixante pas ordinaires de profondeur; ils se servent d'un chameau pour tirer le seau, qui est en cuir; ils font usage d'une poulie. L'eau de ces puits est saumâtre, très-malsaine et toujours chaude; les sources sont très-abondantes.

A quatre pieds de profondeur, on trouve un sable gris contenant un peu d'argile de même couleur; ce sable est d'une bonne consistance : au fond des puits, il existe une terre très-blanche ressemblant assez à de la chaux; j'en ai pris un petit échantillon; il y a aussi quelques cailloux noirs et gris, et des pierres calcaires en petite quantité; les Maures les emploient à entourer d'une margelle ces trous profonds. L'endroit où ils sont situés est plat et environné de grandes dunes de sable mouvant. J'y vis beaucoup de Maures occupés à abreuver leurs chameaux; ils se servent d'une auge en cuir tanné, supportée par trois morceaux de bois flexibles et tordus, et emploient pour puiser l'eau une corde faite en paille, qui ne subit d'autre préparation que celle d'être mouillée et un peu battue avant de la tordre. Quoique dans les maisons on tienne toujours l'eau exposée à un courant d'air, elle est constamment tiède, ce qui la rend désagréable à boire.

Beaucoup de Maures et de nègres, excités par la curiosité, coururent après moi : plusieurs me demandèrent du tabac à priser; vainement je les assurai que je n'en avais pas, et que je n'en faisais pas usage; ils revinrent à la charge, me dirent, comme l'insulte la plus violente, que j'étais un chrétien; ils joignirent à leurs cris des gestes injurieux. Je craignais de perdre patience; cette affaire pouvait devenir grave : je me hâtai de regagner mon logement, où ils pénétrèrent après moi. Un vieux Maure eut pitié de ma situation; il leur adressa des reproches sur leur conduite, en leur représentant que j'étais un musulman étranger, sous la protection de Kalif, et qu'il était indigne de me traiter ainsi : enfin il parvint à les renvoyer.

Je trouvais une différence bien grande entre les habitans de cette ville et ceux de Temboctou, où j'avais été parfaitement accueilli par les Maures. Ceux d'el-Araouan, au contraire, me marquèrent de la défiance; ils ne pouvaient se persuader qu'ayant passé ma jeunesse chez les chrétiens, je consentisse à renoncer à leurs usages pour reprendre ceux de mes parens. Heureusement pour moi, des vieillards plus zélés ou plus crédules disaient que Dieu me soutiendrait dans la voie du salut, puisqu'il m'avait inspiré une résolution aussi étonnante ; ils ajoutaient en arabe : « Re-« mercions Dieu qu'il soit venu parmi nous. »

Ces contrariétés m'engagèrent à me montrer plus zélé que je ne l'avais fait jusqu'alors. Je me rendis régulièrement à la mosquée; mais, en me prosternant comme les sectateurs du prophète, j'adressais de ferventes prières à Dieu, lui offrant en expiation le pénible sacrifice que je faisais extérieurement de ma religion.

El-Araouan n'est pas aussi commerçant que Temboctou, d'où il est obligé de tirer toutes ses provisions, car son éloignement de Sansanding ne lui permet pas de les tirer de cette ville, qui se trouve à vingt-cinq jours dans l'O.; plusieurs Maures m'ont dit même qu'il faut un mois pour s'y rendre. El-Araouan envoie, comme je l'ai dit, du sel provenant des mines de Toudeyni, jusqu'à Sansanding et Yamina, par des caravanes de marchands maures, qui y apportent aussi du tabac cultivé dans les pays de Tafilet et de Taouât.

Cette ville, quoique habitée par des Maures de Zaouât[1] et des divers pays des bords de la Méditerranée, n'a pas de marché. Je n'ai jamais vu de séjour plus triste : dans l'intérieur de la ville, comme à Temboctou, il y a des cases en paille pour le logement des esclaves.

Bousbéhey, dont j'ai parlé plus haut, est situé à deux jours d'el-Araouan ; les habitans de cette dernière ville en tirent quelques bestiaux, tant pour leur usage que pour leur nourriture. Là, comme dans tous les lieux de l'intérieur de l'Afrique où il n'y a pas de marchés, chaque famille tue un bœuf de temps à autre, et conserve la viande après l'avoir fait sécher au soleil; on la mange avec le riz ou le couscous.

---

(1) Ce sont les gens de la tribu de Zaouât qui ont assassiné le major Laing, comme on l'a dit ci-dessus, page 330.

Si la grande distance de Sansanding ne permet pas aux habitans d'el-Araouan d'y aller chercher du mil, ils en rapportent des productions plus précieuses pour le commerce, telles que l'ivoire, l'or, les esclaves, la cire, le miel, des étoffes du Soudan et des effets confectionnés. Le riz leur offrant quelque avantage, ils en apportent un peu. Les cauris, monnaie courante du Soudan, n'ont pas cours à el-Araouan; on ne connaît d'autre matière représentative que l'or et l'argent, qu'on divise par pièces de la valeur d'un mitkhal, à l'imitation de la monnaie de Maroc. Le mitkhal d'or, qui vaut douze francs comme je l'ai dit, augmente cependant de valeur en approchant des côtes.

El-Araouan est le point d'arrivée des caravanes qui viennent de Tafilet, du cap Mogador, du Drah, de Touât, des villes d'Aghdâmas et de Tripoli. Elles apportent des marchandises des manufactures d'Europe, telles que des armes à feu, de la poudre à tirer, des étoffes, et quelques productions de leur pays, tabac, dattes, etc.

Mon hôte, l'un des premiers marchands de la ville, était natif de Touât; il recevait de son pays des marchandises qu'il expédiait sur le Dhioliba. Les caravanes qui font ce trajet, sont sept journées sans trouver d'eau; après quoi elles arrivent sur les bords du fleuve, qu'on me dit être là d'une largeur immense :

j'ai supposé que c'étaient les bords du lac Débo. Peu après cet endroit, qui n'est pas habité, elles trouvent des villages nègres jusqu'à Sansanding.

Dans la saison des pluies, qui a lieu à la même époque qu'à Temboctou, les habitans d'el-Araouan reçoivent la visite des Touariks, qui viennent dresser leurs tentes aux environs de la ville et percevoir les droits qu'ils imposent au commerce. Ces droits ne sont pas aussi considérables que ceux qu'on leur paie à Temboctou, et sont exigés avec plus de ménagement, à cause de l'éloignement de leur pays.

Les habitans sont tous Maures, et fanatiques : ils ont beaucoup d'esclaves qu'ils tirent de Sansanding ; malgré leur brutalité naturelle, ils les traitent avec assez de douceur, leur donnent une nourriture abondante, consistant en sanglé arrosé d'une sauce faite avec des feuilles sèches de baobab, bouillies et assaisonnées de sel, quelquefois de piment. Ils prennent également soin de les bien vêtir. Ces malheureux souffrent assez d'habiter un aussi vilain pays ; si l'on y joignait les mauvais traitemens qu'on leur fait éprouver dans quelques contrées du désert, ils succomberaient infailliblement.

Le chef d'el-Araouan est un vieux Maure nommé Sidi-Boubacar ; il est juge de tous les différens qui s'élèvent entre les habitans. A sa mort, son fils lui succède. Ce chef mahométan ne perçoit aucun droit sur les habitans; il est lui-même marchand, et riche en troupeaux de chameaux. Dans la saison des pluies, lorsque le fourrage devient plus commun, ils font usage du lait de ces animaux.

Le 14 mai, il fit un grand vent d'E. suffocant, qui renversa une partie des couvertures des maisons, et éleva une si grande quantité de sable, qu'il fut impossible de tenir les portes ouvertes : il faisait une chaleur étouffante, quoique sans soleil; l'air était chargé de sable qui retomba toute la nuit Il me serait difficile d'exprimer combien j'ai souffert pendant cette journée affreuse; j'étais obligé de me tenir couché par terre, la tête recouverte d'une pagne, pour me préserver du sable brûlant qui entrait par les fentes de la porte. J'éprouvais une altération continuelle, et je n'avais pour apaiser ma soif que de l'eau chaude et saumâtre; cette boisson malsaine me causa un violent dérangement d'estomac : la température élevée à un degré tel que je ne l'avais jamais éprouvé, m'occasionnait des maux de tête affreux.

Les esclaves, quelquefois contraints de marcher pieds nus sur le sable, ressentaient des douleurs très-vives, qu'ils ne pouvaient supporter long-temps, et qui les obligeaient à rentrer. Les Maures demeurent enfermés, et tiennent constamment sur leur bouche un morceau de linge, pour éviter de respirer le sable. Je ne pus comprendre que l'appât du gain pût seul engager des hommes à habiter pendant douze à quinze ans un aussi détestable pays.

La ville de Oualet, dont a parlé Mungo-Park, est à dix jours à l'O. N. O. d'el-Araouan : quelques Maures que j'eus occasion de voir, me dirent qu'on ne trouvait pas d'eau sur la route et que cette ville faisait un grand commerce de sel avec Sansanding, Yamina et Ségo, qui est à quinze jours au S., suivant leur rapport. Le sel, principal objet de son commerce, se tire des mines de Ouaden[1], qui sont situées dans le grand désert, à quinze ou dix-huit jours au N. de Oualet. Ce sel est, comme celui de Toudeyni, en planches, à-peu-près de la même dimension. Les habitans élèvent beaucoup de chameaux, quelques chèvres et moutons. Oualet est situé sur un sol aride, non susceptible de culture; ils tirent leurs grains du pays Bambara. On me dit que cette ville est aussi grande que Temboctou. J'ai interrogé quelques Maures sur Tichit; mais je n'ai pu obtenir aucun renseignement positif.

Pendant mon séjour à el-Araouan, le même vent brûlant venant de l'E. souffla constamment, et m'obligea à me tenir renfermé ; ce qui me contraria vivement.

Les caravanes réunies à el-Araouan se disposaient à

---

(1) Hoden des cartes.

partir sous peu de jours; je voyais avec plaisir arriver le moment heureux où je quitterais cet horrible pays. Mon hôte, musulman zélé, faisait préparer les provisions pour ma route : ce ne fut ni à sa générosité, ni à l'amitié que je lui avais inspirée que je dus cette attention; c'était purement un sacrifice que sa dévotion lui inspirait pour se rendre le prophète favorable. Ces provisions consistaient en un sac de riz pesant environ cinquante livres, un sac de dokhnou du même poids, et environ dix livres de beurre fondu ; elles étaient plus que suffisantes pour me nourrir pendant deux mois. Je voulus reconnaître le service que Kalif me rendait, et je lui fis présent de quelques pièces d'argent, d'une paire de ciseaux, et d'un morceau d'étoffe de couleur, le seul qui me restât : le bon musulman feignit d'abord de ne pas vouloir accepter mon présent, en disant que j'étais pauvre, que ces choses me seraient peut-être nécessaires par la suite, et qu'il n'agissait envers moi que pour l'amour de Dieu; cependant il s'empressa de mettre l'argent dans sa poche. Cette monnaie, peu commune dans le pays, parut lui faire plaisir. Il fit porter les provisions qu'il m'avait fait préparer dans la tente de Sidi-Aly, Maure avec lequel je devais me rendre dans le Tafilet. Cet homme, à qui Sidi-Abdallahi-Chébir m'avait recommandé, avait reçu, en partant de Temboctou, dix mitkhals en or (120 francs) pour me défrayer dans le désert.

Un Maure établi à el-Araouan, et avec lequel je m'entretenais souvent, me fit cadeau d'une outre pour augmenter ma provision d'eau : il me prévint que je souffrirais beaucoup de la soif sur cette route; qu'on y était sept à huit jours sans trouver de puits. La description qu'il me fit de la traversée du désert dans cette saison me fit frémir; je pensais que je pourrais bien éprouver le sort de tant de malheureux voyageurs qui y ont péri. Mais je rappelais tout mon courage, en songeant à l'espoir de rapporter dans ma patrie le résultat de mes observations; alors aucune difficulté ne me parut plus insurmontable.

Sidi-Aly, que je n'avais pas vu à Temboctou et auquel Sidi-Abdallahi, mon hôte, m'avait fortement recommandé, me donna des témoignages d'affection extraordinaires; il m'assura qu'il me traiterait comme son fils. Il me confirma qu'en route l'eau serait très-rare, que nous aurions de grandes privations à supporter; mais qu'il ne fallait pas me décourager, qu'il aurait soin de moi, vu que je n'étais pas comme eux habitué à la température chaude du désert, et que je supporterais moins bien la soif ardente à laquelle nous serions souvent exposés. Cet homme passait aux yeux des Maures pour un musulman zélé ; plusieurs personnes m'assurèrent qu'il craignait Dieu, et qu'il agirait avec moi comme il me l'avait promis Sidi-Aly portait habituellement à la main un chapelet long de deux pieds et demi, dont chaque grain était gros comme une noix ; il ne manquait jamais, quand il rencontrait quelqu'un dans les rues, de baisser pieusement les yeux, et de rouler son chapelet dans ses doigts, en remuant les lèvres, comme s'il marmottait quelques prières : par ces démonstrations hypocrites, il parvint à m'en imposer comme à tout le monde, et je crus qu'il était bon comme il affectait de le paraître ; mais je fus cruellement détrompé ; malgré son faux zèle pour la religion, le vieux tartufe ne tint aucune des promesses qu'il m'avait faites, ainsi qu'on le verra par la suite.

Nous partîmes d'el-Araouan le 19 mai 1828, à six heures du matin. Aly, mon guide, m'avait envoyé son fils pour prendre mes effets et les porter au lieu du rendez-vous assigné à la caravane. Mon hôte, averti de mon départ, m'avait invité à prendre ma part de son repas ; mais comme il n'était pas cuit, il fallut partir sans avoir pris autre chose qu'un peu de dokhnou et de miel : il me recommanda de nouveau à mon guide, et me quitta après m'avoir souhaité un heureux voyage. Il était environ sept heures et demie quand la caravane se mit en marche, en se dirigeant au N. E. Je voyais avec peine de pauvres esclaves, que je reconnaissais pour avoir fait la route de Jenné à el-Araouan avec moi, courir dans le sable pour atteindre leurs chameaux qui avaient pris les devans.

Notre caravane était nombreuse ; elle se composait de quatorze cents chameaux, chargés de diverses productions du Soudan, comme or, esclaves, ivoire, gomme, plumes d'autruche, étoffes en pièces et en habits confectionnés. En sortant d'el-Araouan, le chemin passe sur un terrain sablonneux et entrecoupé de dunes de sable mouvant, où l'on ne voit aucune trace de végétation. Après avoir fait six milles dans cette direction, nous arrivâmes à Mourat, petit village composé de cinq maisons semblables à celles d'el-Araouan, et construites en briques de sable : c'est à Mourat que les fils de Sidi-Boubacar, chef d'el-Araouan, tiennent une école, où les enfans des habitans de la ville viennent étudier le Coran. Mourat me parut encore plus triste qu'el-Araouan. L'uniformité du sol n'est rompue que par quelques plantes que mangent les chameaux, et qui souvent sont couvertes du sable apporté par le vent de l'E.

En sortant de Mourat, on trouve des puits assez profonds et remplis d'eau saumâtre ; on s'y arrêta pour boire encore une fois à longs traits ; car en quittant ces lieux, on allait entrer dans une partie du désert où pendant huit jours on devait marcher sans trouver d'eau.

Au milieu de ces vastes solitudes, les puits de Mourat, entourés de quatorze cents chameaux et des quatre cents hommes de notre caravane qui s'y pressaient en foule, offraient le tableau mouvant d'une ville populeuse ; c'était un vacarme affreux d'hommes et d'animaux. D'un côté on voyait des chameaux chargés d'ivoire, de gomme, de ballots de toute espèce ; d'un autre côté, on en apercevait qui étaient chargés de nègres, hommes, femmes et enfans, qu'on allait vendre dans les marchés de Maroc ; plus loin, des hommes prosternés invoquaient la protection du prophète.

Ce spectacle m'émut, m'enflamma ; et à l'exemple des dévots musulmans, je tombai à genoux, mais pour prier le Dieu des chrétiens : les yeux tournés du côté du N., vers ma patrie, mes parens, mes amis, je demandai à Dieu d'aplanir pour moi les obstacles qui avaient arrêté tant d'autres voyageurs ; dans l'ardeur de mes desirs, je m'imaginai que ma prière avait été entendue, et que, le premier Européen parti du S. de l'Afrique pour traverser cet océan de sables, je parviendrais à le franchir. Cette idée m'électrisa ; et pendant que la tristesse régnait sur tous les visages, le mien rayonnait d'espérance et de joie. Plein de ce sentiment, je m'élançai sur mon chameau pour devancer mes compagnons de voyage, et pénétrer sans effroi dans les solitudes qui séparent le fertile Soudan des régions de l'Afrique septentrionale. Il me semblait que j'allais monter à l'assaut d'une place jusqu'ici imprenable, et qu'il fallait soutenir à ma manière l'honneur national, en dépouillant toute crainte, et bravant cet autre genre de péril.

Déjà se déployait devant nous un horizon sans bornes, où nos regards ne distinguaient plus qu'une immense plaine de sable éclatant, enveloppée d'un ciel de feu. A cette vue, les chameaux poussèrent de longs mugissemens. Les esclaves devinrent mornes : les yeux tournés vers le ciel, ils paraissaient tourmentés par le regret de leur patrie et le souvenir des plaines verdoyantes d'où la cupidité et la barbarie les avaient arrachés.

CHAPITRE XXIII.

Violence des vents d'Est. — Trombe de sables. — Disette d'eau. — Situation déplorable de la caravane. — Dunes de sable mouvant, roches de granit. — Puits de Télig. — Toudeyni ; mines de sel très-abondantes. — Chardon du désert. — Vexations et persécutions des Maures ; leur intolérance. — Puits de Cramès. — Puits de Trasas ou de Trarzas. — Maures Tajacantes.

Nous continuâmes notre route, en nous dirigeant au N. un peu O., à travers une plage toujours aride, entrecoupée de petites dunes qui s'étendent de l'E. à l'O. Quoique le vent d'E. nous eût quittés dans ce jour, la chaleur fut très-forte, à cause du calme qui régnait. La soif nous dévorait : dans le cours de la journée, on ne nous donna à boire qu'une fois. Je tirais quelque soulagement du soin que je prenais de me mettre, à l'exemple des Maures, une bande de toile de coton sur les yeux et une autre sur la bouche, pour me garantir de l'air qui desséchait mes poumons.

Dans le courant de la journée, nous avions passé par quelques endroits couverts de gravier gris et rouge. Vers cinq heures et demie, nous fîmes halte sur un sable très-uni; aussitôt on nous donna à boire une grande calebasse d'eau, mêlée de dokhnou. Nous n'avions rien mangé de la journée, et cependant nous ne sentions aucun besoin de prendre de la nourriture : c'est que le dokhnou est une substance très nourrissante, et que la soif ardente dont nous étions dévorés nous ôtait l'appétit. On envoya un Maure garder les chameaux, qui s'écartaient pour chercher çà et là quelques brins d'herbe.

Vers dix heures du soir, on fit cuire du riz que nous mangeâmes avec du beurre fondu; il me causa une grande soif. Je priai que l'on me donnât un peu d'eau, mais le vieil Aly, mon guide, qui était resté en arrière, sans doute pour boire sans témoins, arrivait au moment où l'on se disposait à me servir, et s'y opposa avec autorité. Ceci n'était que le prélude des vexations que je devais attendre de sa part.

Le 20 mai, à cinq heures du matin, nous fîmes route au N., le pays étant toujours le même que celui que nous avions parcouru la veille. Vers dix heures, nous fîmes halte dans un endroit entièrement découvert. La chaleur commençant à être très-forte, on s'empressa de tendre le varois (couverture en peau de mouton tannée qui sert de tente), où nous nous réunîmes pour passer le reste de la journée. On nous donna à chacun une calebasse d'eau, contenant près de trois bouteilles, que nous avalâmes d'un seul trait:

cette eau tiède nous remplissait l'estomac sans nous désaltérer; j'aurais bien mieux aimé en avoir moins à-la-fois et plus souvent; mais les Maures qui présidaient aux distributions, ne voulurent entendre à aucun nouvel arrangement, et s'en tinrent à leur vieille habitude.

Les pauvres esclaves nègres, accoutumés à un pays fertile, trouvaient ce genre de vie bien pénible; cependant ils n'étaient pas plus maltraités que les autres; il n'y avait de préférence pour personne.

Il n'était pas encore midi, et nous devions rester jusqu'à cinq heures du soir sans rien prendre. La chaleur était excessive; le vent d'E., comme tous les jours, soulevait beaucoup de sable; nous souffrions horriblement. Au moment où je ne songeais qu'à mes maux présens, le vieux Aly vint me dire que les outres que m'avait données Sidi-Abdallahi de Temboctou n'étaient pas assez grandes, et que notre provision d'eau pourrait bien ne pas aller loin, si nous ne la ménagions. Le coquin n'avait pas tort; car tandis qu'à moi seul j'avais trois outres, lui et ses compagnons n'en avaient que deux chacun, encore très-petites; il fallait pourtant trouver le moyen de donner à boire pendant huit jours à neuf personnes. J'avais bien le droit de m'opposer à ce que l'on disposât des miennes; mais qu'y aurais-je gagné? On aurait bu mon eau, et l'on m'aurait dit que le vent d'E. l'avait tarie. Je répondis donc à Aly que je le remerciais de son avis, et que je m'y conformerais. Pendant cette conversation, suivie pour moi de pénibles réflexions, le vent d'E. augmenta; ce n'était pas le moment de parler d'affaires; nous nous couchâmes pour dormir, nous proposant de marcher toute la nuit. J'eus continuellement les yeux ouverts; j'étais aux aguets. Le vent d'E. ne cessa qu'au coucher du soleil; alors il tourna à l'O.; mais en perdant de sa force, il ne nous incommoda pas moins, car il faisait toujours voler une grande quantité de sable.

Vers cinq heures, on nous donna une calebasse de dokhnou; puis nous reposâmes jusqu'à neuf heures du soir, que nous nous mîmes en route. Nous marchâmes toute la nuit, pendant laquelle il fit un calme étouffant, car le vent d'O. avait cessé de souffler. Le pays que nous parcourûmes était très-uni et entièrement aride. Le mouvement lent et uniforme du chameau me porta au sommeil; je m'appuyai la tête sur mon sac, et je dormis un peu.

Le 21, à dix heures du matin, nous fîmes halte. Le vent brûlant d'E., qui commençait à souffler, rendait la chaleur insupportable, et une poussière embrasée nous entrait dans les yeux, malgré les précautions que nous avions prises pour nous en garantir. On campa sous des tentes; on nous distribua de l'eau tiède, qui cependant fut trouvée délicieuse, quoiqu'elle n'étanchât que faiblement notre soif : ensuite nous nous étendîmes sur le sable pour nous reposer un peu. Malgré toutes les précautions que j'avais prises, la chaleur fut si forte, ma soif si ardente, qu'il me fut impossible de dormir; ma bouche était en feu, et ma langue collée à mon palais.

J'étais comme expirant sur le sable, en attendant avec la plus grande impatience le moment où l'on devait nous donner à boire : je ne songeais qu'à l'eau, aux rivières, aux fleuves, aux ruisseaux; je n'avais pas d'autre pensée pendant la fièvre ardente qui me dévorait; dans mon impatience, je maudissais mes compagnons, le pays, les chameaux, que sais-je ! le soleil même, qui ne regagnait pas assez vîte les bornes de l'horizon.

L'endroit où nous étions campés était d'une aridité affreuse : pas un seul petit brin d'herbe ne reposait l'œil ; la nature offrait l'aspect le plus effrayant.

Les chameaux dispersés dans la plaine, cette solitude profonde, le silence du désert, produisaient une impression pénible, difficile à exprimer; ces pauvres animaux, exténués de fatigue, étaient couchés près des tentes, la tête entre les jambes, attendant tranquillement le signal du départ; enfin il fut donné. A quatre heures et demie, Sidi-Aly, qui s'était chargé de préparer notre ration, jeta quelques poignées de dokhnou dans une grande calebasse, versa de l'eau dessus, et mêla le tout avec ses mains, en y plongeant les bras jusqu'aux coudes ; spectacle repoussant pour tout autre que des affamés, car l'eau était si précieuse que le vieux Aly n'avait pas lavé ses mains depuis plusieurs jours. Quoique ce breuvage fût tiède et fort sale, nous le bûmes à longs traits et avec délices.

Après s'être désaltérés, les Maures visitèrent leur bagage, pour voir si les courroies n'étaient pas cassées. Malgré cette surveillance exercée à chaque halte, les chameaux sont souvent blessés par leur charge, et se guérissent difficilement : les Maures traitent ces plaies par le feu ; souvent ils scarifient les alentours et les tumeurs, pour faire écouler le sang et le pus ; ils coupent les chairs mortes, et couvrent le reste de sel pour empêcher la gangrène.

Lorsque un chameau est malade ou près de mourir de faim, on lui donne un peu d'eau : les Maures se servent pour cela d'un entonnoir en bois qu'ils lui mettent dans les narines ; cette manière de le faire boire est la meilleure, parce qu'autrement cet animal, quoique naturellement docile, remue la tête de tous côtés, et répand l'eau qu'on veut lui faire avaler. Ceci ne se pratique qu'à la dernière extrémité.

Quelquefois c'était en sortant de soigner les plaies de ses chameaux, que Sidi-Aly venait nous préparer notre breuvage, sans même se nettoyer les mains ; ou si par hasard il les lavait, il faisait boire l'eau dont il s'était servi à un pauvre esclave qui lui appartenait. On ne peut pas s'imaginer l'horreur et le dégoût que me causait le mépris de cet homme pour ses semblables.

A cinq heures du soir, nous fîmes route au N. Vers dix heures, nous nous arrêtâmes pour faire la prière; après ce pieux devoir, on nous donna une ration d'eau bien insuffisante pour étancher notre soif; car, plus nous avancions dans le désert, plus la chaleur était extrême. Dans la nuit j'éprouvai un besoin dévorant de boire; mais je ne pus obtenir d'eau. Je me ployai sur mon chameau, dont le mouvement m'excitait au sommeil, mais je ne pus dormir.

Le 22 mai, à neuf heures du matin, la caravane, épuisée par la soif, fit halte. Le vent d'E. était plus chaud; malheureusement notre eau diminuait sensiblement; le vent nous en consumait beaucoup en séchant nos outres; une grande partie de cette eau filtrait par les pores.

Couché sur le sable, je m'occupais des moyens de remédier à notre horrible situation; je proposai à Sidi-Aly d'acheter deux ou trois outres de plus, s'il était possible d'en trouver; à cet effet, je lui remis quelques marchandises que m'avaient données des Maures de Temboctou. Il me répondit que personne ne voudrait en vendre à aucun prix: je le croyais aussi; mais je souffrais trop pour ne pas insister. Aly me proposa alors d'envoyer un homme de la caravane aux puits les plus voisins, en me disant que c'était le meilleur moyen d'avoir de l'eau pour faire un sanglé qui réparerait nos forces épuisées. Cette proposition me parut raisonnable ; j'y adhérai avec plaisir : mais Sidi-Aly, musulman peu scrupuleux, ne se donna même pas la peine de chercher quelqu'un ; il garda pour lui ce que je lui avais donné pour payer un homme, et envoya son fils aux puits. Il en eût fait autant, sans que j'eusse payé ; car je reconnus depuis que c'était un usage, puisque de toutes les parties de la caravane, je vis partir des Maures que l'on envoyait dans le même but.

Ma soif était si dévorante, que je me décidai, pour l'apaiser, à entrer dans les tentes de nos voisins, pour voir si je ne pourrais pas obtenir de leur pitié quelques gouttes d'eau. Mon chapelet à la main, j'allais de tente en tente, en demander *pour l'amour de Dieu !* Je trouvais peu d'ames charitables ; il est vrai que ce n'était pas un moment favorable pour en rencontrer, car nous souffrions tous également. Ma course inutile, et l'impatience que j'éprouvais, accrurent mes souffrances ; et de retour dans notre tente, je tombai par terre, sans aucune force.

Les Maures, qui sont les plus insupportables mendians du monde, n'aiment pas qu'on leur demande. Sidi-Aly me disait souvent qu'il ne fallait pas demander à boire aux autres; que cela était inconvenant : je m'apercevais aussi quelquefois qu'il se vantait à ses amis des attentions qu'il avait pour moi ; il souffrait, disait-il, des privations que j'éprouvais. Menteur hypocrite, il ne m'en soignait pas davantage pour cela ! Beaucoup de Maures croyaient que c'était par pure charité qu'il m'avait pris avec lui, et, loin de les détromper, il les entretenait dans cette erreur ; mais enfin, quand ils m'adressèrent des questions à ce sujet, je les désabusai, et alors ils m'assuraient que je payais mon guide beaucoup trop cher. Je le savais bien ; mais qu'y faire? me résigner.

Vers cinq heures du soir, après nous être désaltérés, nous continuâmes à nous diriger au N. : nous parcourûmes un pays hérissé de rochers de quartz gris jaspé de blanc. A minuit, nous gravîmes quelques dunes de sable.

Le 23 mai, à dix heures du matin, nous nous arrêtâmes sur un terrain sablonneux, mais un peu plus solide que celui de la veille, parsemé de roches de quartz et de granit rose et noir.

Notre position n'avait pas changé ; le vent d'E. soufflait pourtant avec violence : mais, loin de nous procurer quelques soulagemens, nous avions à craindre qu'il nous engloutît sous les monceaux de sable qu'il soulevait, et, ce qui était plus effrayant encore, nous voyions notre eau diminuer par l'effet de la sécheresse qu'il répandait par-tout.

Nul ne paraissait plus souffrir de la soif et de la chaleur que de pauvres petits esclaves qui demandaient à boire en pleurant. Épuisés par tant de souffrance et par leurs cris, ces malheureux tombaient à terre sans pouvoir se relever : mais en route, les Maures ne les y laissaient pas long-temps ; ces barbares, insensibles à des maux si difficiles à supporter dans la tendre jeunesse, les prenaient rudement par la main, puis les traînaient avec violence, ne cessant de les battre, jusqu'à ce qu'ils eussent rejoint à la course leurs chameaux qui étaient déjà bien loin.

Au reste, personne n'était privilégié ; ceux des Maures dont c'était le tour de conduire à pied les chameaux, et qui, pour se distraire et exciter ces animaux, marchaient en fredonnant des airs, n'étaient pas mieux traités que ceux qui étaient sur des montures, et ne buvaient que quand on distribuait de l'eau à toute la caravane. Cependant je crus remarquer que Sidi-Aly portait sous sa tunique une petite outre dans le genre de nos gourdes de chasse, et que le vieux sournois, sans conscience et sans pitié pour ses frères, en usait souvent en secret.

Ce qui nous incommoda le plus pendant cette horrible journée, ce furent des trombes de sable qui, dans leur course, menaçaient à chaque instant de nous ensevelir. Une de ces trombes sur-tout, plus considérable que les autres, traversa notre camp, culbuta toutes les tentes, et, nous faisant tournoyer comme des brins de paille, nous renversa pêle-mêle les uns sur les autres : nous ne savions plus où nous étions ; on ne distinguait rien à un pied de distance ; le sable, comme un brouillard épais, nous enveloppait dans de noires ténèbres ; le ciel et la terre semblaient confondus et ne faire qu'un tout.

Durant ce bouleversement de la nature, la consternation était générale ; on n'entendait de tous côtés que des lamentations ; le plus grand nombre se recommandaient à Dieu, en criant de toutes leurs forces : « Il n'y a qu'un seul dieu, et Mahomet est son prophète ! » Au milieu de ces cris, de ces prières et des mugissemens du vent, on distinguait par intervalles les gémissemens sourds et plaintifs des chameaux, aussi effrayés et bien plus à plaindre que leurs maîtres, puisque depuis quatre jours ils n'avaient rien mangé. Tout le temps que dura cette affreuse tempête, nous restâmes étendus sur le sol, sans mouvement, mourant de soif, brûlés par le sable et battus par le vent. Du moins, nous n'eûmes pas à souffrir de l'ardeur du soleil ; son disque, presque caché sous un voile épais de sable, paraissait terne et sans rayons. Comme nous n'osions toucher à notre eau, de peur que les puits ne fussent à sec, je ne sais ce que nous serions devenus, si, vers trois heures, le vent n'était pas tombé. Dès que le calme fut rétabli, nous nous disposâmes à partir. On prépara le dokhnou, et l'on nous distribua à boire. Il est facile de s'imaginer combien ce moment était attendu avec impatience : pour savourer le plaisir que me promettait ma portion d'eau, je mis la tête dans la calebasse, afin de boire à longs traits ; je ne prenais même pas le temps de respirer. Lorsque j'eus bu, j'éprouvai pendant un instant un malaise général, bientôt remplacé par une nouvelle altération.

Vers quatre heures et demie du soir, nous nous disposâmes à quitter l'endroit où nous venions d'éprouver une si effroyable bourrasque; nous fîmes route en nous dirigeant au N. La marche des chameaux était lente et gênée : ces pauvres animaux étaient exténués ; ils avaient l'air morne et abattu. L'aspect de cette nombreuse caravane manquant d'eau et condamnée à mourir de soif, dispersée sur cette plage aride, avait quelque chose de sinistre. Les chameaux, agitant lentement le cou ou ruminant, s'acheminaient vers le nord, sans qu'on eût la peine de leur montrer le chemin. Nous marchions sur un sol sablonneux et couvert de roches élevées de cinq pieds au-dessus du sol.

Plongé dans mes réflexions, je pensais à la sagesse

de la divinité, qui a su tout prévoir : le chameau, me disais-je, n'est-il pas un des plus beaux chefs-d'œuvre de la nature; sans le secours de cet animal étonnant, qui reste huit jours sans manger et même sans boire, comment connaîtrait-on ces déserts ? Nul mortel oserait-il y pénétrer sans lui? s'il s'en trouvait un assez téméraire pour l'entreprendre, une mort certaine serait le prix de sa témérité. Ces réflexions ne sont pas neuves; mais elles étaient naturelles dans la position où je me trouvais ; j'ai cru devoir rendre compte de mes pensées, comme de mes sensations et de mes souffrances.

Le 24 mai, à neuf heures du matin, nous fîmes halte dans un lieu aussi aride que ceux des jours précédens. La nuit avait été calme, et d'une chaleur étouffante; la fatigue que nous éprouvions fut augmentée par la quantité de sable qui tomba tout le temps de notre marche. Nous attendîmes encore toute la journée avec une impatience mêlée de crainte : les Maures, voyant notre abattement et nos souffrances, tâchaient de nous encourager par l'espoir de la prochaine arrivée des hommes allés à la recherche de l'eau; mais, vaine attente! personne ne revint. Le désespoir était général : pour soutenir notre courage, on nous donna une très-petite portion d'eau ; on nous dit que le retard de nos gens n'était pas occasionné par le manque d'eau, mais par la petite quantité qu'on en trouvait, et qu'il fallait plus de temps pour remplir les outres ; qu'enfin, s'ils avaient trouvé le puits à sec, ils seraient de retour. Mais, hélas! on se trompait, comme on le verra plus bas. Pour ne pas perdre de temps dans une attente incertaine, vers quatre heures du soir, on fit route toujours au N. sur un sol plus uni que celui de la veille, mais également couvert de quartz : nous marchâmes toute la nuit, observant le plus grand silence ; cependant personne ne dormait, nous étions tous trop altérés. Les Maures conducteurs des chameaux paraissaient muets, et se relevaient plus souvent que de coutume.

Le 25, vers neuf heures du matin, nous fîmes halte dans une plaine de sable dur, où croissait un peu d'herbe, qui fut bientôt dévorée par les chameaux. Cette plaine était entrecoupée de dunes de gros sable rouge plein de gravier. Il ne nous restait plus qu'une outre et demie d'eau pour onze bouches, car nous avions avec nous quelques personnes de plus ; on devenait toujours de plus en plus économe ; nous souffrions au-delà de toute expression. Après avoir bu quelques gouttes, nous nous couchâmes en attendant ceux qui étaient allés à la provision. Vers dix heures du matin, ces malheureux arrivèrent à moitié morts de soif : aussitôt qu'ils se furent désaltérés autant que notre provision le permettait, ils nous racontèrent qu'ils avaient d'abord eu beaucoup de peine à trouver le puits; mais qu'après l'avoir découvert, ils avaient été cruellement stupéfiés en le trouvant à sec, et que, pressés par une soif ardente, ils s'étaient décidés à tuer un chameau, *pour se partager l'eau contenue dans l'estomac:* faible ressource! car indépendamment de ce que cette eau était corrompue, ils n'en trouvèrent qu'une petite quantité. Le sang de l'animal aurait pu leur être d'un grand secours; mais ils n'auraient pas voulu le boire, de crainte d'enfreindre les défenses du Coran.

Vers quatre heures du soir, après avoir bu le reste de notre eau, la caravane plus altérée que jamais se mit en route, en se dirigeant lentement au N., dans l'espoir de trouver, le matin du 26, les puits de Télig. Vers neuf heures du soir, on fit la prière comme à l'ordinaire : un Maure qui nous accompagnait nous donna à chacun un peu de son eau, que nous reçûmes avec reconnaissance; elle nous fit beaucoup de bien. La nuit, comme les précédentes, fut très-chaude. Vers dix heures, nous fîmes environ trois milles à l'E. en cotoyant de hautes dunes de sable mouvant.

Le 26, à cinq heures du matin, nous passâmes parmi de gros blocs de terre blanche qui, dans l'éloignement, ressemblaient à des maisons en ruine; on trouve dans cet endroit du sable gris très-fin. Les chameaux, quoique chargés, se couchèrent pour se rouler, ce qui occasionna beaucoup de poussière; les Maures eurent infiniment de peine à les en empêcher. Je remarquai aussi, en cet endroit, du gravier de la même couleur : un peu plus loin, je trouvai des veines de terre blanche de la même nature que ces blocs. A environ trois milles à l'O., on voit des dunes de sable couvertes de roches de granit couleur lie de vin ; il est très-cassant, et paraît être par couches de trois ou quatre pieds d'épaisseur.

Toute la matinée nous marchâmes dans une grande plaine entourée de ces dunes : le sol était très-dur, couvert de roches de granit rouge et noir, en tranches feuilletées comme des ardoises. Vers huit heures du matin, après avoir gravi sur une grande côte, nous descendîmes dans une espèce de bas-fond formé par des montagnes de granit rose; la chaîne s'étend dans la direction de l'E. à l'O. : le point où nous étions, qui m'a paru être le plus élevé, avait trois à quatre cents pieds de haut. C'est dans ce bas-fond, dont le sol est composé de gros sable jaune, que sont situés les puits de Télig. Nous trouvâmes comblés par les sables ces puits tant desirés ; les Maures se mirent aussitôt à les déblayer, et l'on fit boire enfin les pauvres chameaux, qui, sentant le voisinage de l'eau, étaient indomptables : quand on les chassait à coups de corde, ils couraient dans la campagne, et revenaient en ruminant s'accroupir autour des puits, en posant leur tête sur le sable frais qu'on en retirait. La première eau fut très-noire et bourbeuse; et malgré la quantité de sable qu'elle contenait encore, les chameaux se la disputaient avec acharnement. Ces puits, dont l'eau est très-abondante, mais saumâtre, n'ont pas plus de trois à quatre pieds de profondeur.

Lorsque l'eau fut potable, j'allai mettre ma tête entre celles des chameaux, pour me désaltérer avec eux : un Maure me donna à boire dans son seau de cuir, car on n'avait pas pris le temps de déballer les calebasses dans lesquelles on buvait ordinairement.

A l'E. des puits, où le sol est le moins élevé, on voit les ruines de quelques maisons construites en briques de terre blanche; elles sont presque couvertes par le sable qu'y porte le vent : plus loin, dans cette direction, on découvre beaucoup de terre blanche veinée, comme celle dont les maisons sont construites; elle ressemble à de la chaux.

Tout le jour fut employé à faire boire les chameaux, qui ne pouvaient se désaltérer; ils se disputaient dans l'auge jusqu'à la dernière goutte. Je fus obligé de rester toujours au soleil; car les Maures, occupés de leurs chameaux, ne pensaient pas à dresser les tentes. Le vent de l'E., qui soufflait avec violence, rendit cette journée très-pénible, sur-tout à cause des tourbillons de poussière dont il nous enveloppait. L'eau étant commune, on fit cuire un peu de riz, que nous mangeâmes avec du beurre, c'était le premier repas que nous faisions depuis le 19 au soir.

Le 27 mai, plusieurs personnes allèrent à Toudeyni, qui se trouve, selon les gens de la caravane, à moins d'une demi-journée à l'O. des puits de Télig. C'est de cette petite ville que l'on tire tous les sels qui s'importent de Temboctou à Jenné, et de cette ville dans tout le Soudan. Les mines de sel, m'a-t-on dit, y sont à trois pieds et demi ou quatre pieds de profondeur au-dessous du sol, et par couches très-épaisses : on le tire par blocs ; puis on le scie en planches, dans les dimensions que j'ai fait connaître plus haut. Ces mines font la richesse du pays : elles sont exploitées par des esclaves nègres surveillés par des Maures, et qui n'ont, pour se nourrir, que du riz et du mil apportés de Temboctou, cuit avec de la viande de chameau séchée au soleil. L'eau qu'ils boivent filtre au-dessous des mines de sel ; elle est extrêmement saumâtre : pour la rendre potable, ils y mettent du dokhnou avec du miel ; ils corrigent aussi cette détestable boisson en y mêlant une espèce de fromage réduit en poudre dont j'ai déjà parlé, et qui n'est autre chose que du lait caillé séché aussi au soleil.

Le 27, vers trois heures du soir, après avoir rempli nos outres d'eau, nous levâmes le camp, et nous fîmes route au N. O., espérant trouver de l'herbe pour les pauvres chameaux, qui sentaient davantage le besoin de manger, depuis qu'ils avaient bu. Vers cinq heures du soir, nous fîmes halte sur une veine de sable mouvant, de couleur grise : nous y trouvâmes quelques pieds d'herbe très-éloignés les uns des autres; quoique cette herbe fût très-dure, ces animaux la broutèrent avec avidité; ils n'avaient presque rien mangé depuis sept jours.

Un peu avant notre départ des puits de Télig, on avait été obligé d'en tuer deux qui ne pouvaient plus marcher et étaient près de périr de fatigue : on distribua cette viande à tous ceux qui en voulurent; elle servit pour notre souper. On en fit bouillir quelques morceaux, et dans le bouillon on fit cuire un peu de riz, qui conserva le mauvais goût du chameau et me parut détestable. Les Maures dévorèrent cette viande avec avidité, et me dirent qu'elle était très-bonne : quant à moi, je ne fus pas du tout de leur avis, car je la trouvais très-dure, et le peu que j'en mangeai m'incommoda toute la nuit; peut-être aussi ce dérangement était-il causé par l'eau saumâtre que j'avais bue. Cependant ce fut une des meilleures nuits que j'eusse passées depuis que j'étais dans le désert; je m'étais couché auprès d'un pied d'herbe; la chaleur me parut un peu moins accablante que les jours précédens, ce que j'attribuai au voisinage des puits.

Le sol était couvert de quartz gris, jaspé d'un blanc

sale, parmi lequel se trouve du petit gravier de plusieurs espèces.

Le 28, au lever du soleil, nous fîmes route paisiblement au N. O., parmi les roches de quartz; il croissait çà et là sur les veines de sable des végétaux herbacés presque secs que les chameaux broutaient en marchant. Vers dix heures du matin, nous parcourûmes un sol couvert de petit gravier noir et de quelques dunes de sable qui se prolongent dans la direction de l'E. à l'O.; ce sable est jaune et plus dur que celui de la veille; dans quelques endroits, il y a du gravier gris et plusieurs roches de granit noir et gris. A dix heures et demie, nous fîmes halte pour faire reposer les chameaux, tous très-fatigués : heureusement ils trouvèrent quelques plantes épineuses[1] qu'ils s'amusèrent à manger. Ces plantes ont les feuilles très-courtes et flexibles; le piquant est assez court, mais très-dur : par une sage prévoyance de la nature, cette plante, seule ressource des animaux dans le désert, a la propriété de se conserver verte toute l'année, malgré les vents brûlans de l'E. qui se font sentir si souvent ; les chameaux, quoique peu délicats, ne mangeraient pas la feuille desséchée. Cette plante est vivace; elle pousse de longues racines à fleur de terre, et ne s'élève pas à plus de dix-huit pouces au-dessus

---

[1] Sans doute l'*hedysarum alhagi*.

du sol : elle croît dans les endroits sablonneux ; je l'ai toujours vue plus abondante sur la partie occidentale des dunes de sable, qu'à d'autres expositions. Les racines sont grosses et remplacent le bois à brûler ; les Maures s'en servent pour faire leur cuisine : au coucher du soleil, les esclaves allèrent en ramasser pour faire cuire un peu de riz à l'eau et au sel, auquel on ajouta, pour le rendre meilleur, un peu de beurre fondu ; ce fut notre frugal souper. On m'en donna une portion à part, dans une petite calebasse ; car les Maures ne voulaient plus manger avec moi, depuis qu'ils s'étaient aperçus que j'avais eu le scorbut; ils avaient horreur de ma personne.

Ensuite, malgré le soin que j'avais mis à étudier leurs manières et leurs habitudes, ils remarquaient que je ne pouvais parvenir à faire comme eux sauter le riz dans la main, en faire une petite boulette, et le jeter dans ma bouche ; et lorsqu'ils avaient intention de m'offenser, ils répétaient que je mangeais comme un chrétien.

Sidi-Aly, mon guide, était un petit homme de quatre pieds environ, la figure ridée, les yeux noirs et méchans, ayant une petite barbe grise, le menton un peu alongé, et une grande bouche qui le rendait encore plus difforme : cet homme mangeait seul pour se donner l'air d'un personnage distingué. Mettant ses petites mains sales (dont la peau gercée ressemblait à celle d'un caïman), dans une outre en cuir, pour y prendre du beurre et le mettre dans notre riz, il tournait et retournait tout aussi proprement notre manger. Malgré les belles promesses d'amitié qu'il m'avait faites, je tardai peu à m'apercevoir jusqu'à quel point elles étaient sincères. Il me refusait le nécessaire et principalement de l'eau, quoiqu'il eût été grassement payé à l'avance : les esclaves étaient plus favorisés; on ne les empêchait pas d'en prendre quand ils en desiraient, car, grâce aux puits de Télig, elle n'était plus aussi rare. Heureusement la chaleur ne me paraissait plus aussi forte ni ma soif aussi pressante, soit à cause du voisinage des puits, soit parce que nous avancions dans le N. : enfin, quelle qu'en fût la raison, je jouissais de quelque allégement à mes maux ; mais il m'en était réservé d'une autre nature.

Les Maures de la compagnie d'Aly, voyant celui-ci me manquer d'égards, ne gardèrent plus de retenue envers moi ; ils me donnaient des sobriquets ridicules, tels que celui de *Gageba*, nom du chameau que je montais : j'étais sans cesse en butte à leurs railleries méprisantes : encouragés par mon silence et ma résignation, ils excitaient les esclaves à les imiter ; ceux-ci prenaient plaisir à me tourmenter ; ils ne parlaient que de moi ; la forme de mon visage était un sujet continuel de dérision ; ils poussaient la méchanceté jusqu'à me jeter des pierres aussitôt que je leur tournais le dos. Il est vrai que leurs maîtres autorisaient ces mauvais traitemens; souvent même ils leur donnaient des branches chargées d'épines pour me les mettre dans les yeux; d'autre fois, ils prenaient un petit morceau de bois, et leur conseillaient de me le passer au nez comme ils font aux chameaux. Ces esclaves, que la gaieté des Maures rendait plus familiers, venaient autour de moi riant aux éclats, sautant, dansant, et me montrant tour-à-tour la branche piquante et le morceau de bois qu'ils avaient ordre de me mettre jusque sous le nez. C'est ainsi que, depuis Télig jusqu'au Tafilet, je fus sans cesse en butte à une foule de vexations. Des Maures me disaient souvent avec mépris : « Tu vois bien cet esclave ; eh bien! je le « préfère à toi; juge combien je t'estime. » Cette insolente dérision était accompagnée de rires immodérés. Quand je mangeais, ces rustres s'approchaient de moi en affectant d'ouvrir une grande bouche; puis, faisant des grimaces hideuses, ils mettaient leurs doigts dans la bouche pour me contrefaire, et s'écriaient en finissant : « Il ressemble à un chrétien! »

Je dévorais mes ennuis, en frémissant à l'idée que si de pareils hommes découvraient mes véritables sentimens, ils me feraient souffrir le martyre; je pensais alors aux tortures qu'avait dû éprouver le pauvre major Laing, avec des êtres plus féroces encore. Combien j'aspirais au moment où j'arriverais au Tafilet pour être débarrassé d'une si fâcheuse société. Je ne possédais réellement plus que ma couverture et un coussabe neuf que je tenais de la générosité de mon hôte de Temboctou; j'avais encore un cadenas qui servait à fermer le sac où je mettais mes notes : il ne se passait pas de jour que ces objets n'éveillassent la convoitise de mes avides compagnons de voyage; quand je demandais de l'eau, ils me disaient : « Donne-nous ton coussabe et ton cadenas, et tu auras à boire. » Ils me laissaient languir de besoin pour m'obliger à leur abandonner ce qu'ils desiraient; mais j'eus le courage de leur résister, et ils n'obtinrent rien.

Les puits étant plus rapprochés, on en rencontrait fréquemment, ce qui décida à marcher une partie du jour. En chemin, lorsque la chaleur était trop forte, on donnait à boire à ceux de nos gens qui en avaient besoin; dans ces momens, ils me montraient du doigt et se disaient les uns aux autres : « Ne lui en donnons pas qu'il ne nous ait promis quelque chose. » Je dédaignais de m'abaisser à la prière ; je supportais la faim et la soif, plutôt que de leur rien demander, et je tournais la tête sans faire semblant de les entendre : cependant la soif m'obligeait parfois à avoir recours à Sidi-Aly, qui me faisait donner de l'eau en murmurant ; quand je buvais, il imitait le fredonnement qu'on fait pour engager les chameaux à boire. Il n'osait pas tout-à-fait me refuser, car il craignait pour sa réputation; les autres Maures de la caravane qui n'étaient pas ses associés eussent été indignés de sa conduite: aussi se donnait-il devant eux l'air d'avoir pour moi une préférence marquée, de plaindre même les souffrances que j'endurais dans le désert. Cependant il ne put tromper tout le monde; car malgré l'abondance d'eau que nous avions depuis Télig, je fus souvent obligé pour boire d'avoir recours aux autres Maures de la caravane. Je sortais plusieurs fois aussi de notre tente pour fuir les grossièretés de mes persécuteurs, et j'allais sous celles de nos voisins, où je trouvais le repos: j'étais pour ceux-ci un sujet de distraction; ils se rassemblaient autour de moi pour m'interroger sur mon évasion de chez les chrétiens, sur leurs mœurs, leurs habitudes; ils me demandaient si j'avais été maltraité par mon maître blanc. J'eus toujours soin de les détourner de cette idée qu'ils ont tous, que les musulmans sont malheureux parmi nous; cette pensée leur vient de leur système d'intolérance.

Tous me montraient leurs fusils, pour apprendre où ils avaient été fabriqués; et lorsque je leur disais qu'ils venaient de France, je remarquais qu'ils y attachaient plus de prix : aussi, quand je voulais gagner les bonnes graces de quelque Maure, je lui disais, pour le flatter, que son fusil était de fabrique française; pour reconnaître le plaisir qu'il en éprouvait, il me faisait partager son breuvage, dans lequel il mettait du dokhnou.

Le 29, à six heures du matin, nous nous mîmes en route, en nous dirigeant au N. Le sol que nous parcourûmes était tout couvert de quartz.

Vers neuf heures du matin, nous fîmes halte dans un endroit où nous trouvâmes parmi les roches quelques traces de végétation. Un des Maures prit de l'eau dans un sac de cuir, et alla garder les chameaux; les autres s'occupèrent à visiter leur or et à le peser: ils ont coutume, comme je l'ai déjà dit, de le cacher soigneusement dans des morceaux de chiffon, sur lesquels ils mettent une note indiquant la quantité et le nom de la personne à qui il appartient; car cet or est souvent le produit des marchandises qui leur ont été confiées par des négocians, en partant du Tafilet.

Le chameau qui me portait n'avait d'autre charge que des plumes d'autruche. Pour moins le fatiguer, on ne me permettait pas de monter dessus pendant qu'il était couché; un Maure était chargé par Sidi-Aly de m'aider à me placer sur son dos : cette opération était toujours très-désagréable et fatigante pour moi; car, pour les motifs que j'ai dit plus haut, ce Maure y mettait beaucoup de mauvaise volonté, et cherchait par méchanceté à faire naître quelque incident qui donnât à ses camarades une occasion de plus de rire à mes dépens.

A la nuit tombante, on fit cuire du riz pour notre souper. Nous n'avions rien pris qu'un peu de dokhnou avec de l'eau, pour nous rafraîchir: comme les racines de plante étaient rares, on fit ramasser par les esclaves de la fiente de chameau pour faire du feu ; car si le vent efface la trace de leurs pas, on reconnaît toujours celle de leur passage à une assez grande quantité de leurs excrémens.

A dix heures du soir, nous levâmes le camp, et nous fîmes route vers le N. O. Le sol, conservant la même uniformité, était couvert de quartz à fleur de terre. La nuit fut calme et d'une chaleur étouffante.

Le 30 mai, à onze heures du matin, nous fîmes halte; nous trouvâmes quelques herbes qui servirent de nourriture aux chameaux pendant le jour et une partie de la nuit.

Le 31, à deux heures du matin, nous nous mîmes en route dans la même direction. Le sol est sablonneux, couvert de dunes de sable jaune mouvant.

En traversant le désert, j'apercevais dans l'éloignement de grandes étendues de terrain qui me semblaient être des lacs et des rivières au milieu desquels s'élevaient comme des îles de sable, et qui se montraient à l'horizon de cette plaine désolée, comme un lieu propre à me désaltérer : cette vue rompait pour quelques momens la monotonie de ces vastes solitudes ; mais en approchant, j'étais cruellement détrompé ; l'eau avait disparu, et je ne trouvais que du sable mouvant au lieu même où un instant auparavant il me semblait pouvoir étancher ma soif. Cette illusion ne servait qu'à rendre ma position plus affreuse, lorsque, tourmenté par le besoin de boire, je voyais fuir devant moi cette mer comme par enchantement. Il faut avoir vu par soi-même des mirages pour se faire une juste idée de leur effet.

Vers midi, nous fîmes halte; la chaleur très-forte était encore augmentée par un vent brûlant qui soufflait de l'E. Ma soif était pressante; mais je ne pus me désaltérer; on me dit, pour calmer mon impatience, que nous allions arriver aux puits. Effectivement les puits de Cramès sont situés dans cette partie du désert : on espérait y trouver de l'eau; mais, hélas! ils étaient à sec. Leur emplacement est près d'une chaîne de dunes qui s'étend du N. N. O. au S. Il y a de distance en distance des touffes d'herbe ; c'est la seule marque de végétation qu'on y trouve.

On dressa les tentes, où nous entrâmes pour nous mettre à l'abri d'un vent brûlant; on nous distribua fort peu d'eau, vu l'impossibilité de s'en procurer. Le sol était composé de sable dur, mêlé de beaucoup de gravier; le vent d'E. souffla si fort, que toutes les tentes furent renversées. Vers le coucher du soleil, nous eûmes une alerte : les chameliers, éloignés de notre camp, aperçurent des Maures, qu'ils prirent pour des voleurs; ils vinrent à nous en criant, *aux armes!* Aussitôt tout le camp fut sur pied; chacun prit ses armes, et tous coururent au-devant de l'ennemi prétendu. Je vis plusieurs de nos gens qui tremblaient, ce qui me fit présumer que le danger était grand. Il ne resta dans le camp que trois ou quatre vieux marabouts, les esclaves et moi; ils se mirent aussitôt en prières : l'un d'eux m'appela, et me donna un peu d'eau et un morceau de viande de chameau bouillie, sans doute pour se rendre le ciel favorable. Quant à moi, je n'étais pas plus tranquille que les Maures; je pensais tristement à ce que nous deviendrions si l'on nous enlevait nos chameaux, seule ressource pour traverser le désert : il nous faudra, me disais-je, mourir dans cet affreux pays; car nous sommes trop éloignés pour recevoir des secours de personne; et pour comble de malheur, notre provision d'eau était presque épuisée. A la vérité, quelques chameaux étaient rentrés, mais la plus grande partie paissaient hors du camp. Au bout d'une heure, je vis, à ma grande satisfaction, revenir nos intrépides guerriers, qui, d'un air de triomphe, nous apprirent que les voleurs avaient disparu. Toute la soirée, le camp fut en rumeur; on délibéra long-temps sur le parti qu'on devait prendre, n'ayant que très-peu d'eau. Il était de notre intérêt de partir dans la nuit, pour éviter la chaleur du jour : mais nos prudens compagnons craignaient d'être attaqués en route ; on allait même jusqu'à prévoir que les voleurs pouvaient s'être emparés des puits que nous devions trouver le lendemain. On plaça des sentinelles, et on fit la ronde à un mille autour du camp.

Le 1.ᵉʳ juin, à cinq heures du matin, nous nous disposâmes à partir en nous dirigeant au N. Nos sacs à eau étaient à sec, car on avait donné à boire aux hommes qui la veille avaient fait la ronde. Toute la matinée nous marchâmes sur un sol dont l'aridité offrait l'aspect le plus attristant : il était composé de sable très-dur, couvert de beaucoup de gravier gris, et de petites pierres noires, plates et tranchantes. Je remarquai, comme une chose extraordinaire, beaucoup de petits sentiers tracés par les caravanes, et que les vents n'avaient pu effacer, tant le sol est dur et pierreux. Je dois rapporter ici une petite conversation qui se tint en ma présence, entre Sidi-Molut, Maure Tajacante, et Sidi-Body, faisant partie des associés de Sidi-Aly, mon guide, et l'un de ceux qui me persécutaient le plus : l'entretien s'engagea sur les nombreux esclaves dont ils supposent les Européens propriétaires, de même qu'ils croient que les chrétiens, qu'ils ne connaissent réellement que de nom, ne font tous qu'un même peuple, soumis à un seul et unique chef. Dans cette persuasion, Sidi-Molut racontait que le sultan de Maroc avait fait un traité avec celui des chrétiens, pour l'échange des esclaves des deux sexes, et par lequel un esclave chrétien devait rapporter en retour dix musulmans ou mille piastres. Du moment où Body entendit que le prix d'un esclave chrétien pouvait rapporter cette somme, il interrompit Sidi-Molut, en lui disant : « Eh bien, il faut vendre Sidi-Abdallahi », en me montrant du doigt. L'autre lui répondit que je n'étais pas un chrétien, et qu'un musulman valait plus que tout l'or du monde. Je ne pus m'empêcher de jeter sur Body un regard de mépris, et même de lui dire que, s'il en était le maître, je voyais bien que, sans égard pour sa religion, il me vendrait le plus tôt possible. Il eut l'air de faire peu d'attention à ce que je lui disais ; mais Molut me regarda en riant, et reprit : « N'est-ce pas, Abdallahi, que Body n'est pas bon ? »

Le sol que nous parcourûmes l'après-midi était couvert de dunes de sable jaune et mouvant ; on y voyait quelques végétaux, mais à des distances très-éloignées : la chaleur fut très-forte, et redoubla les angoisses de la soif. Enfin, vers deux heures de l'après-midi, nous fîmes halte auprès des puits de Trasas ou Trarzas, situés dans une plaine entourée de dunes de sable jaune. Ces puits, en assez grand nombre, ont de sept à huit pieds de profondeur ; l'eau en est salée et détestable.

Nous y trouvâmes des Maures Tajacantes ; c'étaient

ceux que l'on avait aperçus la veille, et qui nous avaient donné l'alarme : à la vérité, nous leurs avions causé la même frayeur, et ce fut cette raison qui les empêcha de faire halte aux puits de Cramès.

Ceux de Trasas étaient comblés par le sable; les Tajacantes en avaient déjà déblayé deux. Dans la même plaine, dont la surface est composée d'un sable gris et dur, on trouve de gros blocs de sel, et, à peu de distance de l'endroit où l'on abreuve les bestiaux, plusieurs maisons construites en briques faites de cette substance. Les Maures me dirent qu'il avait existé très-anciennement à cette place un gros village de leur caste, dont les habitans exploitaient les mines de sel de Trasas, et en faisaient un commerce considérable avec le Soudan. Ils avaient, ajoutèrent-ils, une grande quantité de chameaux; mais ce village avait été détruit par les Maures du Tafilet. Il est cependant permis de croire qu'il fut abandonné volontairement par ses habitans, découragés par la grande difficulté qu'ils trouvaient à se procurer du fourrage pour leurs animaux et des grains pour eux-mêmes, et encore par le désagrément de boire de l'eau toujours salée.

Les Tajacantes ayant pris la peine de déblayer les puits, tout ce qui composait notre caravane n'eut en arrivant qu'à en profiter. En reconnaissance, Sidi-Aly et Sidi-Molut se réunirent pour leur faire préparer un bon souper.

Comme notre tente n'était pas dressée, j'allai me réfugier sous celle des Tajacantes. Je les trouvai à boire le dokhnou, et s'entretenant des affaires de leur voyage : dès qu'ils m'aperçurent, ils reconnurent que je n'étais pas Africain ; leur premier regard annonçait la malveillance, et l'un d'eux me demanda qui j'étais. Un Maure de notre caravane qui se trouvait avec eux me dispensa de répondre ; il prit la parole, et leur raconta, sans rien omettre, la fable que j'avais pris soin de répandre, et qui était maintenant admise parmi tous ceux dont j'étais connu. Ils parlèrent alors de ma figure, qui ne leur paraissait pas avoir le caractère arabe, quoique je fusse devenu très-noir; mais la maladie m'avait entièrement défiguré. Les Tajacantes m'adressèrent plusieurs questions sur les chrétiens, et me firent répéter un verset du Coran que je savais par cœur : ensuite ils burent à la ronde ; puis versèrent de nouveau de l'eau salée sur ce qui restait au fond du vase et m'engagèrent à le boire.

Le 2, au matin, Aly envoya deux Maures de sa suite, avec un chameau, pour chercher du fourrage ; ils allèrent très-loin, et revinrent dans la soirée avec deux petits paquets de paille, que l'on donna aux animaux, qui les dévorèrent aussitôt. Sidi-Aly m'engageait à aller à la recherche du fourrage pour mon chameau ; je lui répondis qu'il pouvait y aller lui-même, et je m'en allai sous la tente de deux marabouts Ouadnouns. Ces hommes étaient très-doux et blâmaient hautement la conduite de Sidi-Aly envers moi. Toute la journée fut employée à abreuver les bestiaux et à faire notre provision d'eau. L'eau salée ne tenait pas dans nos outres, et coulait toujours par les coutures, sans qu'on pût y porter remède. Quelques Tajacantes prirent les devans.

Le 3, à cinq heures du matin, nous fîmes route paisiblement au N. O. : nous traversâmes une chaîne de dunes, puis nous marchâmes sur un sol couvert de gravier noir, de cailloux plats et tranchans. Nous fîmes halte, vers onze heures et demie, dans une plaine où il y avait quelques plantes épineuses que les chameaux dévorèrent. Comme nous avions assez d'eau, on fit cuire un peu de riz avec quelques morceaux de chameau séchés au soleil, durs comme du cuir. Après avoir pris ce repas peu succulent, nous nous couchâmes sur la terre auprès du bagage pour reposer un peu.

Le 4, à deux heures du matin, on se prépara à partir ; nous fîmes route en nous dirigeant au N. N. O. jusque vers onze heures : nous marchâmes d'abord sur un sable très-dur; puis nous traversâmes une chaîne de dunes qui s'étend dans la direction de l'E. à l'O. Vers deux heures du soir, nous fîmes halte, bien fatigués ; car il nous avait fallu gravir des dunes de sable mouvant, parmi lesquelles nous étions campés. J'ai remarqué que, dans ces endroits montueux, le fourrage est plus commun qu'ailleurs. J'ai au reste vainement cherché dans ces montagnes quelques coquillages, recherche dont la pensée a été suggérée souvent par l'opinion que la mer baigna jadis l'emplacement de ces déserts immenses.

FIN DU TOME II.

TABLE DES MATIÈRES

CONTENUES DANS LE DEUXIÈME VOLUME.

Chapitre XII..................................... pag. 1.

Séjour à Timé. — Marché hebdomadaire. — Le voyageur tombe gravement malade du scorbut; il est soigné par une bonne négresse. — Saison des pluies. — Il ne peut se joindre à la caravane partant pour Jenné. — Environs de Timé, pays fertile. — Position désespérée du voyageur. — Sa guérison après quatre mois de souffrances. — Description d'une cérémonie funèbre.

Chapitre XIII..................................... 37.

Description de Timé et des environs. — Caractère, mœurs et usages des habitans. — Époque de la circoncision chez les hommes et de l'excision chez les femmes. — Industrie, commerce et agriculture. — Plantes indigènes. — Maladies du pays.

Chapitre XIV..................................... 60.

Départ de Timé le 9 janvier 1828. — Le nom de Kong donné par Mungo-Park à une chaîne de montagnes est un mot générique. — Usage des sonnettes dans les caravanes. — Loubakho. — Cacorou. — Danse et musique des Bambaras. — Sananço. — Dhio. — Palmier à huile. — Talé. — Usages des habitans. — Borandou. — Personnages grotesquement masqués. — Tangrera.

Chapitre XV..................................... 96.

Culture du tabac. — Tangrera. — Fara. — Bangaro. — Musiciens ambulans. — Débéna. — Tiara. — Une partie de la caravane se dirige sur Sansanding. — Ruches d'abeilles. — Siracana. — Le Bagoé, rivière navigable. — Les *lous*, espèces de *simos*. — Bandiarana. — Pont sur le Koua, grand ruisseau.

CHAPITRE XVI............................... *pag.* 130.

Oulasso. — Facibrisso. — Toumané. — Instrumens aratoires. — Couara. — Le Koraba. — Douasso. — Ville et pays de Kong. — Le pays de Baunan. — Garo. — Forges. — Nibakhasso.

CHAPITRE XVII............................... 152.

Coton herbacé ou annuel. — Coloni. — Les Iolas, tribu de Foulahs. — Bancousso. — Carabara. — Pays marécageux. — Cordes d'hibiscus. — Fabrication des briques. — Construction des habitations. — Kirina. — Foudouca. — Médina. — Pain de lotus. — Toumadioman. — Manianan. — Arrivée le 10 mars à Galia, sur les bords du Dhioliba, en face de Jenné.

CHAPITRE XVIII............................... 181.

Traversée du Dhioliba. — Séjour à Jenné. — Description de la ville — Mœurs et usages des habitans. — Commerce, marchandises d'Angleterre et de France. — Constructions. — Population. — Ecoles. — Religion. — Nourriture et habillement. — Renseignemens géographiques. — Cours du fleuve. — Le Massina. — Maison du chérif de Jenné. — Un repas. — Usage du thé, du sucre et de la porcelaine. — Préparatifs du départ pour Temboctou.

CHAPITRE XIX............................... 229.

Le 13 mars, embarquement pour Temboctou. — Description des rives du fleuve. — Esclaves chargés de fers. — Villages très-peuplés. — Embarcations du port de soixante à quatre-vingts tonneaux. — A Isaca, confluent

d'un bras partant des environs de Ségo. — Navigation.
— Villages du Banan. — Caractère des Mandingues. —
Souffrances du voyageur. — Lac Débo, sa description.
— Iles nommées Saint-Charles, Henri, Marie-Thérèse.

Chapitre XX.......................... pag. 261.

Tongom, village du pays des Dirimans. — Co. — Do.
— Sa, port commerçant. — Flottilles marchandes. —
Les Sorgous ou Touariks, peuple errant et pillard. —
Baraconga. — Lelel. — Garfola. — Filinça. — Baracondié. — Tircy. — Boisson tirée du koudou. — Alcodia,
chef-lieu des Dirimans. — Usages des habitans. — Salacoïla. — Cora. — Coratou. — Séparation du fleuve en
deux branches. — Arrivée à Cabra, port de Temboctou.
— Description du lieu.

Chapitre XXI............................. 299.

Route de Cabra à Temboctou. — Premier aspect de la
ville; impression qu'il produit. — Nation des Kissours. —
Le roi; audience qu'il donne au voyageur. — Condition
des esclaves. — Description de la ville, son étendue, sa
construction, son commerce. — Nourriture, costume,
parure des habitans. — Bousbéhey ou Bousbéyah, ville des
Zaouâts. — Toudeyni. — Tribu de Salah. — Terreur qu'inspirent les Touariks; portrait de cette tribu. — Nation des
Ginbalas. — Détails sur la catastrophe du major Laing. —
Réflexions sur les moyens de pénétrer au centre de l'Afrique.

Chapitre XXII............................. 356.

Départ de Temboctou le 4 mai 1828. — Caravane de
six cents chameaux. — Entrée dans le désert. — Chaleur
étouffante. — Rencontre des Touariks. — Moyen des
Arabes pour se diriger dans le désert. — Aspect du Sahara,
semblable à une mer sans eau. — Détails sur les caravanes.
— Lieu où a été assassiné le major Laing. — El-Araouan,
ville dans le désert; ses puits, sa population, son com-

merce. — Renseignemens sur Taouât et Ouâlet. — Caravane de quatorze cents chameaux. — Accablement des esprits à la vue de l'immensité des sables.

Chapitre XXIII............................. pag. 387.

Violence des vents d'Est. — Trombe de sables. — Disette d'eau — Situation déplorable de la caravane. — Dunes de sable mouvant; roches de granit. — Puits de Télig. — Toudeyni; mines de sel très-abondantes. — Chardon du désert. — Vexations et persécutions des Maures; leur intolérance. — Puits de Cramès. — Puits de Trassas ou de Trarsas. — Maures Tajacantes.

FIN DE LA TABLE DU TOME II.

www.ingramcontent.com/pod-product-compliance
Lightning Source LLC
Chambersburg PA
CBHW050920230426
43666CB00010B/2254